初级注册安全工程师职业资格考试辅导教材

安全生产法律法规重点要点解析

虞 谦 喻鸿斌 主编

东南大学出版社
·南京·

图书在版编目（CIP）数据

安全生产法律法规重点要点解析 / 虞谦，喻鸿斌主编． -- 南京：东南大学出版社，2024.9. -- ISBN 978-7-5766-1586-9

Ⅰ．D922.54

中国国家版本馆CIP数据核字第2024TT1528号

责任编辑：陈潇潇　　责任校对：子雪莲　　封面设计：余武莉　　责任印制：周荣虎

安全生产法律法规重点要点解析

Anquan Shengchan Falü Fagui Zhongdian Yaodian Jiexi

主　　编	虞　谦　喻鸿斌
出版发行	东南大学出版社
社　　址	南京四牌楼2号　邮编：210096
出 版 人	白云飞
网　　址	http：//www.seupress.com
经　　销	江苏省新华书店
印　　刷	南京京新印刷有限公司
开　　本	787 mm×1092 mm　1/16
印　　张	17.75
字　　数	460千字
版　　次	2024年9月第1版
印　　次	2024年9月第1次印刷
书　　号	ISBN 978-7-5766-1586-9
定　　价	56.00元

东大版图书若有印装质量问题，请直接与营销部联系。电话（传真）：025-83791830

初级注册安全工程师职业资格考试辅导教材

编　委　会

编委会主任：喻鸿斌

编委会成员（按姓氏笔画为序）：

　　　　王金虎　王静虹　刘晓舟　吴明山
　　　　杨小刚　赵月韩　贾吉艳　虞　谦

本书主编：虞　谦　喻鸿斌

前　　言

为了帮助广大考生顺利通过初级注册安全工程师职业资格考试,我们依据国家和江苏省初级注册安全工程师职业资格考试大纲,编著了初级注册安全工程师职业资格考试系列辅导教材。

本书的主要特点是:

1. 紧扣大纲、内容全面。本书不仅包括初级注册安全工程师职业资格考试大纲所规定的法律、法规、规章和其他规范性文件的内容,还包括江苏省纳入考试范围的地方法规、规章的内容。

2. 重点突出、考点明确。本书紧紧围绕初级注册安全工程师职业资格考试大纲,依据考试大纲所确定的考试目的和考试内容及要求进行考点分析,归纳出需要考生掌握、熟悉的考点内容,帮助考生缩小复习范围,抓住考试重点,提高学习效率。

3. 实战演练、测评效果。本书单独配套练习题集,帮助考生测评学习效果和对考点内容的掌握和熟悉程度。

本书主要适用于参加初级注册安全工程师资格考试的考生,也可作为安全管理人员及其他从业人员学习安全生产知识的辅导书。

本书由虞谦博士执笔并统稿。在编写本书过程中,得到了许多专家的大力支持,在此表示衷心感谢。

由于编写时间紧以及作者水平所限,书中难免有疏漏和不妥之处,敬请读者批评指正。

南京市应急管理学会注册安全工程师教研室

目　　录

第一章　法律 … 001

 第一节　习近平总书记关于安全生产的重要论述 … 001

 第二节　《中华人民共和国安全生产法》 … 004

 第三节　《中华人民共和国矿山安全法》 … 022

 第四节　《中华人民共和国消防法》 … 024

 第五节　《中华人民共和国道路交通安全法》 … 032

 第六节　《中华人民共和国特种设备安全法》 … 040

 第七节　《中华人民共和国刑法》和最高人民法院、最高人民检察院关于危害生产安全刑事案件适用法律若干问题的解释 … 049

 第八节　《中华人民共和国劳动法》和《中华人民共和国劳动合同法》 … 057

 第九节　《中华人民共和国职业病防治法》 … 059

 第十节　《中华人民共和国突发事件应对法》 … 065

第二章　法规 … 068

 第一节　《安全生产许可证条例》 … 068

 第二节　《生产安全事故应急条例》 … 069

 第三节　《生产安全事故报告和调查处理条例》 … 073

 第四节　《工伤保险条例》 … 076

 第五节　《煤矿安全生产条例》 … 081

 第六节　《建设工程安全生产管理条例》 … 088

 第七节　《危险化学品安全管理条例》 … 096

 第八节　《烟花爆竹安全管理条例》 … 106

 第九节　《民用爆炸物品安全管理条例》 … 110

 第十节　《特种设备安全监察条例》 … 116

 第十一节　《大型群众性活动安全管理条例》 … 129

 第十二节　《女职工劳动保护特别规定》 … 132

第三章 规章与其他规范性文件 · 134

- 第一节 《注册安全工程师分类管理办法》 · 134
- 第二节 《注册安全工程师管理规定》 · 136
- 第三节 《生产经营单位安全培训规定》 · 137
- 第四节 《安全生产事故隐患排查治理暂行规定》 · 141
- 第五节 《生产安全事故应急预案管理办法》 · 143
- 第六节 《生产安全事故信息报告和处置办法》 · 148
- 第七节 《特种作业人员安全技术培训考核管理规定》 · 152
- 第八节 《煤矿重大事故隐患判定标准》 · 155
- 第九节 《金属非金属矿山重大事故隐患判定标准》 · 161
- 第十节 《化工和危险化学品生产经营单位重大生产安全事故隐患判定标准》 · 167
- 第十一节 《烟花爆竹生产经营单位重大生产安全事故隐患判定标准》 · 168
- 第十二节 《工贸企业重大生产安全事故隐患判定标准》 · 169
- 第十三节 淘汰落后安全技术工艺、设备目录 · 174
- 第十四节 《建设工程消防设计审查验收管理暂行规定》 · 182

第四章 地方法规与规章 · 188

- 第一节 《江苏省安全生产条例》 · 188
- 第二节 《江苏省道路交通安全条例》 · 198
- 第三节 《江苏省消防条例》 · 205
- 第四节 《江苏省交通建设工程质量和安全生产监督管理条例》 · 215
- 第五节 《江苏省铁路安全管理条例》 · 222
- 第六节 《江苏省特种设备安全条例》 · 226
- 第七节 《江苏省燃气管理条例》 · 232
- 第八节 《江苏省农业机械安全监督管理条例》 · 238
- 第九节 《江苏省工业企业安全生产风险报告规定》 · 242
- 第十节 《江苏省生产经营单位安全风险管理条例》 · 245
- 第十一节 《江苏省治理公路超限超载运输办法》 · 249
- 第十二节 《江苏省实施〈工伤保险条例〉办法》 · 251
- 第十三节 《江苏省渔业安全生产管理办法》 · 257
- 第十四节 《江苏省实施〈中华人民共和国突发事件应对法〉办法》 · 263

第一章 法　律

第一节　习近平总书记关于安全生产的重要论述

一、关于强化红线意识,实施安全发展战略

1. 人命关天,发展决不能以牺牲人的生命为代价。这必须作为一条不可逾越的红线。

2. 树立安全发展理念,弘扬生命至上、安全第一的思想,健全公共安全体系,完善安全生产责任制,坚决遏制重特大安全事故,提升防灾减灾救灾能力。

3. 提高公共安全治理水平,坚持安全第一、预防为主,完善公共安全体系,提高防灾减灾救灾和急难险重突发公共事件处置保障能力,加强个人信息保护。

4. 坚持底线思维,增强忧患意识,提高防控能力,着力防范化解重大风险,保持经济持续健康发展和社会大局稳定。

二、关于建立健全安全生产责任体系

1. 必须建立健全安全生产责任体系,强化企业主体责任,深化安全生产大检查,认真吸取教训,注重举一反三,全面加强安全生产工作。责任重于泰山。要抓紧建立健全安全生产责任体系,党政一把手必须亲力亲为、亲自动手抓。要把安全责任落实到岗位、落实到人头,坚持管行业必须管安全、管业务必须管安全、管生产经营必须管安全,加强督促检查,严格考核奖惩,全面推进安全生产工作。所有企业都必须认真履行安全生产主体责任,做到安全投入到位、安全培训到位、基础管理到位、应急救援到位,确保安全生产。中央企业要带好头做表率。各级政府要落实属地管理责任,依法依规,严管严抓。

2. 要切实抓好安全生产,坚持以人为本、生命至上,全面抓好安全生产责任制和管理、防范、监督、检查、奖惩措施的落实,细化落实各级党委和政府的领导责任、相关部门的监管责任、企业的主体责任,深入开展专项整治,切实消除隐患。

3. 各级党委和政府要认真贯彻落实党中央关于加快安全生产领域改革发展的工作部署,坚持党政同责、一岗双责、齐抓共管、失职追责,严格落实安全生产责任制,完善安全监管体制,强化依法治理,不断提高全社会安全生产水平,更好维护广大人民群众生命财产安全。

三、关于防范化解安全生产风险

1. 要切实抓好社会治安综合治理,坚持系统治理、依法治理、综合治理、源头治理的总体思路,一手抓专项打击整治,一手抓源头性、基础性工作,创新社会治安防控体系,优化公共安全治理社会环境,着力解决影响社会安定的深层次问题。

要坚持标本兼治,坚持关口前移,加强日常防范,加强源头治理、前端处理,建立健全公共安全形势分析制度,及时清除公共安全隐患。

2. 要切实推进安全保障,完善安全风险评估、监测预警、应急处置,建立健全工作机制,细化工作方案,确保有关部署和举措落实到每个部门、每个项目执行单位和企业。

3. 要加强城市运行管理,增强安全风险意识,加强源头治理。

4. 要加强城乡安全风险辨识,全面开展城市风险点、危险源的普查,防止认不清、想不到、管不到等问题的发生。目前正值主汛期,一些地区出现了严重洪涝灾害,这是对我们的重大考验。各级党委和政府要坚持守土有责、履职尽责,做好防汛抗洪抢险各项工作,切实保护人民群众生命财产安全。

5. 防范化解重大风险,是各级党委、政府和领导干部的政治职责,大家要坚持守土有责、守土尽责,把防范化解重大风险工作做实做细做好。要强化风险意识,常观大势、常思大局,科学预见形势发展走势和隐藏其中的风险挑战,做到未雨绸缪。要提高风险化解能力,透过复杂现象把握本质,抓住要害、找准原因,果断决策,善于引导群众、组织群众,善于整合各方力量、科学排兵布阵,有效予以处理。领导干部要加强理论修养,深入学习马克思主义基本理论,学懂弄通做实新时代中国特色社会主义思想,掌握贯穿其中的辩证唯物主义的世界观和方法论,提高战略思维、历史思维、辩证思维、创新思维、法治思维、底线思维能力,善于从纷繁复杂的矛盾中把握规律,不断积累经验、增长才干。要完善风险防控机制,建立健全风险研判机制、决策风险评估机制、风险防控协同机制、风险防控责任机制,主动加强协调配合,坚持一级抓一级、层层抓落实。

防范化解重大风险,需要有充沛顽强的斗争精神。领导干部要敢于担当、敢于斗争,保持斗争精神、增强斗争本领,年轻干部要到重大斗争中去真刀真枪干。各级领导班子和领导干部要加强斗争历练,增强斗争本领,永葆斗争精神,以"踏平坎坷成大道,斗罢艰险又出发"的顽强意志,应对好每一场重大风险挑战,切实把改革发展稳定各项工作做实做好。

四、坚决遏制重特大安全事故

1. 必须坚决遏制重特大事故频发势头。对典型事故不要处理完了就过去了。要深入研究其规律和特点,对易发重特大事故的行业领域要采取风险分级管控、隐患排查治理双重预防性工作机制,推动安全生产关口前移。要加强应急救援工作,最大限度减少人员伤亡和财产损失。每一次大事故发生后,都要认真组织研究应急救援规律,加强相应技术装备和设施建设。这方面工作要跟上去。

2. 要把遏制重特大事故作为安全生产整体工作的"牛鼻子"来抓,在煤矿、危化品、道路运输等方面抓紧规划实施一批生命防护工程,积极研发应用一批先进安防技术,切实提高安全发展水平。

五、关于构建安全生产长效机制

1. 要经常进行安全生产大检查,还要摸索检查工作的规律,多长时间搞一次全国性的、全方位的大检查,什么时候在不同行业搞一次这样的大检查,不要等出了一大堆事再搞,要防患于未然,把问题解决在萌芽状态。我们就是要按照"全覆盖、零容忍、严执法、重实效"的要求进行排查,整治隐患、堵塞漏洞、强化措施。

现在看到的情况,一个是隐患很多、视若无睹,最后酿成恶果;一个是隐患查不出来,没有人去整改,或者整改不及时、不到位,最后还是要出事。要严格事故调查,严肃责任追究。要审时度势、宽严有度,解决失之于软、失之于宽的问题。对责任单位和责任人要打到疼处、痛处,让他们真正痛定思痛、痛改前非,有效防止悲剧重演。

2. 要把公共安全教育纳入国民教育和精神文明建设体系,加强安全公益宣传,健全公共安全社会心理干预体系,积极引导社会舆论和公众情绪,动员全社会的力量来维护公共安全。

3. 要健全预警应急机制,加大安全监管执法力度,深入排查和有效化解各类安全生产风险,提高安全生产保障水平,努力推动安全生产形势实现根本好转。

4. 推进防灾减灾救灾体制机制改革,必须牢固树立灾害风险管理和综合减灾理念,坚持以防为主、防抗救相结合,坚持常态减灾和非常态救灾相统一,努力实现从注重灾后救助向注重灾前预防转变,从减少灾害损失向减轻灾害风险转变,从应对单一灾种向综合减灾转变。

六、关于强化安全生产依法治理

1. 必须强化依法治理,用法治思维和法治手段解决安全生产问题。要坚持依法治理,加快安全生产相关法律法规制定修订,加强安全生产监管执法,强化基层监管力量,着力提高安全生产法治化水平。这是最根本的举措。

2. 要健全安全生产法律法规和标准体系,统筹做好涉及安全生产的法律法规和标准的制定修订工作。

七、关于强化应急管理

1. 注意科学施救,防止发生次生灾害。中央有关部门指导地方加强各类灾害和安全生产隐患排查,制定预案,加强预警及应急处置等工作,确保人民群众生命财产安全。

2. 要加强应急救援工作,最大限度减少人员伤亡和财产损失。每一次大事故发生后,都要认真组织研究应急救援规律,加强相应技术装备和设施建设,这方面工作要跟上。

八、关于改进安全生产工作作风

1. 要始终把人民生命安全放在首位,以对党和人民高度负责的精神,完善制度、强化责任、加强管理、严格监管,把安全生产责任制落到实处,切实防范重特大安全生产事故的发生。

2. 安全生产事故频发,一个重要原因是失之于软、硬度不够。

安全生产工作,不仅政府要抓,党委也要抓。党委要管大事,发展是大事,安全生产也是大事。安全生产事关人民利益,事关改革发展稳定,党政一把手必须亲力亲为、亲自动手抓。

3. 安全生产是民生大事,一丝一毫不能放松,要以对人民极端负责的精神抓好安全生产工作,站在人民群众的角度想问题,把重大风险隐患当成事故来对待,守土有责,敢于担当,完善体制,严格监管,让人民群众安心放心。

第二节 《中华人民共和国安全生产法》

《中华人民共和国安全生产法》以下简称安全生产法。

一、总则

(一)关于安全生产法适用范围和调整事项的规定

在中华人民共和国领域内从事生产经营活动的单位(以下统称生产经营单位)的安全生产,适用安全生产法;有关法律、行政法规对消防安全和道路交通安全、铁路交通安全、水上交通安全、民用航空安全以及核与辐射安全、特种设备安全另有规定的,适用其规定。

(二)关于安全生产工作的指导思想、方针、原则和机制的规定

安全生产工作坚持中国共产党的领导。

安全生产工作应当以人为本,坚持人民至上、生命至上,把保护人民生命安全摆在首位,树牢安全发展理念,坚持安全第一、预防为主、综合治理的方针,从源头上防范化解重

大安全风险。

安全生产工作实行管行业必须管安全、管业务必须管安全、管生产经营必须管安全，强化和落实生产经营单位主体责任与政府监管责任，建立生产经营单位负责、职工参与、政府监管、行业自律和社会监督的机制。

（三）关于生产经营单位安全生产基本义务的规定

生产经营单位必须遵守安全生产法和其他有关安全生产的法律、法规，加强安全生产管理，建立健全全员安全生产责任制和安全生产规章制度，加大对安全生产资金、物资、技术、人员的投入保障力度，改善安全生产条件，加强安全生产标准化、信息化建设，构建安全风险分级管控和隐患排查治理双重预防机制，健全风险防范化解机制，提高安全生产水平，确保安全生产。

平台经济等新兴行业、领域的生产经营单位应当根据本行业、领域的特点，建立健全并落实全员安全生产责任制，加强从业人员安全生产教育和培训，履行安全生产法和其他法律、法规规定的有关安全生产义务。

（四）关于生产经营单位主要负责人和其他负责人责任的规定

生产经营单位的主要负责人是本单位安全生产第一责任人，对本单位的安全生产工作全面负责。其他负责人对职责范围内的安全生产工作负责。

（五）关于从业人员安全生产方面的权利义务的规定

生产经营单位的从业人员有依法获得安全生产保障的权利，并应当依法履行安全生产方面的义务。

（六）关于工会在安全生产方面职责的规定

工会依法对安全生产工作进行监督。

生产经营单位的工会依法组织职工参加本单位安全生产工作的民主管理和民主监督，维护职工在安全生产方面的合法权益。生产经营单位制定或者修改有关安全生产的规章制度，应当听取工会的意见。

（七）关于安全生产监督管理体制的规定

国务院应急管理部门依照安全生产法，对全国安全生产工作实施综合监督管理；县级以上地方各级人民政府应急管理部门依照安全生产法，对本行政区域内安全生产工作实施综合监督管理。

国务院交通运输、住房和城乡建设、水利、民航等有关部门依照安全生产法和其他有关法律、行政法规的规定，在各自的职责范围内对有关行业、领域的安全生产工作实施监督管理；县级以上地方各级人民政府有关部门依照安全生产法和其他有关法律、法规的规定，在各自的职责范围内对有关行业、领域的安全生产工作实施监督管理。对新兴行业、领域的安全生产监督管理职责不明确的，由县级以上地方各级人民政府按照业务相近的原则确定监督管理部门。

应急管理部门和对有关行业、领域的安全生产工作实施监督管理的部门,统称负有安全生产监督管理职责的部门。负有安全生产监督管理职责的部门应当相互配合、齐抓共管、信息共享、资源共用,依法加强安全生产监督管理工作。

(八)关于协会组织在安全生产方面的职责内容的规定

有关协会组织依照法律、行政法规和章程,为生产经营单位提供安全生产方面的信息、培训等服务,发挥自律作用,促进生产经营单位加强安全生产管理。

(九)关于提供安全生产服务机构的规定

依法设立的为安全生产提供技术、管理服务的机构,依照法律、行政法规和执业准则,接受生产经营单位的委托为其安全生产工作提供技术、管理服务。

生产经营单位委托前款规定的机构提供安全生产技术、管理服务的,保证安全生产的责任仍由本单位负责。

(十)关于生产安全事故责任追究制度的规定

国家实行生产安全事故责任追究制度,依照安全生产法和有关法律、法规的规定,追究生产安全事故责任单位和责任人员的法律责任。

二、生产经营单位的安全生产保障

(一)关于生产经营单位应当具备安全生产条件的规定

生产经营单位应当具备安全生产法和有关法律、行政法规和国家标准或者行业标准规定的安全生产条件;不具备安全生产条件的,不得从事生产经营活动。

(二)关于生产经营单位主要负责人安全生产职责的规定

生产经营单位的主要负责人对本单位安全生产工作负有下列职责:

1. 建立健全并落实本单位全员安全生产责任制,加强安全生产标准化建设;
2. 组织制定并实施本单位安全生产规章制度和操作规程;
3. 组织制定并实施本单位安全生产教育和培训计划;
4. 保证本单位安全生产投入的有效实施;
5. 组织建立并落实安全风险分级管控和隐患排查治理双重预防工作机制,督促、检查本单位的安全生产工作,及时消除生产安全事故隐患;
6. 组织制定并实施本单位的生产安全事故应急救援预案;
7. 及时、如实报告生产安全事故。

(三)关于全员安全生产责任制的规定

生产经营单位的全员安全生产责任制应当明确各岗位的责任人员、责任范围和考核标准等内容。

生产经营单位应当建立相应的机制,加强对全员安全生产责任制落实情况的监督考核,保证全员安全生产责任制的落实。

（四）关于生产经营单位的决策机构、主要负责人或者个人经营的投资人必须保证安全生产资金投入的规定

生产经营单位应当具备的安全生产条件所必需的资金投入，由生产经营单位的决策机构、主要负责人或者个人经营的投资人予以保证，并对由于安全生产所必需的资金投入不足导致的后果承担责任。

有关生产经营单位应当按照规定提取和使用安全生产费用，专门用于改善安全生产条件。安全生产费用在成本中据实列支。安全生产费用提取、使用和监督管理的具体办法由国务院财政部门会同国务院应急管理部门征求国务院有关部门意见后制定。

（五）关于生产经营单位设置安全生产管理机构或者配备专职安全生产管理人员的规定

矿山、金属冶炼、建筑施工、运输单位和危险物品的生产、经营、储存、装卸单位，应当设置安全生产管理机构或者配备专职安全生产管理人员。

前款规定以外的其他生产经营单位，从业人员超过一百人的，应当设置安全生产管理机构或者配备专职安全生产管理人员；从业人员在一百人以下的，应当配备专职或者兼职的安全生产管理人员。

（六）关于安全生产管理机构以及安全生产管理人员职责的规定

生产经营单位的安全生产管理机构以及安全生产管理人员履行下列职责：

1. 组织或者参与拟订本单位安全生产规章制度、操作规程和生产安全事故应急救援预案；

2. 组织或者参与本单位安全生产教育和培训，如实记录安全生产教育和培训情况；

3. 组织开展危险源辨识和评估，督促落实本单位重大危险源的安全管理措施；

4. 组织或者参与本单位应急救援演练；

5. 检查本单位的安全生产状况，及时排查生产安全事故隐患，提出改进安全生产管理的建议；

6. 制止和纠正违章指挥、强令冒险作业、违反操作规程的行为；

7. 督促落实本单位安全生产整改措施。

生产经营单位可以设置专职安全生产分管负责人，协助本单位主要负责人履行安全生产管理职责。

（七）关于安全生产管理机构以及安全生产管理人员履职要求和履职保障的规定

生产经营单位的安全生产管理机构以及安全生产管理人员应当恪尽职守，依法履行职责。

生产经营单位作出涉及安全生产的经营决策，应当听取安全生产管理机构以及安全生产管理人员的意见。

生产经营单位不得因安全生产管理人员依法履行职责而降低其工资、福利等待遇或

者解除与其订立的劳动合同。

危险物品的生产、储存单位以及矿山、金属冶炼单位的安全生产管理人员的任免,应当告知主管的负有安全生产监督管理职责的部门。

(八)关于生产经营单位的主要负责人和安全生产管理人员的安全生产知识和管理能力要求的规定

生产经营单位的主要负责人和安全生产管理人员必须具备与本单位所从事的生产经营活动相应的安全生产知识和管理能力。

危险物品的生产、经营、储存、装卸单位以及矿山、金属冶炼、建筑施工、运输单位的主要负责人和安全生产管理人员,应当由主管的负有安全生产监督管理职责的部门对其安全生产知识和管理能力考核合格。考核不得收费。

危险物品的生产、储存、装卸单位以及矿山、金属冶炼单位应当有注册安全工程师从事安全生产管理工作。鼓励其他生产经营单位聘用注册安全工程师从事安全生产管理工作。注册安全工程师按专业分类管理,具体办法由国务院人力资源和社会保障部门、国务院应急管理部门会同国务院有关部门制定。

(九)关于安全生产教育和培训的规定

生产经营单位应当对从业人员进行安全生产教育和培训,保证从业人员具备必要的安全生产知识,熟悉有关的安全生产规章制度和安全操作规程,掌握本岗位的安全操作技能,了解事故应急处理措施,知悉自身在安全生产方面的权利和义务。未经安全生产教育和培训合格的从业人员,不得上岗作业。

生产经营单位使用被派遣劳动者的,应当将被派遣劳动者纳入本单位从业人员统一管理,对被派遣劳动者进行岗位安全操作规程和安全操作技能的教育和培训。劳务派遣单位应当对被派遣劳动者进行必要的安全生产教育和培训。

生产经营单位接收中等职业学校、高等学校学生实习的,应当对实习学生进行相应的安全生产教育和培训,提供必要的劳动防护用品。学校应当协助生产经营单位对实习学生进行安全生产教育和培训。

生产经营单位应当建立安全生产教育和培训档案,如实记录安全生产教育和培训的时间、内容、参加人员以及考核结果等情况。

(十)关于生产经营单位采用新工艺、新技术、新材料或者使用新设备时安全生产教育和培训的规定

生产经营单位采用新工艺、新技术、新材料或者使用新设备,必须了解、掌握其安全技术特性,采取有效的安全防护措施,并对从业人员进行专门的安全生产教育和培训。

(十一)关于生产经营单位的特种作业人员从业资格的规定

生产经营单位的特种作业人员必须按照国家有关规定经专门的安全作业培训,取得相应资格,方可上岗作业。

特种作业人员的范围由国务院应急管理部门会同国务院有关部门确定。

（十二）关于安全设施"三同时"原则的规定

生产经营单位新建、改建、扩建工程项目（以下统称建设项目）的安全设施，必须与主体工程同时设计、同时施工、同时投入生产和使用。安全设施投资应当纳入建设项目概算。

（十三）关于矿山、金属冶炼建设项目和用于生产、储存、装卸危险物品的建设项目进行安全评价的规定

矿山、金属冶炼建设项目和用于生产、储存、装卸危险物品的建设项目，应当按照国家有关规定进行安全评价。

（十四）关于建设项目安全设施的设计人、设计单位以及矿山、金属冶炼建设项目和用于生产、储存、装卸危险物品的建设项目安全设施设计的审查部门及其人员的责任的规定

建设项目安全设施的设计人、设计单位应当对安全设施设计负责。

矿山、金属冶炼建设项目和用于生产、储存、装卸危险物品的建设项目的安全设施设计应当按照国家有关规定报经有关部门审查，审查部门及其负责审查的人员对审查结果负责。

（十五）关于特定的建设项目安全设施的施工和竣工验收及监督管理的规定

矿山、金属冶炼建设项目和用于生产、储存、装卸危险物品的建设项目的施工单位必须按照批准的安全设施设计施工，并对安全设施的工程质量负责。

矿山、金属冶炼建设项目和用于生产、储存、装卸危险物品的建设项目竣工投入生产或者使用前，应当由建设单位负责组织对安全设施进行验收；验收合格后，方可投入生产和使用。负有安全生产监督管理职责的部门应当加强对建设单位验收活动和验收结果的监督核查。

（十六）关于设置安全警示标志的规定

生产经营单位应当在有较大危险因素的生产经营场所和有关设施、设备上，设置明显的安全警示标志。

（十七）关于安全设备管理的规定

安全设备的设计、制造、安装、使用、检测、维修、改造和报废，应当符合国家标准或者行业标准。

生产经营单位必须对安全设备进行经常性维护、保养，并定期检测，保证正常运转。维护、保养、检测应当作好记录，并由有关人员签字。

生产经营单位不得关闭、破坏直接关系生产安全的监控、报警、防护、救生设备、设施，或者篡改、隐瞒、销毁其相关数据、信息。

餐饮等行业的生产经营单位使用燃气的，应当安装可燃气体报警装置，并保障其正常使用。

（十八）关于危险物品的容器、运输工具及部分的特种设备生产、检测、检验的特殊管理的规定

生产经营单位使用的危险物品的容器、运输工具，以及涉及人身安全、危险性较大的海洋石油开采特种设备和矿山井下特种设备，必须按照国家有关规定，由专业生产单位生产，并经具有专业资质的检测、检验机构检测、检验合格，取得安全使用证或者安全标志，方可投入使用。检测、检验机构对检测、检验结果负责。

（十九）关于危及生产安全的工艺、设备实行淘汰制度的规定

国家对严重危及生产安全的工艺、设备实行淘汰制度，具体目录由国务院应急管理部门会同国务院有关部门制定并公布。法律、行政法规对目录的制定另有规定的，适用其规定。

生产经营单位不得使用应当淘汰的危及生产安全的工艺、设备。

（二十）关于生产、经营、运输、储存、使用危险物品或者处置废弃危险物品监督管理的规定

生产、经营、运输、储存、使用危险物品或者处置废弃危险物品的，由有关主管部门依照有关法律、法规的规定和国家标准或者行业标准审批并实施监督管理。

生产经营单位生产、经营、运输、储存、使用危险物品或者处置废弃危险物品，必须执行有关法律、法规和国家标准或者行业标准，建立专门的安全管理制度，采取可靠的安全措施，接受有关主管部门依法实施的监督管理。

（二十一）关于重大危险源管理和信息共享的规定

生产经营单位对重大危险源应当登记建档，进行定期检测、评估、监控，并制定应急预案，告知从业人员和相关人员在紧急情况下应当采取的应急措施。

生产经营单位应当按照国家有关规定将本单位重大危险源及有关安全措施、应急措施报有关地方人民政府应急管理部门和有关部门备案。有关地方人民政府应急管理部门和有关部门应当通过相关信息系统实现信息共享。

（二十二）关于安全风险分级管控和事故隐患排查治理及报告的规定

生产经营单位应当建立安全风险分级管控制度，按照安全风险分级采取相应的管控措施。

生产经营单位应当建立健全并落实生产安全事故隐患排查治理制度，采取技术、管理措施，及时发现并消除事故隐患。事故隐患排查治理情况应当如实记录，并通过职工大会或者职工代表大会、信息公示栏等方式向从业人员通报。其中，重大事故隐患排查治理情况应当及时向负有安全生产监督管理职责的部门和职工大会或者职工代表大会报告。

县级以上地方各级人民政府负有安全生产监督管理职责的部门应当将重大事故隐患纳入相关信息系统，建立健全重大事故隐患治理督办制度，督促生产经营单位消除重

大事故隐患。

(二十三) 关于生产经营场所和员工宿舍安全管理要求的规定

生产、经营、储存、使用危险物品的车间、商店、仓库不得与员工宿舍在同一座建筑物内,并应当与员工宿舍保持安全距离。

生产经营场所和员工宿舍应当设有符合紧急疏散要求、标志明显、保持畅通的出口、疏散通道。禁止占用、锁闭、封堵生产经营场所或者员工宿舍的出口、疏散通道。

(二十四) 关于爆破、吊装、动火、临时用电等危险作业现场安全管理的规定

生产经营单位进行爆破、吊装、动火、临时用电以及国务院应急管理部门会同国务院有关部门规定的其他危险作业,应当安排专门人员进行现场安全管理,确保操作规程的遵守和安全措施的落实。

(二十五) 关于生产经营单位对从业人员相关安全管理义务的规定

生产经营单位应当教育和督促从业人员严格执行本单位的安全生产规章制度和安全操作规程;并向从业人员如实告知作业场所和工作岗位存在的危险因素、防范措施以及事故应急措施。

生产经营单位应当关注从业人员的身体、心理状况和行为习惯,加强对从业人员的心理疏导、精神慰藉,严格落实岗位安全生产责任,防范从业人员行为异常导致事故发生。

(二十六) 关于生产经营单位提供劳动防护用品等的规定

生产经营单位必须为从业人员提供符合国家标准或者行业标准的劳动防护用品,并监督、教育从业人员按照使用规则佩戴、使用。

(二十七) 关于安全生产管理人员的安全检查和报告义务的规定

生产经营单位的安全生产管理人员应当根据本单位的生产经营特点,对安全生产状况进行经常性检查;对检查中发现的安全问题,应当立即处理;不能处理的,应当及时报告本单位有关负责人,有关负责人应当及时处理。检查及处理情况应当如实记录在案。

生产经营单位的安全生产管理人员在检查中发现重大事故隐患,依照前款规定向本单位有关负责人报告,有关负责人不及时处理的,安全生产管理人员可以向主管的负有安全生产监督管理职责的部门报告,接到报告的部门应当依法及时处理。

(二十八) 关于生产经营单位保障用于配备劳动防护用品、进行安全生产培训的经费的规定

生产经营单位应当安排用于配备劳动防护用品、进行安全生产培训的经费。

(二十九) 关于不同生产经营单位安全生产协作的规定

两个以上生产经营单位在同一作业区域内进行生产经营活动,可能危及对方生产安全的,应当签订安全生产管理协议,明确各自的安全生产管理职责和应当采取的安全措施,并指定专职安全生产管理人员进行安全检查与协调。

（三十）关于生产经营项目、场所、设备发包或者出租的安全生产责任的规定

生产经营单位不得将生产经营项目、场所、设备发包或者出租给不具备安全生产条件或者相应资质的单位或者个人。

生产经营项目、场所发包或者出租给其他单位的，生产经营单位应当与承包单位、承租单位签订专门的安全生产管理协议，或者在承包合同、租赁合同中约定各自的安全生产管理职责；生产经营单位对承包单位、承租单位的安全生产工作统一协调、管理，定期进行安全检查，发现安全问题的，应当及时督促整改。

矿山、金属冶炼建设项目和用于生产、储存、装卸危险物品的建设项目的施工单位应当加强对施工项目的安全管理，不得倒卖、出租、出借、挂靠或者以其他形式非法转让施工资质，不得将其承包的全部建设工程转包给第三人或者将其承包的全部建设工程支解以后以分包的名义分别转包给第三人，不得将工程分包给不具备相应资质条件的单位。

（三十一）关于生产经营单位主要负责人组织事故抢救的规定

生产经营单位发生生产安全事故时，单位的主要负责人应当立即组织抢救，并不得在事故调查处理期间擅离职守。

（三十二）关于工伤保险和安全生产责任保险的规定

生产经营单位必须依法参加工伤保险，为从业人员缴纳保险费。

国家鼓励生产经营单位投保安全生产责任保险；属于国家规定的高危行业、领域的生产经营单位，应当投保安全生产责任保险。

三、从业人员的安全生产权利义务

（一）关于劳动合同中的劳动安全必备事项及禁止订立非法协议的规定

生产经营单位与从业人员订立的劳动合同，应当载明有关保障从业人员劳动安全、防止职业危害的事项，以及依法为从业人员办理工伤保险的事项。

生产经营单位不得以任何形式与从业人员订立协议，免除或者减轻其对从业人员因生产安全事故伤亡依法应承担的责任。

（二）关于从业人员知情权和建议权的规定

生产经营单位的从业人员有权了解其作业场所和工作岗位存在的危险因素、防范措施及事故应急措施，有权对本单位的安全生产工作提出建议。

（三）关于从业人员的批评、检举、控告和有权拒绝违章指挥和强令冒险作业等权利的规定

从业人员有权对本单位安全生产工作中存在的问题提出批评、检举、控告；有权拒绝违章指挥和强令冒险作业。

生产经营单位不得因从业人员对本单位安全生产工作提出批评、检举、控告或者拒绝违章指挥、强令冒险作业而降低其工资、福利等待遇或者解除与其订立的劳动合同。

（四）关于从业人员紧急避险权的规定

从业人员发现直接危及人身安全的紧急情况时，有权停止作业或者在采取可能的应急措施后撤离作业场所。

生产经营单位不得因从业人员在前款紧急情况下停止作业或者采取紧急撤离措施而降低其工资、福利等待遇或者解除与其订立的劳动合同。

（五）关于生产经营单位及时救治义务和从业人员享有工伤保险、民事赔偿权利的规定

生产经营单位发生生产安全事故后，应当及时采取措施救治有关人员。

因生产安全事故受到损害的从业人员，除依法享有工伤保险外，依照有关民事法律尚有获得赔偿的权利的，有权提出赔偿要求。

（六）关于从业人员落实岗位安全责任、遵章守制、服从管理及正确佩戴和使用劳动防护用品的规定

从业人员在作业过程中，应当严格落实岗位安全责任，遵守本单位的安全生产规章制度和操作规程，服从管理，正确佩戴和使用劳动防护用品。

（七）关于从业人员应当接受安全生产教育和培训的规定

从业人员应当接受安全生产教育和培训，掌握本职工作所需的安全生产知识，提高安全生产技能，增强事故预防和应急处理能力。

（八）关于从业人员对事故隐患或者其他不安全因素报告义务的规定

从业人员发现事故隐患或者其他不安全因素，应当立即向现场安全生产管理人员或者本单位负责人报告；接到报告的人员应当及时予以处理。

（九）关于工会安全生产职责的规定

工会有权对建设项目的安全设施与主体工程同时设计、同时施工、同时投入生产和使用进行监督，提出意见。

工会对生产经营单位违反安全生产法律、法规，侵犯从业人员合法权益的行为，有权要求纠正；发现生产经营单位违章指挥、强令冒险作业或者发现事故隐患时，有权提出解决的建议，生产经营单位应当及时研究答复；发现危及从业人员生命安全的情况时，有权向生产经营单位建议组织从业人员撤离危险场所，生产经营单位必须立即作出处理。

工会有权依法参加事故调查，向有关部门提出处理意见，并要求追究有关人员的责任。

（十）关于生产经营单位被派遣劳动者权利和义务的规定

生产经营单位使用被派遣劳动者的，被派遣劳动者享有安全生产法规定的从业人员的权利，并应当履行安全生产法规定的从业人员的义务。

四、生产安全事故的应急救援与调查处理

(一)关于国家加强生产安全事故应急救援能力和信息化水平建设的规定

国家加强生产安全事故应急能力建设,在重点行业、领域建立应急救援基地和应急救援队伍,并由国家安全生产应急救援机构统一协调指挥;鼓励生产经营单位和其他社会力量建立应急救援队伍,配备相应的应急救援装备和物资,提高应急救援的专业化水平。

国务院应急管理部门牵头建立全国统一的生产安全事故应急救援信息系统,国务院交通运输、住房和城乡建设、水利、民航等有关部门和县级以上地方人民政府建立健全相关行业、领域、地区的生产安全事故应急救援信息系统,实现互联互通、信息共享,通过推行网上安全信息采集、安全监管和监测预警,提升监管的精准化、智能化水平。

(二)关于县级以上地方各级人民政府应当组织制定生产安全事故应急救援预案、建立应急救援体系,乡镇人民政府和街道办事处等部门、单位在应急救援方面职责的规定

县级以上地方各级人民政府应当组织有关部门制定本行政区域内生产安全事故应急救援预案,建立应急救援体系。

乡镇人民政府和街道办事处,以及开发区、工业园区、港区、风景区等应当制定相应的生产安全事故应急救援预案,协助人民政府有关部门或者按照授权依法履行生产安全事故应急救援工作职责。

(三)关于生产经营单位生产安全事故应急救援预案的制定及定期组织演练规定

生产经营单位应当制定本单位生产安全事故应急救援预案,与所在地县级以上地方人民政府组织制定的生产安全事故应急救援预案相衔接,并定期组织演练。

(四)关于高危行业生产经营单位应急救援业务的规定

危险物品的生产、经营、储存单位以及矿山、金属冶炼、城市轨道交通运营、建筑施工单位应当建立应急救援组织;生产经营规模较小的,可以不建立应急救援组织,但应当指定兼职的应急救援人员。

危险物品的生产、经营、储存、运输单位以及矿山、金属冶炼、城市轨道交通运营、建筑施工单位应当配备必要的应急救援器材、设备和物资,并进行经常性维护、保养,保证正常运转。

(五)关于生产经营单位对生产安全事故报告和组织抢救义务的规定

生产经营单位发生生产安全事故后,事故现场有关人员应当立即报告本单位负责人。

单位负责人接到事故报告后,应当迅速采取有效措施,组织抢救,防止事故扩大,减少人员伤亡和财产损失,并按照国家有关规定立即如实报告当地负有安全生产监督管理

职责的部门,不得隐瞒不报、谎报或者迟报,不得故意破坏事故现场、毁灭有关证据。

(六)关于负有安全生产监督管理职责的部门报告事故职责的规定

负有安全生产监督管理职责的部门接到事故报告后,应当立即按照国家有关规定上报事故情况。负有安全生产监督管理职责的部门和有关地方人民政府对事故情况不得隐瞒不报、谎报或者迟报。

(七)关于地方人民政府、部门、单位和个人事故救援义务的规定

有关地方人民政府和负有安全生产监督管理职责的部门的负责人接到生产安全事故报告后,应当按照生产安全事故应急救援预案的要求立即赶到事故现场,组织事故抢救。

参与事故抢救的部门和单位应当服从统一指挥,加强协同联动,采取有效的应急救援措施,并根据事故救援的需要采取警戒、疏散等措施,防止事故扩大和次生灾害的发生,减少人员伤亡和财产损失。

事故抢救过程中应当采取必要措施,避免或者减少对环境造成的危害。

任何单位和个人都应当支持、配合事故抢救,并提供一切便利条件。

(八)关于事故调查的基本原则、主要任务和相关要求的规定

事故调查处理应当按照科学严谨、依法依规、实事求是、注重实效的原则,及时、准确地查清事故原因,查明事故性质和责任,评估应急处置工作,总结事故教训,提出整改措施,并对事故责任单位和人员提出处理建议。事故调查报告应当依法及时向社会公布。事故调查和处理的具体办法由国务院制定。

事故发生单位应当及时全面落实整改措施,负有安全生产监督管理职责的部门应当加强监督检查。

负责事故调查处理的国务院有关部门和地方人民政府应当在批复事故调查报告后一年内,组织有关部门对事故整改和防范措施落实情况进行评估,并及时向社会公开评估结果;对不履行职责导致事故整改和防范措施没有落实的有关单位和人员,应当按照有关规定追究责任。

(九)关于查明行政部门对安全生产有关事项审批和监管责任的规定

生产经营单位发生生产安全事故,经调查确定为责任事故的,除了应当查明事故单位的责任并依法予以追究外,还应当查明对安全生产的有关事项负有审查批准和监督职责的行政部门的责任,对有失职、渎职行为的,依法追究法律责任。

(十)关于任何单位和个人不得阻挠和干涉对事故调查处理的规定

任何单位和个人不得阻挠和干涉对事故的依法调查处理。

(十一)关于生产安全事故定期统计分析和定期公布的规定

县级以上地方各级人民政府应急管理部门应当定期统计分析本行政区域内发生生产安全事故的情况,并定期向社会公布。

五、法律责任

（一）负有安全生产监督管理职责的部门的工作人员，有下列行为之一的，给予降级或者撤职的处分；构成犯罪的，依照刑法有关规定追究刑事责任：

1. 对不符合法定安全生产条件的涉及安全生产的事项予以批准或者验收通过的；

2. 发现未依法取得批准、验收的单位擅自从事有关活动或者接到举报后不予取缔或者不依法予以处理的；

3. 对已经依法取得批准的单位不履行监督管理职责，发现其不再具备安全生产条件而不撤销原批准或者发现安全生产违法行为不予查处的；

4. 在监督检查中发现重大事故隐患，不依法及时处理的。

负有安全生产监督管理职责的部门的工作人员有前款规定以外的滥用职权、玩忽职守、徇私舞弊行为的，依法给予处分；构成犯罪的，依照刑法有关规定追究刑事责任。

（二）负有安全生产监督管理职责的部门，要求被审查、验收的单位购买其指定的安全设备、器材或者其他产品的，在对安全生产事项的审查、验收中收取费用的，由其上级机关或者监察机关责令改正，责令退还收取的费用；情节严重的，对直接负责的主管人员和其他直接责任人员依法给予处分。

（三）承担安全评价、认证、检测、检验职责的机构出具失实报告的，责令停业整顿，并处三万元以上十万元以下的罚款；给他人造成损害的，依法承担赔偿责任。

承担安全评价、认证、检测、检验职责的机构租借资质、挂靠、出具虚假报告的，没收违法所得；违法所得在十万元以上的，并处违法所得二倍以上五倍以下的罚款，没有违法所得或者违法所得不足十万元的，单处或者并处十万元以上二十万元以下的罚款；对其直接负责的主管人员和其他直接责任人员处五万元以上十万元以下的罚款；给他人造成损害的，与生产经营单位承担连带赔偿责任；构成犯罪的，依照刑法有关规定追究刑事责任。

对有前款违法行为的机构及其直接责任人员，吊销其相应资质和资格，五年内不得从事安全评价、认证、检测、检验等工作；情节严重的，实行终身行业和职业禁入。

（四）生产经营单位的决策机构、主要负责人或者个人经营的投资人不依照安全生产法规定保证安全生产所必需的资金投入，致使生产经营单位不具备安全生产条件的，责令限期改正，提供必需的资金；逾期未改正的，责令生产经营单位停产停业整顿。

有前款违法行为，导致发生生产安全事故的，对生产经营单位的主要负责人给予撤职处分，对个人经营的投资人处二万元以上二十万元以下的罚款；构成犯罪的，依照刑法有关规定追究刑事责任。

（五）生产经营单位的主要负责人未履行安全生产法规定的安全生产管理职责的，责令限期改正，处二万元以上五万元以下的罚款；逾期未改正的，处五万元以上十万元以下的罚款,责令生产经营单位停产停业整顿。

生产经营单位的主要负责人有前款违法行为,导致发生生产安全事故的,给予撤职处分;构成犯罪的,依照刑法有关规定追究刑事责任。

生产经营单位的主要负责人依照前款规定受刑事处罚或者撤职处分的,自刑罚执行完毕或者受处分之日起,五年内不得担任任何生产经营单位的主要负责人;对重大、特别重大生产安全事故负有责任的,终身不得担任本行业生产经营单位的主要负责人。

(六)生产经营单位的主要负责人未履行安全生产法规定的安全生产管理职责,导致发生生产安全事故的,由应急管理部门依照下列规定处以罚款:

1. 发生一般事故的,处上一年年收入百分之四十的罚款;

2. 发生较大事故的,处上一年年收入百分之六十的罚款;

3. 发生重大事故的,处上一年年收入百分之八十的罚款;

4. 发生特别重大事故的,处上一年年收入百分之一百的罚款。

(七)生产经营单位的其他负责人和安全生产管理人员未履行安全生产法规定的安全生产管理职责的,责令限期改正,处一万元以上三万元以下的罚款;导致发生生产安全事故的,暂停或者吊销其与安全生产有关的资格,并处上一年年收入百分之二十以上百分之五十以下的罚款;构成犯罪的,依照刑法有关规定追究刑事责任。

(八)生产经营单位有下列行为之一的,责令限期改正,处十万元以下的罚款;逾期未改正的,责令停产停业整顿,并处十万元以上二十万元以下的罚款,对其直接负责的主管人员和其他直接责任人员处二万元以上五万元以下的罚款:

1. 未按照规定设置安全生产管理机构或者配备安全生产管理人员、注册安全工程师的;

2. 危险物品的生产、经营、储存、装卸单位以及矿山、金属冶炼、建筑施工、运输单位的主要负责人和安全生产管理人员未按照规定经考核合格的;

3. 未按照规定对从业人员、被派遣劳动者、实习学生进行安全生产教育和培训,或者未按照规定如实告知有关的安全生产事项的;

4. 未如实记录安全生产教育和培训情况的;

5. 未将事故隐患排查治理情况如实记录或者未向从业人员通报的;

6. 未按照规定制定生产安全事故应急救援预案或者未定期组织演练的;

7. 特种作业人员未按照规定经专门的安全作业培训并取得相应资格,上岗作业的。

(九)生产经营单位有下列行为之一的,责令停止建设或者停产停业整顿,限期改正,并处十万元以上五十万元以下的罚款,对其直接负责的主管人员和其他直接责任人员处二万元以上五万元以下的罚款;逾期未改正的,处五十万元以上一百万元以下的罚款,对其直接负责的主管人员和其他直接责任人员处五万元以上十万元以下的罚款;构成犯罪的,依照刑法有关规定追究刑事责任:

1. 未按照规定对矿山、金属冶炼建设项目或者用于生产、储存、装卸危险物品的建设项目进行安全评价的；

2. 矿山、金属冶炼建设项目或者用于生产、储存、装卸危险物品的建设项目没有安全设施设计或者安全设施设计未按照规定报经有关部门审查同意的；

3. 矿山、金属冶炼建设项目或者用于生产、储存、装卸危险物品的建设项目的施工单位未按照批准的安全设施设计施工的；

4. 矿山、金属冶炼建设项目或者用于生产、储存、装卸危险物品的建设项目竣工投入生产或者使用前，安全设施未经验收合格的。

（十）生产经营单位有下列行为之一的，责令限期改正，处五万元以下的罚款；逾期未改正的，处五万元以上二十万元以下的罚款，对其直接负责的主管人员和其他直接责任人员处一万元以上二万元以下的罚款；情节严重的，责令停产停业整顿；构成犯罪的，依照刑法有关规定追究刑事责任：

1. 未在有较大危险因素的生产经营场所和有关设施、设备上设置明显的安全警示标志的；

2. 安全设备的安装、使用、检测、改造和报废不符合国家标准或者行业标准的；

3. 未对安全设备进行经常性维护、保养和定期检测的；

4. 关闭、破坏直接关系生产安全的监控、报警、防护、救生设备、设施，或者篡改、隐瞒、销毁其相关数据、信息的；

5. 未为从业人员提供符合国家标准或者行业标准的劳动防护用品的；

6. 危险物品的容器、运输工具，以及涉及人身安全、危险性较大的海洋石油开采特种设备和矿山井下特种设备未经具有专业资质的机构检测、检验合格，取得安全使用证或者安全标志，投入使用的；

7. 使用应当淘汰的危及生产安全的工艺、设备的；

8. 餐饮等行业的生产经营单位使用燃气未安装可燃气体报警装置的。

（十一）未经依法批准，擅自生产、经营、运输、储存、使用危险物品或者处置废弃危险物品的，依照有关危险物品安全管理的法律、行政法规的规定予以处罚；构成犯罪的，依照刑法有关规定追究刑事责任。

（十二）生产经营单位有下列行为之一的，责令限期改正，处十万元以下的罚款；逾期未改正的，责令停产停业整顿，并处十万元以上二十万元以下的罚款，对其直接负责的主管人员和其他直接责任人员处二万元以上五万元以下的罚款；构成犯罪的，依照刑法有关规定追究刑事责任：

1. 生产、经营、运输、储存、使用危险物品或者处置废弃危险物品，未建立专门安全管理制度、未采取可靠的安全措施的；

2. 对重大危险源未登记建档，未进行定期检测、评估、监控，未制定应急预案，或者未

告知应急措施的;

3. 进行爆破、吊装、动火、临时用电以及国务院应急管理部门会同国务院有关部门规定的其他危险作业,未安排专门人员进行现场安全管理的;

4. 未建立安全风险分级管控制度或者未按照安全风险分级采取相应管控措施的;

5. 未建立事故隐患排查治理制度,或者重大事故隐患排查治理情况未按照规定报告的。

（十三）生产经营单位未采取措施消除事故隐患的,责令立即消除或者限期消除,处五万元以下的罚款;生产经营单位拒不执行的,责令停产停业整顿,对其直接负责的主管人员和其他直接责任人员处五万元以上十万元以下的罚款;构成犯罪的,依照刑法有关规定追究刑事责任。

（十四）生产经营单位将生产经营项目、场所、设备发包或者出租给不具备安全生产条件或者相应资质的单位或者个人的,责令限期改正,没收违法所得;违法所得十万元以上的,并处违法所得二倍以上五倍以下的罚款;没有违法所得或者违法所得不足十万元的,单处或者并处十万元以上二十万元以下的罚款;对其直接负责的主管人员和其他直接责任人员处一万元以上二万元以下的罚款;导致发生生产安全事故给他人造成损害的,与承包方、承租方承担连带赔偿责任。

生产经营单位未与承包单位、承租单位签订专门的安全生产管理协议或者未在承包合同、租赁合同中明确各自的安全生产管理职责,或者未对承包单位、承租单位的安全生产统一协调、管理的,责令限期改正,处五万元以下的罚款,对其直接负责的主管人员和其他直接责任人员处一万元以下的罚款;逾期未改正的,责令停产停业整顿。

矿山、金属冶炼建设项目和用于生产、储存、装卸危险物品的建设项目的施工单位未按照规定对施工项目进行安全管理的,责令限期改正,处十万元以下的罚款,对其直接负责的主管人员和其他直接责任人员处二万元以下的罚款;逾期未改正的,责令停产停业整顿。以上施工单位倒卖、出租、出借、挂靠或者以其他形式非法转让施工资质的,责令停产停业整顿,吊销资质证书,没收违法所得;违法所得十万元以上的,并处违法所得二倍以上五倍以下的罚款,没有违法所得或者违法所得不足十万元的,单处或者并处十万元以上二十万元以下的罚款;对其直接负责的主管人员和其他直接责任人员处五万元以上十万元以下的罚款;构成犯罪的,依照刑法有关规定追究刑事责任。

（十五）两个以上生产经营单位在同一作业区域内进行可能危及对方安全生产的生产经营活动,未签订安全生产管理协议或者未指定专职安全生产管理人员进行安全检查与协调的,责令限期改正,处五万元以下的罚款,对其直接负责的主管人员和其他直接责任人员处一万元以下的罚款;逾期未改正的,责令停产停业。

（十六）生产经营单位有下列行为之一的,责令限期改正,处五万元以下的罚款,对其直接负责的主管人员和其他直接责任人员处一万元以下的罚款;逾期未改正的,责令

停产停业整顿;构成犯罪的,依照刑法有关规定追究刑事责任:

1. 生产、经营、储存、使用危险物品的车间、商店、仓库与员工宿舍在同一座建筑内,或者与员工宿舍的距离不符合安全要求的;

2. 生产经营场所和员工宿舍未设有符合紧急疏散需要、标志明显、保持畅通的出口、疏散通道,或者占用、锁闭、封堵生产经营场所或者员工宿舍出口、疏散通道的。

(十七)生产经营单位与从业人员订立协议,免除或者减轻其对从业人员因生产安全事故伤亡依法应承担的责任的,该协议无效;对生产经营单位的主要负责人、个人经营的投资人处二万元以上十万元以下的罚款。

(十八)生产经营单位的从业人员不落实岗位安全责任,不服从管理,违反安全生产规章制度或者操作规程的,由生产经营单位给予批评教育,依照有关规章制度给予处分;构成犯罪的,依照刑法有关规定追究刑事责任。

(十九)违反安全生产法规定,生产经营单位拒绝、阻碍负有安全生产监督管理职责的部门依法实施监督检查的,责令改正;拒不改正的,处二万元以上二十万元以下的罚款;对其直接负责的主管人员和其他直接责任人员处一万元以上二万元以下的罚款;构成犯罪的,依照刑法有关规定追究刑事责任。

(二十)高危行业、领域的生产经营单位未按照国家规定投保安全生产责任保险的,责令限期改正,处五万元以上十万元以下的罚款;逾期未改正的,处十万元以上二十万元以下的罚款。

(二十一)生产经营单位的主要负责人在本单位发生生产安全事故时,不立即组织抢救或者在事故调查处理期间擅离职守或者逃匿的,给予降级、撤职的处分,并由应急管理部门处上一年年收入百分之六十至百分之一百的罚款;对逃匿的处十五日以下拘留;构成犯罪的,依照刑法有关规定追究刑事责任。

生产经营单位的主要负责人对生产安全事故隐瞒不报、谎报或者迟报的,依照前款规定处罚。

(二十二)有关地方人民政府、负有安全生产监督管理职责的部门,对生产安全事故隐瞒不报、谎报或者迟报的,对直接负责的主管人员和其他直接责任人员依法给予处分;构成犯罪的,依照刑法有关规定追究刑事责任。

(二十三)生产经营单位违反安全生产法规定,被责令改正且受到罚款处罚,拒不改正的,负有安全生产监督管理职责的部门可以自作出责令改正之日的次日起,按照原处罚数额按日连续处罚。

(二十四)生产经营单位存在下列情形之一的,负有安全生产监督管理职责的部门应当提请地方人民政府予以关闭,有关部门应当依法吊销其有关证照。生产经营单位主要负责人五年内不得担任任何生产经营单位的主要负责人;情节严重的,终身不得担任本行业生产经营单位的主要负责人:

1. 存在重大事故隐患,一百八十日内三次或者一年内四次受到安全生产法规定的行政处罚的;

2. 经停产停业整顿,仍不具备法律、行政法规和国家标准或者行业标准规定的安全生产条件的;

3. 不具备法律、行政法规和国家标准或者行业标准规定的安全生产条件,导致发生重大、特别重大生产安全事故的;

4. 拒不执行负有安全生产监督管理职责的部门作出的停产停业整顿决定的。

(二十五)发生生产安全事故,对负有责任的生产经营单位除要求其依法承担相应的赔偿等责任外,由应急管理部门依照下列规定处以罚款:

1. 发生一般事故的,处三十万元以上一百万元以下的罚款;

2. 发生较大事故的,处一百万元以上二百万元以下的罚款;

3. 发生重大事故的,处二百万元以上一千万元以下的罚款;

4. 发生特别重大事故的,处一千万元以上二千万元以下的罚款。

发生生产安全事故,情节特别严重、影响特别恶劣的,应急管理部门可以按照前款罚款数额的二倍以上五倍以下对负有责任的生产经营单位处以罚款。

(二十六)安全生产法规定的行政处罚,由应急管理部门和其他负有安全生产监督管理职责的部门按照职责分工决定。其中,根据安全生产法的规定应当给予民航、铁路、电力行业的生产经营单位及其主要负责人行政处罚的,也可以由主管的负有安全生产监督管理职责的部门进行处罚。予以关闭的行政处罚,由负有安全生产监督管理职责的部门报请县级以上人民政府按照国务院规定的权限决定;给予拘留的行政处罚,由公安机关依照治安管理处罚的规定决定。

(二十七)生产经营单位发生生产安全事故造成人员伤亡、他人财产损失的,应当依法承担赔偿责任;拒不承担或者其负责人逃匿的,由人民法院依法强制执行。

生产安全事故的责任人未依法承担赔偿责任,经人民法院依法采取执行措施后,仍不能对受害人给予足额赔偿的,应当继续履行赔偿义务;受害人发现责任人有其他财产的,可以随时请求人民法院执行。

六、附则

(一)危险物品,是指易燃易爆物品、危险化学品、放射性物品等能够危及人身安全和财产安全的物品。

(二)重大危险源,是指长期地或者临时地生产、搬运、使用或者储存危险物品,且危险物品的数量等于或者超过临界量的单元(包括场所和设施)。

(三)安全生产法自 2021 年 9 月 1 日起施行。

安全生产法律法规重点要点解析

第三节 《中华人民共和国矿山安全法》

《中华人民共和国矿山安全法》以下简称矿山安全法。

一、矿山建设的安全保障

（一）矿山建设工程的安全设施必须和主体工程同时设计、同时施工、同时投入生产和使用。

（二）矿山建设工程的设计文件，必须符合矿山安全规程和行业技术规范，并按照国家规定经管理矿山企业的主管部门批准；不符合矿山安全规程和行业技术规范的，不得批准。

（三）矿山设计下列项目必须符合矿山安全规程和行业技术规范：

1. 矿井的通风系统和供风量、风质、风速；
2. 露天矿的边坡角和台阶的宽度、高度；
3. 供电系统；
4. 提升、运输系统；
5. 防水、排水系统和防火、灭火系统；
6. 防瓦斯系统和防尘系统；
7. 有关矿山安全的其他项目。

（四）每个矿井必须有两个以上能行人的安全出口，出口之间的直线水平距离必须符合矿山安全规程和行业技术规范。

（五）矿山必须有与外界相通的、符合安全要求的运输和通讯设施。

（六）矿山建设工程必须按照管理矿山企业的主管部门批准的设计文件施工。

二、矿山开采的安全保障

（一）矿山开采必须具备保障安全生产的条件，执行开采不同矿种的矿山安全规程和行业技术规范。

（二）矿山设计规定保留的矿柱、岩柱，在规定的期限内，应当予以保护，不得开采或者毁坏。

（三）矿山使用的有特殊安全要求的设备、器材、防护用品和安全检测仪器，必须符合国家安全标准或者行业安全标准；不符合国家安全标准或者行业安全标准的，不得使用。

（四）矿山企业必须对机电设备及其防护装置、安全检测仪器，定期检查、维修，保证使用安全。

（五）矿山企业必须对作业场所中的有毒有害物质和井下空气含氧量进行检测，保证符合安全要求。

（六）矿山企业必须对下列危害安全的事故隐患采取预防措施：

1. 冒顶、片帮、边坡滑落和地表塌陷；
2. 瓦斯爆炸、煤尘爆炸；
3. 冲击地压、瓦斯突出、井喷；
4. 地面和井下的火灾、水害；
5. 爆破器材和爆破作业发生的危害；
6. 粉尘、有毒有害气体、放射性物质和其他有害物质引起的危害；
7. 其他危害。

（七）矿山企业对使用机械、电气设备，排土场、矸石山、尾矿库与矿山闭坑后可能引起的危害，应当采取预防措施。

三、矿山企业的安全管理

（一）矿山企业必须建立、健全安全生产责任制。

矿长对本企业的安全生产工作负责。

（二）矿长应当定期向职工代表大会或者职工大会报告安全生产工作，发挥职工代表大会的监督作用。

（三）矿山企业职工必须遵守有关矿山安全的法律、法规和企业规章制度。

矿山企业职工有权对危害安全的行为，提出批评、检举和控告。

（四）矿山企业工会依法维护职工生产安全的合法权益，组织职工对矿山安全工作进行监督。

（五）矿山企业违反有关安全的法律、法规，工会有权要求企业行政方面或者有关部门认真处理。

矿山企业召开讨论有关安全生产的会议，应当有工会代表参加，工会有权提出意见和建议。

（六）矿山企业工会发现企业行政方面违章指挥、强令工人冒险作业或者生产过程中发现明显重大事故隐患和职业危害，有权提出解决的建议；发现危及职工生命安全的情况时，有权向矿山企业行政方面建议组织职工撤离危险现场，矿山企业行政方面必须及时作出处理决定。

（七）矿山企业必须对职工进行安全教育、培训；未经安全教育、培训的，不得上岗作业。

矿山企业安全生产的特种作业人员必须接受专门培训，经考核合格取得操作资格证书的,方可上岗作业。

(八)矿长必须经过考核,具备安全专业知识,具有领导安全生产和处理矿山事故的能力。

矿山企业安全工作人员必须具备必要的安全专业知识和矿山安全工作经验。

(九)矿山企业必须向职工发放保障安全生产所需的劳动防护用品。

(十)矿山企业不得录用未成年人从事矿山井下劳动。

矿山企业对女职工按照国家规定实行特殊劳动保护,不得分配女职工从事矿山井下劳动。

(十一)矿山企业必须制定矿山事故防范措施,并组织落实。

(十二)矿山企业应当建立由专职或者兼职人员组成的救护和医疗急救组织,配备必要的装备、器材和药物。

(十三)矿山企业必须从矿产品销售额中按照国家规定提取安全技术措施专项费用。安全技术措施专项费用必须全部用于改善矿山安全生产条件,不得挪作他用。

第四节 《中华人民共和国消防法》

《中华人民共和国消防法》以下简称消防法。

一、火灾预防

(一)建设工程的消防设计、施工必须符合国家工程建设消防技术标准。建设、设计、施工、工程监理等单位依法对建设工程的消防设计、施工质量负责。

(二)对按照国家工程建设消防技术标准需要进行消防设计的建设工程,实行建设工程消防设计审查验收制度。

(三)国务院住房和城乡建设主管部门规定的特殊建设工程,建设单位应当将消防设计文件报送住房和城乡建设主管部门审查,住房和城乡建设主管部门依法对审查的结果负责。

前款规定以外的其他建设工程,建设单位申请领取施工许可证或者申请批准开工报告时应当提供满足施工需要的消防设计图纸及技术资料。

(四)特殊建设工程未经消防设计审查或者审查不合格的,建设单位、施工单位不得施工;其他建设工程,建设单位未提供满足施工需要的消防设计图纸及技术资料的,有关部门不得发放施工许可证或者批准开工报告。

(五)国务院住房和城乡建设主管部门规定应当申请消防验收的建设工程竣工,建设单位应当向住房和城乡建设主管部门申请消防验收。

前款规定以外的其他建设工程,建设单位在验收后应当报住房和城乡建设主管部门备案,住房和城乡建设主管部门应当进行抽查。

依法应当进行消防验收的建设工程,未经消防验收或者消防验收不合格的,禁止投入使用;其他建设工程经依法抽查不合格的,应当停止使用。

(六)公众聚集场所投入使用、营业前消防安全检查实行告知承诺管理。公众聚集场所在投入使用、营业前,建设单位或者使用单位应当向场所所在地的县级以上地方人民政府消防救援机构申请消防安全检查,作出场所符合消防技术标准和管理规定的承诺,提交规定的材料,并对其承诺和材料的真实性负责。

消防救援机构对申请人提交的材料进行审查;申请材料齐全、符合法定形式的,应当予以许可。消防救援机构应当根据消防技术标准和管理规定,及时对作出承诺的公众聚集场所进行核查。

申请人选择不采用告知承诺方式办理的,消防救援机构应当自受理申请之日起十个工作日内,根据消防技术标准和管理规定,对该场所进行检查。经检查符合消防安全要求的,应当予以许可。

公众聚集场所未经消防救援机构许可的,不得投入使用、营业。消防安全检查的具体办法,由国务院应急管理部门制定。

(七)机关、团体、企业、事业等单位应当履行下列消防安全职责:

1. 落实消防安全责任制,制定本单位的消防安全制度、消防安全操作规程,制定灭火和应急疏散预案;

2. 按照国家标准、行业标准配置消防设施、器材,设置消防安全标志,并定期组织检验、维修,确保完好有效;

3. 对建筑消防设施每年至少进行一次全面检测,确保完好有效,检测记录应当完整准确,存档备查;

4. 保障疏散通道、安全出口、消防车通道畅通,保证防火防烟分区、防火间距符合消防技术标准;

5. 组织防火检查,及时消除火灾隐患;

6. 组织进行有针对性的消防演练;

7. 法律、法规规定的其他消防安全职责。

单位的主要负责人是本单位的消防安全责任人。

(八)县级以上地方人民政府消防救援机构应当将发生火灾可能性较大以及发生火灾可能造成重大的人身伤亡或者财产损失的单位,确定为本行政区域内的消防安全重点单位,并由应急管理部门报本级人民政府备案。

消防安全重点单位除应当履行本法规定的机关、团体、企业、事业等单位应当履行的

消防安全职责外,还应当履行下列消防安全职责:

1. 确定消防安全管理人,组织实施本单位的消防安全管理工作;
2. 建立消防档案,确定消防安全重点部位,设置防火标志,实行严格管理;
3. 实行每日防火巡查,并建立巡查记录;
4. 对职工进行岗前消防安全培训,定期组织消防安全培训和消防演练。

(九)同一建筑物由两个以上单位管理或者使用的,应当明确各方的消防安全责任,并确定责任人对共用的疏散通道、安全出口、建筑消防设施和消防车通道进行统一管理。

住宅区的物业服务企业应当对管理区域内的共用消防设施进行维护管理,提供消防安全防范服务。

(十)生产、储存、经营易燃易爆危险品的场所不得与居住场所设置在同一建筑物内,并应当与居住场所保持安全距离。

生产、储存、经营其他物品的场所与居住场所设置在同一建筑物内的,应当符合国家工程建设消防技术标准。

(十一)举办大型群众性活动,承办人应当依法向公安机关申请安全许可,制定灭火和应急疏散预案并组织演练,明确消防安全责任分工,确定消防安全管理人员,保持消防设施和消防器材配置齐全、完好有效,保证疏散通道、安全出口、疏散指示标志、应急照明和消防车通道符合消防技术标准和管理规定。

(十二)禁止在具有火灾、爆炸危险的场所吸烟、使用明火。因施工等特殊情况需要使用明火作业的,应当按照规定事先办理审批手续,采取相应的消防安全措施;作业人员应当遵守消防安全规定。

进行电焊、气焊等具有火灾危险作业的人员和自动消防系统的操作人员,必须持证上岗,并遵守消防安全操作规程。

(十三)生产、储存、装卸易燃易爆危险品的工厂、仓库和专用车站、码头的设置,应当符合消防技术标准。易燃易爆气体和液体的充装站、供应站、调压站,应当设置在符合消防安全要求的位置,并符合防火防爆要求。

已经设置的生产、储存、装卸易燃易爆危险品的工厂、仓库和专用车站、码头,易燃易爆气体和液体的充装站、供应站、调压站,不再符合前款规定的,地方人民政府应当组织、协调有关部门、单位限期解决,消除安全隐患。

(十四)生产、储存、运输、销售、使用、销毁易燃易爆危险品,必须执行消防技术标准和管理规定。

进入生产、储存易燃易爆危险品的场所,必须执行消防安全规定。禁止非法携带易燃易爆危险品进入公共场所或者乘坐公共交通工具。

储存可燃物资仓库的管理,必须执行消防技术标准和管理规定。

(十五)消防产品必须符合国家标准;没有国家标准的,必须符合行业标准。禁止生产、销售或者使用不合格的消防产品以及国家明令淘汰的消防产品。

依法实行强制性产品认证的消防产品,由具有法定资质的认证机构按照国家标准、行业标准的强制性要求认证合格后,方可生产、销售、使用。实行强制性产品认证的消防产品目录,由国务院产品质量监督部门会同国务院应急管理部门制定并公布。

新研制的尚未制定国家标准、行业标准的消防产品,应当按照国务院产品质量监督部门会同国务院应急管理部门规定的办法,经技术鉴定符合消防安全要求的,方可生产、销售、使用。

依照本条规定经强制性产品认证合格或者技术鉴定合格的消防产品,国务院应急管理部门应当予以公布。

(十六)建筑构件、建筑材料和室内装修、装饰材料的防火性能必须符合国家标准;没有国家标准的,必须符合行业标准。

人员密集场所室内装修、装饰,应当按照消防技术标准的要求,使用不燃、难燃材料。

(十七)电器产品、燃气用具的产品标准,应当符合消防安全的要求。

电器产品、燃气用具的安装、使用及其线路、管路的设计、敷设、维护保养、检测,必须符合消防技术标准和管理规定。

(十八)任何单位、个人不得损坏、挪用或者擅自拆除、停用消防设施、器材,不得埋压、圈占、遮挡消火栓或者占用防火间距,不得占用、堵塞、封闭疏散通道、安全出口、消防车通道。人员密集场所的门窗不得设置影响逃生和灭火救援的障碍物。

(十九)负责公共消防设施维护管理的单位,应当保持消防供水、消防通信、消防车通道等公共消防设施的完好有效。在修建道路以及停电、停水、截断通信线路时有可能影响消防队灭火救援的,有关单位必须事先通知当地消防救援机构。

(二十)消防设施维护保养检测、消防安全评估等消防技术服务机构应当符合从业条件,执业人员应当依法获得相应的资格;依照法律、行政法规、国家标准、行业标准和执业准则,接受委托提供消防技术服务,并对服务质量负责。

二、消防组织

(一)各级人民政府应当加强消防组织建设,根据经济社会发展的需要,建立多种形式的消防组织,加强消防技术人才培养,增强火灾预防、扑救和应急救援的能力。

(二)县级以上地方人民政府应当按照国家规定建立国家综合性消防救援队、专职消防队,并按照国家标准配备消防装备,承担火灾扑救工作。

乡镇人民政府应当根据当地经济发展和消防工作的需要,建立专职消防队、志愿消防队,承担火灾扑救工作。

(三)国家综合性消防救援队、专职消防队按照国家规定承担重大灾害事故和其他以抢救人员生命为主的应急救援工作。

（四）国家综合性消防救援队、专职消防队应当充分发挥火灾扑救和应急救援专业力量的骨干作用；按照国家规定，组织实施专业技能训练，配备并维护保养装备器材，提高火灾扑救和应急救援的能力。

（五）下列单位应当建立单位专职消防队，承担本单位的火灾扑救工作：

1. 大型核设施单位、大型发电厂、民用机场、主要港口；

2. 生产、储存易燃易爆危险品的大型企业；

3. 储备可燃的重要物资的大型仓库、基地；

4. 第一项、第二项、第三项规定以外的火灾危险性较大、距离国家综合性消防救援队较远的其他大型企业；

5. 距离国家综合性消防救援队较远、被列为全国重点文物保护单位的古建筑群的管理单位。

（六）专职消防队的建立，应当符合国家有关规定，并报当地消防救援机构验收。

专职消防队的队员依法享受社会保险和福利待遇。

（七）机关、团体、企业、事业等单位以及村民委员会、居民委员会根据需要，建立志愿消防队等多种形式的消防组织，开展群众性自防自救工作。

（八）消防救援机构应当对专职消防队、志愿消防队等消防组织进行业务指导；根据扑救火灾的需要，可以调动指挥专职消防队参加火灾扑救工作。

三、灭火救援

（一）县级以上地方人民政府应当组织有关部门针对本行政区域内的火灾特点制定应急预案，建立应急反应和处置机制，为火灾扑救和应急救援工作提供人员、装备等保障。

（二）任何人发现火灾都应当立即报警。任何单位、个人都应当无偿为报警提供便利，不得阻拦报警。严禁谎报火警。

人员密集场所发生火灾，该场所的现场工作人员应当立即组织、引导在场人员疏散。

任何单位发生火灾，必须立即组织力量扑救。邻近单位应当给予支援。

消防队接到火警，必须立即赶赴火灾现场，救助遇险人员，排除险情，扑灭火灾。

（三）消防救援机构统一组织和指挥火灾现场扑救，应当优先保障遇险人员的生命安全。

火灾现场总指挥根据扑救火灾的需要，有权决定下列事项：

1. 使用各种水源；

2. 截断电力、可燃气体和可燃液体的输送，限制用火用电；

3. 划定警戒区，实行局部交通管制；

4. 利用临近建筑物和有关设施；

5. 为了抢救人员和重要物资,防止火势蔓延,拆除或者破损毗邻火灾现场的建筑物、构筑物或者设施等;

6. 调动供水、供电、供气、通信、医疗救护、交通运输、环境保护等有关单位协助灭火救援。

根据扑救火灾的紧急需要,有关地方人民政府应当组织人员、调集所需物资支援灭火。

(四)国家综合性消防救援队、专职消防队参加火灾以外的其他重大灾害事故的应急救援工作,由县级以上人民政府统一领导。

(五)消防车、消防艇前往执行火灾扑救或者应急救援任务,在确保安全的前提下,不受行驶速度、行驶路线、行驶方向和指挥信号的限制,其他车辆、船舶以及行人应当让行,不得穿插超越;收费公路、桥梁免收车辆通行费。交通管理指挥人员应当保证消防车、消防艇迅速通行。

赶赴火灾现场或者应急救援现场的消防人员和调集的消防装备、物资,需要铁路、水路或者航空运输的,有关单位应当优先运输。

(六)消防车、消防艇以及消防器材、装备和设施,不得用于与消防和应急救援工作无关的事项。

(七)国家综合性消防救援队、专职消防队扑救火灾、应急救援,不得收取任何费用。单位专职消防队、志愿消防队参加扑救外单位火灾所损耗的燃料、灭火剂和器材、装备等,由火灾发生地的人民政府给予补偿。

(八)对因参加扑救火灾或者应急救援受伤、致残或者死亡的人员,按照国家有关规定给予医疗、抚恤。

(九)消防救援机构有权根据需要封闭火灾现场,负责调查火灾原因,统计火灾损失。

火灾扑灭后,发生火灾的单位和相关人员应当按照消防救援机构的要求保护现场,接受事故调查,如实提供与火灾有关的情况。

消防救援机构根据火灾现场勘验、调查情况和有关的检验、鉴定意见,及时制作火灾事故认定书,作为处理火灾事故的证据。

四、法律责任

(一)违反本法规定,有下列行为之一的,由住房和城乡建设主管部门、消防救援机构按照各自职权责令停止施工、停止使用或者停产停业,并处三万元以上三十万元以下罚款:

1. 依法应当进行消防设计审查的建设工程,未经依法审查或者审查不合格,擅自施工的;

2. 依法应当进行消防验收的建设工程,未经消防验收或者消防验收不合格,擅自投入使用的;

3. 本法规定的其他建设工程验收后经依法抽查不合格,不停止使用的;

4. 公众聚集场所未经消防救援机构许可,擅自投入使用、营业的,或者经核查发现场所使用、营业情况与承诺内容不符的。

核查发现公众聚集场所使用、营业情况与承诺内容不符,经责令限期改正,逾期不整改或者整改后仍达不到要求的,依法撤销相应许可。

建设单位未依照本法规定在验收后报住房和城乡建设主管部门备案的,由住房和城乡建设主管部门责令改正,处五千元以下罚款。

(二)违反本法规定,有下列行为之一的,由住房和城乡建设主管部门责令改正或者停止施工,并处一万元以上十万元以下罚款:

1. 建设单位要求建筑设计单位或者建筑施工企业降低消防技术标准设计、施工的;

2. 建筑设计单位不按照消防技术标准强制性要求进行消防设计的;

3. 建筑施工企业不按照消防设计文件和消防技术标准施工,降低消防施工质量的;

4. 工程监理单位与建设单位或者建筑施工企业串通,弄虚作假,降低消防施工质量的。

(三)单位违反本法规定,有下列行为之一的,责令改正,处五千元以上五万元以下罚款:

1. 消防设施、器材或者消防安全标志的配置、设置不符合国家标准、行业标准,或者未保持完好有效的;

2. 损坏、挪用或者擅自拆除、停用消防设施、器材的;

3. 占用、堵塞、封闭疏散通道、安全出口或者有其他妨碍安全疏散行为的;

4. 埋压、圈占、遮挡消火栓或者占用防火间距的;

5. 占用、堵塞、封闭消防车通道,妨碍消防车通行的;

6. 人员密集场所在门窗上设置影响逃生和灭火救援的障碍物的;

7. 对火灾隐患经消防救援机构通知后不及时采取措施消除的。

个人有前款第二项、第三项、第四项、第五项行为之一的,处警告或者五百元以下罚款。

有本条第一款第三项、第四项、第五项、第六项行为,经责令改正拒不改正的,强制执行,所需费用由违法行为人承担。

(四)生产、储存、经营易燃易爆危险品的场所与居住场所设置在同一建筑物内,或者未与居住场所保持安全距离的,责令停产停业,并处五千元以上五万元以下罚款。

生产、储存、经营其他物品的场所与居住场所设置在同一建筑物内,不符合消防技术标准的,依照前款规定处罚。

(五)有下列行为之一的,依照《中华人民共和国治安管理处罚法》的规定处罚:

1. 违反有关消防技术标准和管理规定生产、储存、运输、销售、使用、销毁易燃易爆危险品的;

2. 非法携带易燃易爆危险品进入公共场所或者乘坐公共交通工具的;

3. 谎报火警的;

4. 阻碍消防车、消防艇执行任务的;

5. 阻碍消防救援机构的工作人员依法执行职务的。

(六)违反本法规定,有下列行为之一的,处警告或者五百元以下罚款;情节严重的,处五日以下拘留:

1. 违反消防安全规定进入生产、储存易燃易爆危险品场所的;

2. 违反规定使用明火作业或者在具有火灾、爆炸危险的场所吸烟、使用明火的。

(七)违反本法规定,有下列行为之一,尚不构成犯罪的,处十日以上十五日以下拘留,可以并处五百元以下罚款;情节较轻的,处警告或者五百元以下罚款:

1. 指使或者强令他人违反消防安全规定,冒险作业的;

2. 过失引起火灾的;

3. 在火灾发生后阻拦报警,或者负有报告职责的人员不及时报警的;

4. 扰乱火灾现场秩序,或者拒不执行火灾现场指挥员指挥,影响灭火救援的;

5. 故意破坏或者伪造火灾现场的;

6. 擅自拆封或者使用被消防救援机构查封的场所、部位的。

(八)违反本法规定,生产、销售不合格的消防产品或者国家明令淘汰的消防产品的,由产品质量监督部门或者工商行政管理部门依照《中华人民共和国产品质量法》的规定从重处罚。

人员密集场所使用不合格的消防产品或者国家明令淘汰的消防产品的,责令限期改正;逾期不改正的,处五千元以上五万元以下罚款,并对其直接负责的主管人员和其他直接责任人员处五百元以上二千元以下罚款;情节严重的,责令停产停业。

消防救援机构对于本条第二款规定的情形,除依法对使用者予以处罚外,应当将发现不合格的消防产品和国家明令淘汰的消防产品的情况通报产品质量监督部门、工商行政管理部门。产品质量监督部门、工商行政管理部门应当对生产者、销售者依法及时查处。

(九)电器产品、燃气用具的安装、使用及其线路、管路的设计、敷设、维护保养、检测不符合消防技术标准和管理规定的,责令限期改正;逾期不改正的,责令停止使用,可以并处一千元以上五千元以下罚款。

(十)人员密集场所发生火灾,该场所的现场工作人员不履行组织、引导在场人员疏散的义务,情节严重,尚不构成犯罪的,处五日以上十日以下拘留。

(十一)消防设施维护保养检测、消防安全评估等消防技术服务机构,不具备从业条件从事消防技术服务活动或者出具虚假文件的,由消防救援机构责令改正,处五万元以上十万元以下罚款,并对直接负责的主管人员和其他直接责任人员处一万元以上五万元以下罚款;不按照国家标准、行业标准开展消防技术服务活动的,责令改正,处五万元以下罚款,并对直接负责的主管人员和其他直接责任人员处一万元以下罚款;有违法所得的,并处没收违法所得;给他人造成损失的,依法承担赔偿责任;情节严重的,依法责令停止执业或者吊销相应资格;造成重大损失的,由相关部门吊销营业执照,并对有关责任人员采取终身市场禁入措施。

前款规定的机构出具失实文件,给他人造成损失的,依法承担赔偿责任;造成重大损失的,由消防救援机构依法责令停止执业或者吊销相应资格,由相关部门吊销营业执照,并对有关责任人员采取终身市场禁入措施。

五、专业用语的含义

(一)消防设施,是指火灾自动报警系统、自动灭火系统、消火栓系统、防烟排烟系统以及应急广播和应急照明、安全疏散设施等。

(二)消防产品,是指专门用于火灾预防、灭火救援和火灾防护、避难、逃生的产品。

(三)公众聚集场所,是指宾馆、饭店、商场、集贸市场、客运车站候车室、客运码头候船厅、民用机场航站楼、体育场馆、会堂以及公共娱乐场所等。

(四)人员密集场所,是指公众聚集场所,医院的门诊楼、病房楼,学校的教学楼、图书馆、食堂和集体宿舍,养老院、福利院,托儿所、幼儿园,公共图书馆的阅览室,公共展览馆、博物馆的展示厅,劳动密集型企业的生产加工车间和员工集体宿舍,旅游、宗教活动场所等。

第五节 《中华人民共和国道路交通安全法》

《中华人民共和国道路交通安全法》以下简称道路交通安全法。

一、车辆和驾驶人

(一)机动车、非机动车

1. 国家对机动车实行登记制度。机动车经公安机关交通管理部门登记后,方可上道路行驶。尚未登记的机动车,需要临时上道路行驶的,应当取得临时通行牌证。

2. 驾驶机动车上道路行驶,应当悬挂机动车号牌,放置检验合格标志、保险标志,并随车携带机动车行驶证。

3. 对登记后上道路行驶的机动车,应当依照法律、行政法规的规定,根据车辆用途、载客载货数量、使用年限等不同情况,定期进行安全技术检验。

4. 国家实行机动车强制报废制度,根据机动车的安全技术状况和不同用途,规定不同的报废标准。

5. 任何单位或者个人不得有下列行为:

(1) 拼装机动车或者擅自改变机动车已登记的结构、构造或者特征;

(2) 改变机动车型号、发动机号、车架号或者车辆识别代号;

(3) 伪造、变造或者使用伪造、变造的机动车登记证书、号牌、行驶证、检验合格标志、保险标志;

(4) 使用其他机动车的登记证书、号牌、行驶证、检验合格标志、保险标志。

6. 国家实行机动车第三者责任强制保险制度,设立道路交通事故社会救助基金。具体办法由国务院规定。

7. 依法应当登记的非机动车,经公安机关交通管理部门登记后,方可上道路行驶。

(二) 驾驶人

1. 驾驶机动车,应当依法取得机动车驾驶证。

驾驶人应当按照驾驶证载明的准驾车型驾驶机动车;驾驶机动车时,应当随身携带机动车驾驶证。

2. 驾驶人驾驶机动车上道路行驶前,应当对机动车的安全技术性能进行认真检查;不得驾驶安全设施不全或者机件不符合技术标准等具有安全隐患的机动车。

3. 机动车驾驶人应当遵守道路交通安全法律、法规的规定,按照操作规范安全驾驶、文明驾驶。

饮酒、服用国家管制的精神药品或者麻醉药品,或者患有妨碍安全驾驶机动车的疾病,或者过度疲劳影响安全驾驶的,不得驾驶机动车。

二、道路通行条件

(一) 全国实行统一的道路交通信号。

交通信号包括交通信号灯、交通标志、交通标线和交通警察的指挥。

(二) 交通信号灯由红灯、绿灯、黄灯组成。红灯表示禁止通行,绿灯表示准许通行,黄灯表示警示。

(三) 铁路与道路平面交叉的道口,应当设置警示灯、警示标志或者安全防护设施。无人看守的铁路道口,应当在距道口一定距离处设置警示标志。

(四) 任何单位和个人不得擅自设置、移动、占用、损毁交通信号灯、交通标志、交通标线。

(五) 未经许可,任何单位和个人不得占用道路从事非交通活动。

（六）因工程建设需要占用、挖掘道路，或者跨越、穿越道路架设、增设管线设施，应当事先征得道路主管部门的同意；影响交通安全的，还应当征得公安机关交通管理部门的同意。

施工作业单位应当在经批准的路段和时间内施工作业，并在距离施工作业地点来车方向安全距离处设置明显的安全警示标志，采取防护措施；施工作业完毕，应当迅速清除道路上的障碍物，消除安全隐患，经道路主管部门和公安机关交通管理部门验收合格，符合通行要求后，方可恢复通行。

（七）新建、改建、扩建的公共建筑、商业街区、居住区、大（中）型建筑等，应当配建、增建停车场；停车泊位不足的，应当及时改建或者扩建；投入使用的停车场不得擅自停止使用或者改作他用。

（八）学校、幼儿园、医院、养老院门前的道路没有行人过街设施的，应当施划人行横道线，设置提示标志。

三、道路通行规定

（一）一般规定

1. 机动车、非机动车实行右侧通行。

2. 根据道路条件和通行需要，道路划分为机动车道、非机动车道和人行道的，机动车、非机动车、行人实行分道通行。

3. 道路划设专用车道的，在专用车道内，只准许规定的车辆通行，其他车辆不得进入专用车道内行驶。

4. 车辆、行人应当按照交通信号通行；遇有交通警察现场指挥时，应当按照交通警察的指挥通行；在没有交通信号的道路上，应当在确保安全、畅通的原则下通行。

（二）机动车通行规定

1. 机动车上道路行驶，不得超过限速标志标明的最高时速。在没有限速标志的路段，应当保持安全车速。

夜间行驶或者在容易发生危险的路段行驶，以及遇有沙尘、冰雹、雨、雪、雾、结冰等气象条件时，应当降低行驶速度。

2. 同车道行驶的机动车，后车应当与前车保持足以采取紧急制动措施的安全距离。有下列情形之一的，不得超车：

（1）前车正在左转弯、掉头、超车的；

（2）与对面来车有会车可能的；

（3）前车为执行紧急任务的警车、消防车、救护车、工程救险车的；

（4）行经铁路道口、交叉路口、窄桥、弯道、陡坡、隧道、人行横道、市区交通流量大的路段等没有超车条件的。

3. 机动车通过交叉路口,应当按照交通信号灯、交通标志、交通标线或者交通警察的指挥通过;通过没有交通信号灯、交通标志、交通标线或者交通警察指挥的交叉路口时,应当减速慢行,并让行人和优先通行的车辆先行。

4. 机动车遇有前方车辆停车排队等候或者缓慢行驶时,不得借道超车或者占用对面车道,不得穿插等候的车辆。

5. 机动车通过铁路道口时,应当按照交通信号或者管理人员的指挥通行;没有交通信号或者管理人员的,应当减速或者停车,在确认安全后通过。

6. 机动车行经人行横道时,应当减速行驶;遇行人正在通过人行横道,应当停车让行。

机动车行经没有交通信号的道路时,遇行人横过道路,应当避让。

7. 机动车载物应当符合核定的载质量,严禁超载;载物的长、宽、高不得违反装载要求,不得遗洒、飘散载运物。

机动车运载超限的不可解体的物品,影响交通安全的,应当按照公安机关交通管理部门指定的时间、路线、速度行驶,悬挂明显标志。在公路上运载超限的不可解体的物品,并应当依照公路法的规定执行。

机动车载运爆炸物品、易燃易爆化学物品以及剧毒、放射性等危险物品,应当经公安机关批准后,按指定的时间、路线、速度行驶,悬挂警示标志并采取必要的安全措施。

8. 机动车载人不得超过核定的人数,客运机动车不得违反规定载货。

9. 禁止货运机动车载客。

货运机动车需要附载作业人员的,应当设置保护作业人员的安全措施。

10. 机动车行驶时,驾驶人、乘坐人员应当按规定使用安全带,摩托车驾驶人及乘坐人员应当按规定戴安全头盔。

11. 机动车在道路上发生故障,需要停车排除故障时,驾驶人应当立即开启危险报警闪光灯,将机动车移至不妨碍交通的地方停放;难以移动的,应当持续开启危险报警闪光灯,并在来车方向设置警告标志等措施扩大示警距离,必要时迅速报警。

12. 道路养护车辆、工程作业车进行作业时,在不影响过往车辆通行的前提下,其行驶路线和方向不受交通标志、标线限制,过往车辆和人员应当注意避让。

洒水车、清扫车等机动车应当按照安全作业标准作业;在不影响其他车辆通行的情况下,可以不受车辆分道行驶的限制,但是不得逆向行驶。

13. 高速公路、大中城市中心城区内的道路,禁止拖拉机通行。在允许拖拉机通行的道路上,拖拉机可以从事货运,但是不得用于载人。

14. 机动车应当在规定地点停放。禁止在人行道上停放机动车;但是,依照本法第三十三条规定施划的停车泊位除外。

在道路上临时停车的,不得妨碍其他车辆和行人通行。

（三）非机动车通行规定

1. 驾驶非机动车在道路上行驶应当遵守有关交通安全的规定。非机动车应当在非机动车道内行驶；在没有非机动车道的道路上，应当靠车行道的右侧行驶。

2. 残疾人机动轮椅车、电动自行车在非机动车道内行驶时，最高时速不得超过十五公里。

3. 非机动车应当在规定地点停放。未设停放地点的，非机动车停放不得妨碍其他车辆和行人通行。

4. 驾驭畜力车，应当使用驯服的牲畜；驾驭畜力车横过道路时，驾驭人应当下车牵引牲畜；驾驭人离开车辆时，应当拴系牲畜。

（四）行人和乘车人通行规定

1. 行人应当在人行道内行走，没有人行道的靠路边行走。

2. 行人通过路口或者横过道路，应当走人行横道或者过街设施；通过有交通信号灯的人行横道，应当按照交通信号灯指示通行；通过没有交通信号灯、人行横道的路口，或者在没有过街设施的路段横过道路，应当在确认安全后通过。

3. 行人不得跨越、倚坐道路隔离设施，不得扒车、强行拦车或者实施妨碍道路交通安全的其他行为。

4. 行人通过铁路道口时，应当按照交通信号或者管理人员的指挥通行；没有交通信号和管理人员的，应当在确认无火车驶临后，迅速通过。

5. 乘车人不得携带易燃易爆等危险物品，不得向车外抛洒物品，不得有影响驾驶人安全驾驶的行为。

（五）高速公路的特别规定

1. 行人、非机动车、拖拉机、轮式专用机械车、铰接式客车、全挂拖斗车以及其他设计最高时速低于七十公里的机动车，不得进入高速公路。高速公路限速标志标明的最高时速不得超过一百二十公里。

2. 机动车在高速公路上发生故障时，警告标志应当设置在故障车来车方向一百五十米以外，车上人员应当迅速转移到右侧路肩上或者应急车道内，并且迅速报警。

机动车在高速公路上发生故障或者交通事故，无法正常行驶的，应当由救援车、清障车拖曳、牵引。

3. 任何单位、个人不得在高速公路上拦截检查行驶的车辆，公安机关的人民警察依法执行紧急公务除外。

四、交通事故处理

（一）在道路上发生交通事故，车辆驾驶人应当立即停车，保护现场；造成人身伤亡的，车辆驾驶人应当立即抢救受伤人员，并迅速报告执勤的交通警察或者公安机关交通管理部门。因抢救受伤人员变动现场的,应当标明位置。乘车人、过往车辆驾驶人、过往行人应当予以协助。

在道路上发生交通事故,未造成人身伤亡,当事人对事实及成因无争议的,可以即行撤离现场,恢复交通,自行协商处理损害赔偿事宜;不即行撤离现场的,应当迅速报告执勤的交通警察或者公安机关交通管理部门。

在道路上发生交通事故,仅造成轻微财产损失,并且基本事实清楚的,当事人应当先撤离现场再进行协商处理。

(二)车辆发生交通事故后逃逸的,事故现场目击人员和其他知情人员应当向公安机关交通管理部门或者交通警察举报。举报属实的,公安机关交通管理部门应当给予奖励。

(三)对交通事故损害赔偿的争议,当事人可以请求公安机关交通管理部门调解,也可以直接向人民法院提起民事诉讼。

经公安机关交通管理部门调解,当事人未达成协议或者调解书生效后不履行的,当事人可以向人民法院提起民事诉讼。

(四)医疗机构对交通事故中的受伤人员应当及时抢救,不得因抢救费用未及时支付而拖延救治。

(五)机动车发生交通事故造成人身伤亡、财产损失的,由保险公司在机动车第三者责任强制保险责任限额范围内予以赔偿;不足的部分,按照下列规定承担赔偿责任:

1. 机动车之间发生交通事故的,由有过错的一方承担赔偿责任;双方都有过错的,按照各自过错的比例分担责任。

2. 机动车与非机动车驾驶人、行人之间发生交通事故,非机动车驾驶人、行人没有过错的,由机动车一方承担赔偿责任;有证据证明非机动车驾驶人、行人有过错的,根据过错程度适当减轻机动车一方的赔偿责任;机动车一方没有过错的,承担不超过百分之十的赔偿责任。

交通事故的损失是由非机动车驾驶人、行人故意碰撞机动车造成的,机动车一方不承担赔偿责任。

五、法律责任

(一)对道路交通安全违法行为的处罚种类包括:警告、罚款、暂扣或者吊销机动车驾驶证、拘留。

(二)行人、乘车人、非机动车驾驶人违反道路交通安全法律、法规关于道路通行规定的,处警告或者五元以上五十元以下罚款;非机动车驾驶人拒绝接受罚款处罚的,可以扣留其非机动车。

(三)机动车驾驶人违反道路交通安全法律、法规关于道路通行规定的,处警告或者二十元以上二百元以下罚款。本法另有规定的,依照规定处罚。

(四)饮酒后驾驶机动车的,处暂扣六个月机动车驾驶证,并处一千元以上二千元以下罚款。因饮酒后驾驶机动车被处罚,再次饮酒后驾驶机动车的,处十日以下拘留,并处一千元以上二千元以下罚款,吊销机动车驾驶证。

醉酒驾驶机动车的,由公安机关交通管理部门约束至酒醒,吊销机动车驾驶证,依法追究刑事责任;五年内不得重新取得机动车驾驶证。

饮酒后驾驶营运机动车的,处十五日拘留,并处五千元罚款,吊销机动车驾驶证,五年内不得重新取得机动车驾驶证。

醉酒驾驶营运机动车的,由公安机关交通管理部门约束至酒醒,吊销机动车驾驶证,依法追究刑事责任;十年内不得重新取得机动车驾驶证,重新取得机动车驾驶证后,不得驾驶营运机动车。

饮酒后或者醉酒驾驶机动车发生重大交通事故,构成犯罪的,依法追究刑事责任,并由公安机关交通管理部门吊销机动车驾驶证,终生不得重新取得机动车驾驶证。

(五)公路客运车辆载客超过额定乘员的,处二百元以上五百元以下罚款;超过额定乘员百分之二十或者违反规定载货的,处五百元以上二千元以下罚款。

货运机动车超过核定载质量的,处二百元以上五百元以下罚款;超过核定载质量百分之三十或者违反规定载客的,处五百元以上二千元以下罚款。

有前两款行为的,由公安机关交通管理部门扣留机动车至违法状态消除。

运输单位的车辆有本条第一款、第二款规定的情形,经处罚不改的,对直接负责的主管人员处二千元以上五千元以下罚款。

(六)对违反道路交通安全法律、法规关于机动车停放、临时停车规定的,可以指出违法行为,并予以口头警告,令其立即驶离。

机动车驾驶人不在现场或者虽在现场但拒绝立即驶离,妨碍其他车辆、行人通行的,处二十元以上二百元以下罚款,并可以将该机动车拖移至不妨碍交通的地点或者公安机关交通管理部门指定的地点停放。公安机关交通管理部门拖车不得向当事人收取费用,并应当及时告知当事人停放地点。

因采取不正确的方法拖车造成机动车损坏的,应当依法承担补偿责任。

(七)上道路行驶的机动车未悬挂机动车号牌,未放置检验合格标志、保险标志,或者未随车携带行驶证、驾驶证的,公安机关交通管理部门应当扣留机动车,通知当事人提供相应的牌证、标志或者补办相应手续,并可以依照本法第九十条的规定予以处罚。当事人提供相应的牌证、标志或者补办相应手续的,应当及时退还机动车。

(八)伪造、变造或者使用伪造、变造的机动车登记证书、号牌、行驶证、驾驶证的,由公安机关交通管理部门予以收缴,扣留该机动车,处十五日以下拘留,并处二千元以上五千元以下罚款;构成犯罪的,依法追究刑事责任。

伪造、变造或者使用伪造、变造的检验合格标志、保险标志的,由公安机关交通管理部门予以收缴,扣留该机动车,处十日以下拘留,并处一千元以上三千元以下罚款;构成犯罪的,依法追究刑事责任。

使用其他车辆的机动车登记证书、号牌、行驶证、检验合格标志、保险标志的,由公安机关交通管理部门予以收缴,扣留该机动车,处二千元以上五千元以下罚款。

当事人提供相应的合法证明或者补办相应手续的,应当及时退还机动车。

(九)非法安装警报器、标志灯具的,由公安机关交通管理部门强制拆除,予以收缴,并处二百元以上二千元以下罚款。

(十)机动车所有人、管理人未按照国家规定投保机动车第三者责任强制保险的,由公安机关交通管理部门扣留车辆至依照规定投保后,并处依照规定投保最低责任限额应缴纳的保险费的二倍罚款。

(十一)有下列行为之一的,由公安机关交通管理部门处二百元以上二千元以下罚款:

1. 未取得机动车驾驶证、机动车驾驶证被吊销或者机动车驾驶证被暂扣期间驾驶机动车的;

2. 将机动车交由未取得机动车驾驶证或者机动车驾驶证被吊销、暂扣的人驾驶的;

3. 造成交通事故后逃逸,尚不构成犯罪的;

4. 机动车行驶超过规定时速百分之五十的;

5. 强迫机动车驾驶人违反道路交通安全法律、法规和机动车安全驾驶要求驾驶机动车,造成交通事故,尚不构成犯罪的;

6. 违反交通管制的规定强行通行,不听劝阻的;

7. 故意损毁、移动、涂改交通设施,造成危害后果,尚不构成犯罪的;

8. 非法拦截、扣留机动车辆,不听劝阻,造成交通严重阻塞或者较大财产损失的。

行为人有前款第二项、第四项情形之一的,可以并处吊销机动车驾驶证;有第一项、第三项、第五项至第八项情形之一的,可以并处十五日以下拘留。

(十二)驾驶拼装的机动车或者已达到报废标准的机动车上道路行驶的,公安机关交通管理部门应当予以收缴,强制报废。

对驾驶前款所列机动车上道路行驶的驾驶人,处二百元以上二千元以下罚款,并吊销机动车驾驶证。

出售已达到报废标准的机动车的,没收违法所得,处销售金额等额的罚款,对该机动车依照本条第一款的规定处理。

(十三)违反道路交通安全法律、法规的规定,发生重大交通事故,构成犯罪的,依法追究刑事责任,并由公安机关交通管理部门吊销机动车驾驶证。

造成交通事故后逃逸的,由公安机关交通管理部门吊销机动车驾驶证,且终生不得重新取得机动车驾驶证。

（十四）对六个月内发生二次以上特大交通事故负有主要责任或者全部责任的专业运输单位，由公安机关交通管理部门责令消除安全隐患，未消除安全隐患的机动车，禁止上道路行驶。

（十五）擅自生产、销售未经国家机动车产品主管部门许可生产的机动车型的，没收非法生产、销售的机动车成品及配件，可以并处非法产品价值三倍以上五倍以下罚款；有营业执照的，由工商行政管理部门吊销营业执照，没有营业执照的，予以查封。

生产、销售拼装的机动车或者生产、销售擅自改装的机动车的，依照本条第三款的规定处罚。

（十六）未经批准，擅自挖掘道路、占用道路施工或者从事其他影响道路交通安全活动的，由道路主管部门责令停止违法行为，并恢复原状，可以依法给予罚款；致使通行的人员、车辆及其他财产遭受损失的，依法承担赔偿责任。

有前款行为，影响道路交通安全活动的，公安机关交通管理部门可以责令停止违法行为，迅速恢复交通。

（十七）道路施工作业或者道路出现损毁，未及时设置警示标志、未采取防护措施，或者应当设置交通信号灯、交通标志、交通标线而没有设置或者应当及时变更交通信号灯、交通标志、交通标线而没有及时变更，致使通行的人员、车辆及其他财产遭受损失的，负有相关职责的单位应当依法承担赔偿责任。

（十八）在道路两侧及隔离带上种植树木、其他植物或者设置广告牌、管线等，遮挡路灯、交通信号灯、交通标志，妨碍安全视距的，由公安机关交通管理部门责令行为人排除妨碍；拒不执行的，处二百元以上二千元以下罚款，并强制排除妨碍，所需费用由行为人负担。

（十九）当事人应当自收到罚款的行政处罚决定书之日起十五日内，到指定的银行缴纳罚款。

对行人、乘车人和非机动车驾驶人的罚款，当事人无异议的，可以当场予以收缴罚款。

第六节 《中华人民共和国特种设备安全法》

《中华人民共和国特种设备安全法》以下简称特种设备安全法。

一、适用范围

1. 特种设备的生产（包括设计、制造、安装、改造、修理）、经营、使用、检验、检测和特种设备安全的监督管理,适用本法。

2. 特种设备,是指对人身和财产安全有较大危险性的锅炉、压力容器(含气瓶)、压力管道、电梯、起重机械、客运索道、大型游乐设施、场(厂)内专用机动车辆,以及法律、行政法规规定适用本法的其他特种设备。

3. 特种设备安全工作应当坚持安全第一、预防为主、节能环保、综合治理的原则。

4. 国家对特种设备的生产、经营、使用,实施分类的、全过程的安全监督管理。

5. 特种设备生产、经营、使用、检验、检测应当遵守有关特种设备安全技术规范及相关标准。

二、生产、经营、使用

(一) 一般规定

1. 特种设备生产、经营、使用单位及其主要负责人对其生产、经营、使用的特种设备安全负责。

特种设备生产、经营、使用单位应当按照国家有关规定配备特种设备安全管理人员、检测人员和作业人员,并对其进行必要的安全教育和技能培训。

2. 特种设备安全管理人员、检测人员和作业人员应当按照国家有关规定取得相应资格,方可从事相关工作。特种设备安全管理人员、检测人员和作业人员应当严格执行安全技术规范和管理制度,保证特种设备安全。

3. 特种设备生产、经营、使用单位对其生产、经营、使用的特种设备应当进行自行检测和维护保养,对国家规定实行检验的特种设备应当及时申报并接受检验。

4. 特种设备采用新材料、新技术、新工艺,与安全技术规范的要求不一致,或者安全技术规范未作要求、可能对安全性能有重大影响的,应当向国务院负责特种设备安全监督管理的部门申报,由国务院负责特种设备安全监督管理的部门及时委托安全技术咨询机构或者相关专业机构进行技术评审,评审结果经国务院负责特种设备安全监督管理的部门批准,方可投入生产、使用。

国务院负责特种设备安全监督管理的部门应当将允许使用的新材料、新技术、新工艺的有关技术要求,及时纳入安全技术规范。

5. 国家鼓励投保特种设备安全责任保险。

(二) 生产

1. 国家按照分类监督管理的原则对特种设备生产实行许可制度。特种设备生产单位应当具备下列条件,并经负责特种设备安全监督管理的部门许可,方可从事生产活动:

(1) 有与生产相适应的专业技术人员;

(2) 有与生产相适应的设备、设施和工作场所;

(3) 有健全的质量保证、安全管理和岗位责任等制度。

2. 特种设备生产单位应当保证特种设备生产符合安全技术规范及相关标准的要求，对其生产的特种设备的安全性能负责。不得生产不符合安全性能要求和能效指标以及国家明令淘汰的特种设备。

3. 锅炉、气瓶、氧舱、客运索道、大型游乐设施的设计文件，应当经负责特种设备安全监督管理的部门核准的检验机构鉴定，方可用于制造。

特种设备产品、部件或者试制的特种设备新产品、新部件以及特种设备采用的新材料，按照安全技术规范的要求需要通过型式试验进行安全性验证的，应当经负责特种设备安全监督管理的部门核准的检验机构进行型式试验。

4. 特种设备出厂时，应当随附安全技术规范要求的设计文件、产品质量合格证明、安装及使用维护保养说明、监督检验证明等相关技术资料和文件，并在特种设备显著位置设置产品铭牌、安全警示标志及其说明。

5. 电梯的安装、改造、修理，必须由电梯制造单位或者其委托的依照本法取得相应许可的单位进行。电梯制造单位委托其他单位进行电梯安装、改造、修理的，应当对其安装、改造、修理进行安全指导和监控，并按照安全技术规范的要求进行校验和调试。电梯制造单位对电梯安全性能负责。

6. 特种设备安装、改造、修理的施工单位应当在施工前将拟进行的特种设备安装、改造、修理情况书面告知直辖市或者设区的市级人民政府负责特种设备安全监督管理的部门。

7. 特种设备安装、改造、修理竣工后，安装、改造、修理的施工单位应当在验收后三十日内将相关技术资料和文件移交特种设备使用单位。特种设备使用单位应当将其存入该特种设备的安全技术档案。

8. 锅炉、压力容器、压力管道元件等特种设备的制造过程和锅炉、压力容器、压力管道、电梯、起重机械、客运索道、大型游乐设施的安装、改造、重大修理过程，应当经特种设备检验机构按照安全技术规范的要求进行监督检验；未经监督检验或者监督检验不合格的，不得出厂或者交付使用。

9. 国家建立缺陷特种设备召回制度。因生产原因造成特种设备存在危及安全的同一性缺陷的，特种设备生产单位应当立即停止生产，主动召回。

国务院负责特种设备安全监督管理的部门发现特种设备存在应当召回而未召回的情形时，应当责令特种设备生产单位召回。

（三）经营

1. 特种设备销售单位销售的特种设备，应当符合安全技术规范及相关标准的要求，其设计文件、产品质量合格证明、安装及使用维护保养说明、监督检验证明等相关技术资料和文件应当齐全。

特种设备销售单位应当建立特种设备检查验收和销售记录制度。

禁止销售未取得许可生产的特种设备,未经检验和检验不合格的特种设备,或者国家明令淘汰和已经报废的特种设备。

2. 特种设备出租单位不得出租未取得许可生产的特种设备或者国家明令淘汰和已经报废的特种设备,以及未按照安全技术规范的要求进行维护保养和未经检验或者检验不合格的特种设备。

3. 特种设备在出租期间的使用管理和维护保养义务由特种设备出租单位承担,法律另有规定或者当事人另有约定的除外。

4. 进口的特种设备应当符合我国安全技术规范的要求,并经检验合格;需要取得我国特种设备生产许可的,应当取得许可。

进口特种设备随附的技术资料和文件应当符合本法规定,其安装及使用维护保养说明、产品铭牌、安全警示标志及其说明应当采用中文。

特种设备的进出口检验,应当遵守有关进出口商品检验的法律、行政法规。

5. 进口特种设备,应当向进口地负责特种设备安全监督管理的部门履行提前告知义务。

(四)使用

1. 特种设备使用单位应当使用取得许可生产并经检验合格的特种设备。

禁止使用国家明令淘汰和已经报废的特种设备。

2. 特种设备使用单位应当在特种设备投入使用前或者投入使用后三十日内,向负责特种设备安全监督管理的部门办理使用登记,取得使用登记证书。登记标志应当置于该特种设备的显著位置。

3. 特种设备使用单位应当建立岗位责任、隐患治理、应急救援等安全管理制度,制定操作规程,保证特种设备安全运行。

4. 特种设备使用单位应当建立特种设备安全技术档案。安全技术档案应当包括以下内容:

(1)特种设备的设计文件、产品质量合格证明、安装及使用维护保养说明、监督检验证明等相关技术资料和文件;

(2)特种设备的定期检验和定期自行检查记录;

(3)特种设备的日常使用状况记录;

(4)特种设备及其附属仪器仪表的维护保养记录;

(5)特种设备的运行故障和事故记录。

5. 电梯、客运索道、大型游乐设施等为公众提供服务的特种设备的运营使用单位,应当对特种设备的使用安全负责,设置特种设备安全管理机构或者配备专职的特种设备安全管理人员;其他特种设备使用单位,应当根据情况设置特种设备安全管理机构或者配备专职、兼职的特种设备安全管理人员。

6. 特种设备的使用应当具有规定的安全距离、安全防护措施。

与特种设备安全相关的建筑物、附属设施,应当符合有关法律、行政法规的规定。

7. 特种设备属于共有的,共有人可以委托物业服务单位或者其他管理人管理特种设备,受托人履行本法规定的特种设备使用单位的义务,承担相应责任。共有人未委托的,由共有人或者实际管理人履行管理义务,承担相应责任。

8. 特种设备使用单位应当对其使用的特种设备进行经常性维护保养和定期自行检查,并作出记录。

特种设备使用单位应当对其使用的特种设备的安全附件、安全保护装置进行定期校验、检修,并作出记录。

9. 特种设备使用单位应当按照安全技术规范的要求,在检验合格有效期届满前一个月向特种设备检验机构提出定期检验要求。

特种设备检验机构接到定期检验要求后,应当按照安全技术规范的要求及时进行安全性能检验。特种设备使用单位应当将定期检验标志置于该特种设备的显著位置。

未经定期检验或者检验不合格的特种设备,不得继续使用。

10. 特种设备安全管理人员应当对特种设备使用状况进行经常性检查,发现问题应当立即处理;情况紧急时,可以决定停止使用特种设备并及时报告本单位有关负责人。

特种设备作业人员在作业过程中发现事故隐患或者其他不安全因素,应当立即向特种设备安全管理人员和单位有关负责人报告;特种设备运行不正常时,特种设备作业人员应当按照操作规程采取有效措施保证安全。

11. 特种设备出现故障或者发生异常情况,特种设备使用单位应当对其进行全面检查,消除事故隐患,方可继续使用。

12. 客运索道、大型游乐设施在每日投入使用前,其运营使用单位应当进行试运行和例行安全检查,并对安全附件和安全保护装置进行检查确认。

电梯、客运索道、大型游乐设施的运营使用单位应当将电梯、客运索道、大型游乐设施的安全使用说明、安全注意事项和警示标志置于易于为乘客注意的显著位置。

公众乘坐或者操作电梯、客运索道、大型游乐设施,应当遵守安全使用说明和安全注意事项的要求,服从有关工作人员的管理和指挥;遇有运行不正常时,应当按照安全指引,有序撤离。

13. 锅炉使用单位应当按照安全技术规范的要求进行锅炉水(介)质处理,并接受特种设备检验机构的定期检验。

从事锅炉清洗,应当按照安全技术规范的要求进行,并接受特种设备检验机构的监督检验。

14. 电梯的维护保养应当由电梯制造单位或者依照本法取得许可的安装、改造、修理单位进行。

电梯的维护保养单位应当在维护保养中严格执行安全技术规范的要求,保证其维护保养的电梯的安全性能,并负责落实现场安全防护措施,保证施工安全。

电梯的维护保养单位应当对其维护保养的电梯的安全性能负责;接到故障通知后,应当立即赶赴现场,并采取必要的应急救援措施。

15. 电梯投入使用后,电梯制造单位应当对其制造的电梯的安全运行情况进行跟踪调查和了解,对电梯的维护保养单位或者使用单位在维护保养和安全运行方面存在的问题,提出改进建议,并提供必要的技术帮助;发现电梯存在严重事故隐患时,应当及时告知电梯使用单位,并向负责特种设备安全监督管理的部门报告。电梯制造单位对调查和了解的情况,应当作出记录。

16. 特种设备进行改造、修理,按照规定需要变更使用登记的,应当办理变更登记,方可继续使用。

17. 特种设备存在严重事故隐患,无改造、修理价值,或者达到安全技术规范规定的其他报废条件的,特种设备使用单位应当依法履行报废义务,采取必要措施消除该特种设备的使用功能,并向原登记的负责特种设备安全监督管理的部门办理使用登记证书注销手续。

前款规定报废条件以外的特种设备,达到设计使用年限可以继续使用的,应当按照安全技术规范的要求通过检验或者安全评估,并办理使用登记证书变更,方可继续使用。允许继续使用的,应当采取加强检验、检测和维护保养等措施,确保使用安全。

18. 移动式压力容器、气瓶充装单位,应当具备下列条件,并经负责特种设备安全监督管理的部门许可,方可从事充装活动:

(1) 有与充装和管理相适应的管理人员和技术人员;

(2) 有与充装和管理相适应的充装设备、检测手段、场地厂房、器具、安全设施;

(3) 有健全的充装管理制度、责任制度、处理措施。

充装单位应当建立充装前后的检查、记录制度,禁止对不符合安全技术规范要求的移动式压力容器和气瓶进行充装。

气瓶充装单位应当向气体使用者提供符合安全技术规范要求的气瓶,对气体使用者进行气瓶安全使用指导,并按照安全技术规范的要求办理气瓶使用登记,及时申报定期检验。

三、检验、检测

(一) 从事本法规定的监督检验、定期检验的特种设备检验机构,以及为特种设备生产、经营、使用提供检测服务的特种设备检测机构,应当具备下列条件,并经负责特种设备安全监督管理的部门核准,方可从事检验、检测工作:

1. 有与检验、检测工作相适应的检验、检测人员。

2. 有与检验、检测工作相适应的检验、检测仪器和设备。

3. 有健全的检验、检测管理制度和责任制度。

（二）特种设备检验、检测机构的检验、检测人员应当经考核,取得检验、检测人员资格,方可从事检验、检测工作。

特种设备检验、检测机构的检验、检测人员不得同时在两个以上检验、检测机构中执业;变更执业机构的,应当依法办理变更手续。

（三）特种设备检验、检测工作应当遵守法律、行政法规的规定,并按照安全技术规范的要求进行。

特种设备检验、检测机构及其检验、检测人员应当依法为特种设备生产、经营、使用单位提供安全、可靠、便捷、诚信的检验、检测服务。

（四）特种设备检验、检测机构及其检验、检测人员应当客观、公正、及时地出具检验、检测报告,并对检验、检测结果和鉴定结论负责。

特种设备检验、检测机构及其检验、检测人员在检验、检测中发现特种设备存在严重事故隐患时,应当及时告知相关单位,并立即向负责特种设备安全监督管理的部门报告。

负责特种设备安全监督管理的部门应当组织对特种设备检验、检测机构的检验、检测结果和鉴定结论进行监督抽查,但应当防止重复抽查。监督抽查结果应当向社会公布。

（五）特种设备生产、经营、使用单位应当按照安全技术规范的要求向特种设备检验、检测机构及其检验、检测人员提供特种设备相关资料和必要的检验、检测条件,并对资料的真实性负责。

（六）特种设备检验、检测机构及其检验、检测人员对检验、检测过程中知悉的商业秘密,负有保密义务。

特种设备检验、检测机构及其检验、检测人员不得从事有关特种设备的生产、经营活动,不得推荐或者监制、监销特种设备。

（七）特种设备检验机构及其检验人员利用检验工作故意刁难特种设备生产、经营、使用单位的,特种设备生产、经营、使用单位有权向负责特种设备安全监督管理的部门投诉,接到投诉的部门应当及时进行调查处理。

四、监督管理

（一）负责特种设备安全监督管理的部门依照本法规定,对特种设备生产、经营、使用单位和检验、检测机构实施监督检查。

负责特种设备安全监督管理的部门应当对学校、幼儿园以及医院、车站、客运码头、商场、体育场馆、展览馆、公园等公众聚集场所的特种设备,实施重点安全监督检查。

（二）负责特种设备安全监督管理的部门实施本法规定的许可工作,应当依照本法和其他有关法律、行政法规规定的条件和程序以及安全技术规范的要求进行审查;不符合规定的,不得许可。

（三）负责特种设备安全监督管理的部门在办理本法规定的许可时,其受理、审查、许可的程序必须公开,并应当自受理申请之日起三十日内,作出许可或者不予许可的决定;不予许可的,应当书面向申请人说明理由。

（四）负责特种设备安全监督管理的部门对依法办理使用登记的特种设备应当建立完整的监督管理档案和信息查询系统;对达到报废条件的特种设备,应当及时督促特种设备使用单位依法履行报废义务。

（五）负责特种设备安全监督管理的部门在依法履行监督检查职责时,可以行使下列职权:

1. 进入现场进行检查,向特种设备生产、经营、使用单位和检验、检测机构的主要负责人和其他有关人员调查、了解有关情况。

2. 根据举报或者取得的涉嫌违法证据,查阅、复制特种设备生产、经营、使用单位和检验、检测机构的有关合同、发票、账簿以及其他有关资料。

3. 对有证据表明不符合安全技术规范要求或者存在严重事故隐患的特种设备实施查封、扣押。

4. 对流入市场的达到报废条件或者已经报废的特种设备实施查封、扣押。

5. 对违反本法规定的行为作出行政处罚决定。

（六）负责特种设备安全监督管理的部门在依法履行职责过程中,发现违反本法规定和安全技术规范要求的行为或者特种设备存在事故隐患时,应当以书面形式发出特种设备安全监察指令,责令有关单位及时采取措施予以改正或者消除事故隐患。紧急情况下要求有关单位采取紧急处置措施的,应当随后补发特种设备安全监察指令。

（七）负责特种设备安全监督管理的部门在依法履行职责过程中,发现重大违法行为或者特种设备存在严重事故隐患时,应当责令有关单位立即停止违法行为、采取措施消除事故隐患,并及时向上级负责特种设备安全监督管理的部门报告。接到报告的负责特种设备安全监督管理的部门应当采取必要措施,及时予以处理。

对违法行为、严重事故隐患的处理需要当地人民政府和有关部门的支持、配合时,负责特种设备安全监督管理的部门应当报告当地人民政府,并通知其他有关部门。当地人民政府和其他有关部门应当采取必要措施,及时予以处理。

（八）地方各级人民政府负责特种设备安全监督管理的部门不得要求已经依照本法规定在其他地方取得许可的特种设备生产单位重复取得许可,不得要求对已经依照本法规定在其他地方检验合格的特种设备重复进行检验。

（九）负责特种设备安全监督管理的部门的安全监察人员应当熟悉相关法律、法规,具有相应的专业知识和工作经验,取得特种设备安全行政执法证件。

特种设备安全监察人员应当忠于职守、坚持原则、秉公执法。

负责特种设备安全监督管理的部门实施安全监督检查时,应当有二名以上特种设备安全监察人员参加,并出示有效的特种设备安全行政执法证件。

(十)负责特种设备安全监督管理的部门对特种设备生产、经营、使用单位和检验、检测机构实施监督检查,应当对每次监督检查的内容、发现的问题及处理情况作出记录,并由参加监督检查的特种设备安全监察人员和被检查单位的有关负责人签字后归档。被检查单位的有关负责人拒绝签字的,特种设备安全监察人员应当将情况记录在案。

(十一)负责特种设备安全监督管理的部门及其工作人员不得推荐或者监制、监销特种设备;对履行职责过程中知悉的商业秘密负有保密义务。

(十二)国务院负责特种设备安全监督管理的部门和省、自治区、直辖市人民政府负责特种设备安全监督管理的部门应当定期向社会公布特种设备安全总体状况。

五、事故应急救援与调查处理

(一)国务院负责特种设备安全监督管理的部门应当依法组织制定特种设备重特大事故应急预案,报国务院批准后纳入国家突发事件应急预案体系。

县级以上地方各级人民政府及其负责特种设备安全监督管理的部门应当依法组织制定本行政区域内特种设备事故应急预案,建立或者纳入相应的应急处置与救援体系。

特种设备使用单位应当制定特种设备事故应急专项预案,并定期进行应急演练。

(二)特种设备发生事故后,事故发生单位应当按照应急预案采取措施,组织抢救,防止事故扩大,减少人员伤亡和财产损失,保护事故现场和有关证据,并及时向事故发生地县级以上人民政府负责特种设备安全监督管理的部门和有关部门报告。

县级以上人民政府负责特种设备安全监督管理的部门接到事故报告,应当尽快核实情况,立即向本级人民政府报告,并按照规定逐级上报。必要时,负责特种设备安全监督管理的部门可以越级上报事故情况。对特别重大事故、重大事故,国务院负责特种设备安全监督管理的部门应当立即报告国务院并通报国务院安全生产监督管理部门等有关部门。

与事故相关的单位和人员不得迟报、谎报或者瞒报事故情况,不得隐匿、毁灭有关证据或者故意破坏事故现场。

(三)事故发生地人民政府接到事故报告,应当依法启动应急预案,采取应急处置措施,组织应急救援。

(四)特种设备发生特别重大事故,由国务院或者国务院授权有关部门组织事故调查组进行调查。

发生重大事故,由国务院负责特种设备安全监督管理的部门会同有关部门组织事故调查组进行调查。

发生较大事故,由省、自治区、直辖市人民政府负责特种设备安全监督管理的部门会同有关部门组织事故调查组进行调查。

发生一般事故,由设区的市级人民政府负责特种设备安全监督管理的部门会同有关部门组织事故调查组进行调查。

事故调查组应当依法、独立、公正开展调查,提出事故调查报告。

(五)组织事故调查的部门应当将事故调查报告报本级人民政府,并报上一级人民政府负责特种设备安全监督管理的部门备案。有关部门和单位应当依照法律、行政法规的规定,追究事故责任单位和人员的责任。

事故责任单位应当依法落实整改措施,预防同类事故发生。事故造成损害的,事故责任单位应当依法承担赔偿责任。

第七节　《中华人民共和国刑法》和最高人民法院、最高人民检察院关于危害生产安全刑事案件适用法律若干问题的解释

《中华人民共和国刑法》以下简称刑法。

一、危害公共安全罪

(一)(刑法第一百三十一条)航空人员违反规章制度,致使发生重大飞行事故,造成严重后果的,处三年以下有期徒刑或者拘役;造成飞机坠毁或者人员死亡的,处三年以上七年以下有期徒刑。

(二)(刑法第一百三十二条)铁路职工违反规章制度,致使发生铁路运营安全事故,造成严重后果的,处三年以下有期徒刑或者拘役;造成特别严重后果的,处三年以上七年以下有期徒刑。

(三)(刑法第一百三十三条)违反交通运输管理法规,因而发生重大事故,致人重伤、死亡或者使公私财产遭受重大损失的,处三年以下有期徒刑或者拘役;交通运输肇事后逃逸或者有其他特别恶劣情节的,处三年以上七年以下有期徒刑;因逃逸致人死亡的,处七年以上有期徒刑。

(四)(刑法第一百三十三条之一)在道路上驾驶机动车,有下列情形之一的,处拘役,并处罚金:

1. 追逐竞驶,情节恶劣的;
2. 醉酒驾驶机动车的;

3. 从事校车业务或者旅客运输,严重超过额定乘员载客,或者严重超过规定时速行驶的;

4. 违反危险化学品安全管理规定运输危险化学品,危及公共安全的。

机动车所有人、管理人对前款第三项、第四项行为负有直接责任的,依照前款的规定处罚。

有前两款行为,同时构成其他犯罪的,依照处罚较重的规定定罪处罚。

(五)对行驶中的公共交通工具的驾驶人员使用暴力或者抢控驾驶操纵装置,干扰公共交通工具正常行驶,危及公共安全的,处一年以下有期徒刑、拘役或者管制,并处或者单处罚金。

前款规定的驾驶人员在行驶的公共交通工具上擅离职守,与他人互殴或者殴打他人,危及公共安全的,依照前款的规定处罚。

有前两款行为,同时构成其他犯罪的,依照处罚较重的规定定罪处罚。

(六)(刑法第一百三十四条)在生产、作业中违反有关安全管理的规定,因而发生重大伤亡事故或者造成其他严重后果的,处三年以下有期徒刑或者拘役;情节特别恶劣的,处三年以上七年以下有期徒刑。

强令他人违章冒险作业,或者明知存在重大事故隐患而不排除,仍冒险组织作业,因而发生重大伤亡事故或者造成其他严重后果的,处五年以下有期徒刑或者拘役;情节特别恶劣的,处五年以上有期徒刑。

(七)(刑法第一百三十四条之一)在生产、作业中违反有关安全管理的规定,有下列情形之一,具有发生重大伤亡事故或者其他严重后果的现实危险的,处一年以下有期徒刑、拘役或者管制:

1. 关闭、破坏直接关系生产安全的监控、报警、防护、救生设备、设施,或者篡改、隐瞒、销毁其相关数据、信息的;

2. 因存在重大事故隐患被依法责令停产停业、停止施工、停止使用有关设备、设施、场所或者立即采取排除危险的整改措施,而拒不执行的;

3. 涉及安全生产的事项未经依法批准或者许可,擅自从事矿山开采、金属冶炼、建筑施工,以及危险物品生产、经营、储存等高度危险的生产作业活动的。

(八)(刑法第一百三十五条)安全生产设施或者安全生产条件不符合国家规定,因而发生重大伤亡事故或者造成其他严重后果的,对直接负责的主管人员和其他直接责任人员,处三年以下有期徒刑或者拘役;情节特别恶劣的,处三年以上七年以下有期徒刑。

(九)(刑法第一百三十五条之一)举办大型群众性活动违反安全管理规定,因而发生重大伤亡事故或者造成其他严重后果的,对直接负责的主管人员和其他直接责任人员,处三年以下有期徒刑或者拘役;情节特别恶劣的,处三年以上七年以下有期徒刑。

(十)(刑法第一百三十六条)违反爆炸性、易燃性、放射性、毒害性、腐蚀性物品的管理规定,在生产、储存、运输、使用中发生重大事故,造成严重后果的,处三年以下有期徒刑或者拘役;后果特别严重的,处三年以上七年以下有期徒刑。

(十一)(刑法第一百三十七条)建设单位、设计单位、施工单位、工程监理单位违反国家规定,降低工程质量标准,造成重大安全事故的,对直接责任人员,处五年以下有期徒刑或者拘役,并处罚金;后果特别严重的,处五年以上十年以下有期徒刑,并处罚金。

(十二)(刑法第一百三十八条)明知校舍或者教育教学设施有危险,而不采取措施或者不及时报告,致使发生重大伤亡事故的,对直接责任人员,处三年以下有期徒刑或者拘役;后果特别严重的,处三年以上七年以下有期徒刑。

(十三)(刑法第一百三十九条)违反消防管理法规,经消防监督机构通知采取改正措施而拒绝执行,造成严重后果的,对直接责任人员,处三年以下有期徒刑或者拘役;后果特别严重的,处三年以上七年以下有期徒刑。

(十四)(刑法第一百三十九条之一)在安全事故发生后,负有报告职责的人员不报或者谎报事故情况,贻误事故抢救,情节严重的,处三年以下有期徒刑或者拘役;情节特别严重的,处三年以上七年以下有期徒刑。

二、最高人民法院 最高人民检察院关于办理危害生产安全刑事案件适用法律若干问题的解释

为依法惩治危害生产安全犯罪,根据刑法有关规定,现就办理此类刑事案件适用法律的若干问题解释如下:

(一)刑法第一百三十四条第一款规定的犯罪主体,包括对生产、作业负有组织、指挥或者管理职责的负责人、管理人员、实际控制人、投资人等人员,以及直接从事生产、作业的人员。

(二)刑法第一百三十四条第二款规定的犯罪主体,包括对生产、作业负有组织、指挥或者管理职责的负责人、管理人员、实际控制人、投资人等人员。

(三)刑法第一百三十五条规定的"直接负责的主管人员和其他直接责任人员",是指对安全生产设施或者安全生产条件不符合国家规定负有直接责任的生产经营单位负责人、管理人员、实际控制人、投资人,以及其他对安全生产设施或者安全生产条件负有管理、维护职责的人员。

(四)刑法第一百三十九条之一规定的"负有报告职责的人员",是指负有组织、指挥或者管理职责的负责人、管理人员、实际控制人、投资人,以及其他负有报告职责的人员。

(五)明知存在事故隐患、继续作业存在危险,仍然违反有关安全管理的规定,实施下列行为之一的,应当认定为刑法第一百三十四条第二款规定的"强令他人违章冒险作业":

1. 利用组织、指挥、管理职权,强制他人违章作业的;

2. 采取威逼、胁迫、恐吓等手段,强制他人违章作业的;

3. 故意掩盖事故隐患,组织他人违章作业的;

4. 其他强令他人违章作业的行为。

(六)实施刑法第一百三十二条、第一百三十四条第一款、第一百三十五条、第一百三十五条之一、第一百三十六条、第一百三十九条规定的行为,因而发生安全事故,具有下列情形之一的,应当认定为"造成严重后果"或者"发生重大伤亡事故或者造成其他严重后果",对相关责任人员,处三年以下有期徒刑或者拘役:

1. 造成死亡一人以上,或者重伤三人以上的;

2. 造成直接经济损失一百万元以上的;

3. 其他造成严重后果或者重大安全事故的情形。

实施刑法第一百三十四条第二款规定的行为,因而发生安全事故,具有本条第一款规定情形的,应当认定为"发生重大伤亡事故或者造成其他严重后果",对相关责任人员,处五年以下有期徒刑或者拘役。

实施刑法第一百三十七条规定的行为,因而发生安全事故,具有本条第一款规定情形的,应当认定为"造成重大安全事故",对直接责任人员,处五年以下有期徒刑或者拘役,并处罚金。

实施刑法第一百三十八条规定的行为,因而发生安全事故,具有本条第一款第一项规定情形的,应当认定为"发生重大伤亡事故",对直接责任人员,处三年以下有期徒刑或者拘役。

(七)实施刑法第一百三十二条、第一百三十四条第一款、第一百三十五条、第一百三十五条之一、第一百三十六条、第一百三十九条规定的行为,因而发生安全事故,具有下列情形之一的,对相关责任人员,处三年以上七年以下有期徒刑:

1. 造成死亡三人以上或者重伤十人以上,负事故主要责任的;

2. 造成直接经济损失五百万元以上,负事故主要责任的;

3. 其他造成特别严重后果、情节特别恶劣或者后果特别严重的情形。

实施刑法第一百三十四条第二款规定的行为,因而发生安全事故,具有本条第一款规定情形的,对相关责任人员,处五年以上有期徒刑。

实施刑法第一百三十七条规定的行为,因而发生安全事故,具有本条第一款规定情形的,对直接责任人员,处五年以上十年以下有期徒刑,并处罚金。

实施刑法第一百三十八条规定的行为,因而发生安全事故,具有下列情形之一的,对直接责任人员,处三年以上七年以下有期徒刑:

1. 造成死亡三人以上或者重伤十人以上,负事故主要责任的;

2. 具有本解释第六条第一款第一项规定情形,同时造成直接经济损失五百万元以上并负事故主要责任的,或者同时造成恶劣社会影响的。

（八）在安全事故发生后，负有报告职责的人员不报或者谎报事故情况，贻误事故抢救，具有下列情形之一的，应当认定为刑法第一百三十九条之一规定的"情节严重"：

1. 导致事故后果扩大，增加死亡一人以上，或者增加重伤三人以上，或者增加直接经济损失一百万元以上的。

2. 实施下列行为之一，致使不能及时有效开展事故抢救的：

（1）决定不报、迟报、谎报事故情况或者指使、串通有关人员不报、迟报、谎报事故情况的；

（2）在事故抢救期间擅离职守或者逃匿的；

（3）伪造、破坏事故现场，或者转移、藏匿、毁灭遇难人员尸体，或者转移、藏匿受伤人员的；

（4）毁灭、伪造、隐匿与事故有关的图纸、记录、计算机数据等资料以及其他证据的。

3. 其他情节严重的情形。

具有下列情形之一的，应当认定为刑法第一百三十九条之一规定的"情节特别严重"：

（1）导致事故后果扩大，增加死亡三人以上，或者增加重伤十人以上，或者增加直接经济损失五百万元以上的；

（2）采用暴力、胁迫、命令等方式阻止他人报告事故情况，导致事故后果扩大的；

（3）其他情节特别严重的情形。

（九）在安全事故发生后，与负有报告职责的人员串通，不报或者谎报事故情况，贻误事故抢救，情节严重的，依照刑法第一百三十九条之一的规定，以共犯论处。

（十）在安全事故发生后，直接负责的主管人员和其他直接责任人员故意阻挠开展抢救，导致人员死亡或者重伤，或者为了逃避法律追究，对被害人进行隐藏、遗弃，致使被害人因无法得到救助而死亡或者重度残疾的，分别依照刑法第二百三十二条、第二百三十四条的规定，以故意杀人罪或者故意伤害罪定罪处罚。

（十一）生产不符合保障人身、财产安全的国家标准、行业标准的安全设备，或者明知安全设备不符合保障人身、财产安全的国家标准、行业标准而进行销售，致使发生安全事故，造成严重后果的，依照刑法第一百四十六条的规定，以生产、销售不符合安全标准的产品罪定罪处罚。

（十二）实施刑法第一百三十二条、第一百三十四条至第一百三十九条之一规定的犯罪行为，具有下列情形之一的，从重处罚：

1. 未依法取得安全许可证件或者安全许可证件过期、被暂扣、吊销、注销后从事生产经营活动的；

2. 关闭、破坏必要的安全监控和报警设备的；

3. 已经发现事故隐患，经有关部门或者个人提出后，仍不采取措施的；

4. 一年内曾因危害生产安全违法犯罪活动受过行政处罚或者刑事处罚的;

5. 采取弄虚作假、行贿等手段,故意逃避、阻挠负有安全监督管理职责的部门实施监督检查的;

6. 安全事故发生后转移财产意图逃避承担责任的;

7. 其他从重处罚的情形。

实施前款第五项规定的行为,同时构成刑法第三百八十九条规定的犯罪的,依照数罪并罚的规定处罚。

(十三)实施刑法第一百三十二条、第一百三十四条至第一百三十九条之一规定的犯罪行为,在安全事故发生后积极组织、参与事故抢救,或者积极配合调查、主动赔偿损失的,可以酌情从轻处罚。

(十四)国家工作人员违反规定投资入股生产经营,构成本解释规定的有关犯罪的,或者国家工作人员的贪污、受贿犯罪行为与安全事故发生存在关联性的,从重处罚;同时构成贪污、受贿犯罪和危害生产安全犯罪的,依照数罪并罚的规定处罚。

(十五)国家机关工作人员在履行安全监督管理职责时滥用职权、玩忽职守,致使公共财产、国家和人民利益遭受重大损失的,或者徇私舞弊,对发现的刑事案件依法应当移交司法机关追究刑事责任而不移交,情节严重的,分别依照刑法第三百九十七条、第四百零二条的规定,以滥用职权罪、玩忽职守罪或者徇私舞弊不移交刑事案件罪定罪处罚。

公司、企业、事业单位的工作人员在依法或者受委托行使安全监督管理职责时滥用职权或者玩忽职守,构成犯罪的,应当依照《全国人民代表大会常务委员会关于〈中华人民共和国刑法〉第九章渎职罪主体适用问题的解释》的规定,适用渎职罪的规定追究刑事责任。

(十六)对于实施危害生产安全犯罪适用缓刑的犯罪分子,可以根据犯罪情况,禁止其在缓刑考验期限内从事与安全生产相关联的特定活动;对于被判处刑罚的犯罪分子,可以根据犯罪情况和预防再犯罪的需要,禁止其自刑罚执行完毕之日或者假释之日起三年至五年内从事与安全生产相关的职业。

三、最高人民法院 最高人民检察院关于办理危害生产安全刑事案件适用法律若干问题的解释(二)

(一)明知存在事故隐患,继续作业存在危险,仍然违反有关安全管理的规定,有下列情形之一的,属于刑法第一百三十四条第二款规定的"强令他人违章冒险作业":

1. 以威逼、胁迫、恐吓等手段,强制他人违章作业的;

2. 利用组织、指挥、管理职权,强制他人违章作业的;

3. 其他强令他人违章冒险作业的情形。

明知存在重大事故隐患,仍然违反有关安全管理的规定,不排除或者故意掩盖重大事故隐患,组织他人作业的,属于刑法第一百三十四条第二款规定的"冒险组织作业"。

(二)刑法第一百三十四条之一规定的犯罪主体,包括对生产、作业负有组织、指挥或者管理职责的负责人、管理人员、实际控制人、投资人等人员,以及直接从事生产、作业的人员。

(三)因存在重大事故隐患被依法责令停产停业、停止施工、停止使用有关设备、设施、场所或者立即采取排除危险的整改措施,有下列情形之一的,属于刑法第一百三十四条之一第二项规定的"拒不执行":

1. 无正当理由故意不执行各级人民政府或者负有安全生产监督管理职责的部门依法作出的上述行政决定、命令的;

2. 虚构重大事故隐患已经排除的事实,规避、干扰执行各级人民政府或者负有安全生产监督管理职责的部门依法作出的上述行政决定、命令的;

3. 以行贿等不正当手段,规避、干扰执行各级人民政府或者负有安全生产监督管理职责的部门依法作出的上述行政决定、命令的。

有前款第三项行为,同时构成刑法第三百八十九条行贿罪、第三百九十三条单位行贿罪等犯罪的,依照数罪并罚的规定处罚。

认定是否属于"拒不执行",应当综合考虑行政决定、命令是否具有法律、行政法规等依据,行政决定、命令的内容和期限要求是否明确、合理,行为人是否具有按照要求执行的能力等因素进行判断。

(四)刑法第一百三十四条第二款和第一百三十四条之一第二项规定的"重大事故隐患",依照法律、行政法规、部门规章、强制性标准以及有关行政规范性文件进行认定。

刑法第一百三十四条之一第三项规定的"危险物品",依照安全生产法第一百一十七条的规定确定。

对于是否属于"重大事故隐患"或者"危险物品"难以确定的,可以依据司法鉴定机构出具的鉴定意见、地市级以上负有安全生产监督管理职责的部门或者其指定的机构出具的意见,结合其他证据综合审查,依法作出认定。

(五)在生产、作业中违反有关安全管理的规定,有刑法第一百三十四条之一规定情形之一,因而发生重大伤亡事故或者造成其他严重后果,构成刑法第一百三十四条、第一百三十五条至第一百三十九条等规定的重大责任事故罪、重大劳动安全事故罪、危险物品肇事罪、工程重大安全事故罪等犯罪的,依照该规定定罪处罚。

(六)承担安全评价职责的中介组织的人员提供的证明文件有下列情形之一的,属于刑法第二百二十九条第一款规定的"虚假证明文件":

1. 故意伪造的;

2. 在周边环境、主要建(构)筑物、工艺、装置、设备设施等重要内容上弄虚作假,导致与评价期间实际情况不符,影响评价结论的;

3. 隐瞒生产经营单位重大事故隐患及整改落实情况、主要灾害等级等情况,影响评价结论的;

4. 伪造、篡改生产经营单位相关信息、数据、技术报告或者结论等内容,影响评价结论的;

5. 故意采用存疑的第三方证明材料、监测检验报告,影响评价结论的;

6. 有其他弄虚作假行为,影响评价结论的情形。

生产经营单位提供虚假材料、影响评价结论,承担安全评价职责的中介组织的人员对评价结论与实际情况不符无主观故意的,不属于刑法第二百二十九条第一款规定的"故意提供虚假证明文件"。

有本条第二款情形,承担安全评价职责的中介组织的人员严重不负责任,导致出具的证明文件有重大失实,造成严重后果的,依照刑法第二百二十九条第三款的规定追究刑事责任。

(七)承担安全评价职责的中介组织的人员故意提供虚假证明文件,有下列情形之一的,属于刑法第二百二十九条第一款规定的"情节严重":

1. 造成死亡一人以上或者重伤三人以上安全事故的;

2. 造成直接经济损失五十万元以上安全事故的;

3. 违法所得数额十万元以上的;

4. 两年内因故意提供虚假证明文件受过两次以上行政处罚,又故意提供虚假证明文件的;

5. 其他情节严重的情形。

在涉及公共安全的重大工程、项目中提供虚假的安全评价文件,有下列情形之一的,属于刑法第二百二十九条第一款第三项规定的"致使公共财产、国家和人民利益遭受特别重大损失":

(1) 造成死亡三人以上或者重伤十人以上安全事故的;

(2) 造成直接经济损失五百万元以上安全事故的;

(3) 其他致使公共财产、国家和人民利益遭受特别重大损失的情形。

承担安全评价职责的中介组织的人员有刑法第二百二十九条第一款行为,在裁量刑罚时,应当考虑其行为手段、主观过错程度、对安全事故的发生所起作用大小及其获利情况、一贯表现等因素,综合评估社会危害性,依法裁量刑罚,确保罪责刑相适应。

(八)承担安全评价职责的中介组织的人员,严重不负责任,出具的证明文件有重大失实,有下列情形之一的,属于刑法第二百二十九条第三款规定的"造成严重后果":

1. 造成死亡一人以上或者重伤三人以上安全事故的;

2. 造成直接经济损失一百万元以上安全事故的;

3. 其他造成严重后果的情形。

(九)承担安全评价职责的中介组织犯刑法第二百二十九条规定之罪的,对该中介组织判处罚金,并对其直接负责的主管人员和其他直接责任人员,依照本解释第七条、第八条的规定处罚。

(十)有刑法第一百三十四条之一行为,积极配合公安机关或者负有安全生产监督管理职责的部门采取措施排除事故隐患,确有悔改表现,认罪认罚的,可以依法从宽处罚;犯罪情节轻微不需要判处刑罚的,可以不起诉或者免予刑事处罚;情节显著轻微危害不大的,不作为犯罪处理。

第八节 《中华人民共和国劳动法》和《中华人民共和国劳动合同法》

《中华人民共和国劳动法》以下简称劳动法;《中华人民共和国劳动合同法》以下简称劳动合同法。

一、劳动安全卫生

1. 用人单位必须建立、健全劳动安全卫生制度,严格执行国家劳动安全卫生规程和标准,对劳动者进行劳动安全卫生教育,防止劳动过程中的事故,减少职业危害。

2. 劳动安全卫生设施必须符合国家规定的标准。

新建、改建、扩建工程的劳动安全卫生设施必须与主体工程同时设计、同时施工、同时投入生产和使用。

3. 用人单位必须为劳动者提供符合国家规定的劳动安全卫生条件和必要的劳动防护用品,对从事有职业危害作业的劳动者应当定期进行健康检查。

4. 从事特种作业的劳动者必须经过专门培训并取得特种作业资格。

5. 劳动者在劳动过程中必须严格遵守安全操作规程。

劳动者对用人单位管理人员违章指挥、强令冒险作业,有权拒绝执行;对危害生命安全和身体健康的行为,有权提出批评、检举和控告。

6. 国家建立伤亡事故和职业病统计报告和处理制度。县级以上各级人民政府劳动行政部门、有关部门和用人单位应当依法对劳动者在劳动过程中发生的伤亡事故和劳动者的职业病状况,进行统计、报告和处理。

二、女职工和未成年工特殊保护

1. 国家对女职工和未成年工实行特殊劳动保护。

未成年工是指年满十六周岁未满十八周岁的劳动者。

2. 禁止安排女职工从事矿山井下、国家规定的第四级体力劳动强度的劳动和其他禁忌从事的劳动。

3. 不得安排女职工在经期从事高处、低温、冷水作业和国家规定的第三级体力劳动强度的劳动。

4. 不得安排女职工在怀孕期间从事国家规定的第三级体力劳动强度的劳动和孕期禁忌从事的劳动。对怀孕七个月以上的女职工,不得安排其延长工作时间和夜班劳动。

5. 女职工生育享受不少于九十天的产假。

6. 不得安排女职工在哺乳未满一周岁的婴儿期间从事国家规定的第三级体力劳动强度的劳动和哺乳期禁忌从事的其他劳动,不得安排其延长工作时间和夜班劳动。

7. 不得安排未成年工从事矿山井下、有毒有害、国家规定的第四级体力劳动强度的劳动和其他禁忌从事的劳动。

8. 用人单位应当对未成年工定期进行健康检查。

三、社会保险和福利

1. 国家发展社会保险事业,建立社会保险制度,设立社会保险基金,使劳动者在年老、患病、工伤、失业、生育等情况下获得帮助和补偿。

2. 社会保险水平应当与社会经济发展水平和社会承受能力相适应。

3. 社会保险基金按照保险类型确定资金来源,逐步实行社会统筹。用人单位和劳动者必须依法参加社会保险,缴纳社会保险费。

4. 劳动者在下列情形下,依法享受社会保险待遇:

(1) 退休;

(2) 患病、负伤;

(3) 因工伤残或者患职业病;

(4) 失业;

(5) 生育。

劳动者死亡后,其遗属依法享受遗属津贴。

劳动者享受社会保险待遇的条件和标准由法律、法规规定。

劳动者享受的社会保险金必须按时足额支付。

四、用人单位应当依法建立和完善劳动规章制度,保障劳动者享有劳动权利、履行劳动义务。

用人单位在制定、修改或者决定有关劳动报酬、工作时间、休息休假、劳动安全卫生、保险福利、职工培训、劳动纪律以及劳动定额管理等直接涉及劳动者切身利益的规章制度或者重大事项时,应当经职工代表大会或者全体职工讨论,提出方案和意见,与工会或者职工代表平等协商确定。

五、用人单位自用工之日起即与劳动者建立劳动关系。

六、用人单位招用劳动者时,应当如实告知劳动者工作内容、工作条件、工作地点、职业危害、安全生产状况、劳动报酬,以及劳动者要求了解的其他情况;用人单位有权了解劳动者与劳动合同直接相关的基本情况,劳动者应当如实说明。

七、劳动合同应当具备以下条款:

1. 用人单位的名称、住所和法定代表人或者主要负责人。
2. 劳动者的姓名、住址和居民身份证或者其他有效身份证件号码。
3. 劳动合同期限。
4. 工作内容和工作地点。
5. 工作时间和休息休假。
6. 劳动报酬。
7. 社会保险。
8. 劳动保护、劳动条件和职业危害防护。
9. 法律、法规规定应当纳入劳动合同的其他事项。

八、劳动者拒绝用人单位管理人员违章指挥、强令冒险作业的,不视为违反劳动合同。

劳动者对危害生命安全和身体健康的劳动条件,有权对用人单位提出批评、检举和控告。

第九节　《中华人民共和国职业病防治法》

《中华人民共和国职业病防治法》以下简称职业病防治法。

一、总则

(一)职业病,是指企业、事业单位和个体经济组织等用人单位的劳动者在职业活动中,因接触粉尘、放射性物质和其他有毒、有害因素而引起的疾病。

(二)职业病防治工作坚持预防为主、防治结合的方针,建立用人单位负责、行政机关监管、行业自律、职工参与和社会监督的机制,实行分类管理、综合治理。

(三)用人单位的主要负责人对本单位的职业病防治工作全面负责。

二、前期预防

(一)用人单位应当依照法律、法规要求,严格遵守国家职业卫生标准,落实职业病预防措施,从源头上控制和消除职业病危害。

(二)产生职业病危害的用人单位的设立除应当符合法律、行政法规规定的设立条件外,其工作场所还应当符合下列职业卫生要求:

1. 职业病危害因素的强度或者浓度符合国家职业卫生标准;
2. 有与职业病危害防护相适应的设施;
3. 生产布局合理,符合有害与无害作业分开的原则;
4. 有配套的更衣间、洗浴间、孕妇休息间等卫生设施;
5. 设备、工具、用具等设施符合保护劳动者生理、心理健康的要求;
6. 法律、行政法规和国务院卫生行政部门关于保护劳动者健康的其他要求。

(三)国家建立职业病危害项目申报制度。

用人单位工作场所存在职业病目录所列职业病的危害因素的,应当及时、如实向所在地卫生行政部门申报危害项目,接受监督。

(四)新建、扩建、改建建设项目和技术改造、技术引进项目(以下统称建设项目)可能产生职业病危害的,建设单位在可行性论证阶段应当进行职业病危害预评价。

医疗机构建设项目可能产生放射性职业病危害的,建设单位应当向卫生行政部门提交放射性职业病危害预评价报告。卫生行政部门应当自收到预评价报告之日起三十日内,作出审核决定并书面通知建设单位。未提交预评价报告或者预评价报告未经卫生行政部门审核同意的,不得开工建设。

职业病危害预评价报告应当对建设项目可能产生的职业病危害因素及其对工作场所和劳动者健康的影响作出评价,确定危害类别和职业病防护措施。

(五)建设项目的职业病防护设施所需费用应当纳入建设项目工程预算,并与主体工程同时设计,同时施工,同时投入生产和使用。

建设项目的职业病防护设施设计应当符合国家职业卫生标准和卫生要求。其中,医疗机构放射性职业病危害严重的建设项目的防护设施设计,应当经卫生行政部门审查同意后,方可施工。

建设项目在竣工验收前,建设单位应当进行职业病危害控制效果评价。

医疗机构可能产生放射性职业病危害的建设项目竣工验收时,其放射性职业病防护设施经卫生行政部门验收合格后,方可投入使用;其他建设项目的职业病防护设施应当由建设单位负责依法组织验收,验收合格后,方可投入生产和使用。卫生行政部门应当加强对建设单位组织的验收活动和验收结果的监督核查。

（六）国家对从事放射性、高毒、高危粉尘等作业实行特殊管理。具体管理办法由国务院制定。

三、劳动过程中的防护与管理

（一）用人单位应当采取下列职业病防治管理措施：

1. 设置或者指定职业卫生管理机构或者组织，配备专职或者兼职的职业卫生管理人员，负责本单位的职业病防治工作；
2. 制定职业病防治计划和实施方案；
3. 建立、健全职业卫生管理制度和操作规程；
4. 建立、健全职业卫生档案和劳动者健康监护档案；
5. 建立、健全工作场所职业病危害因素监测及评价制度；
6. 建立、健全职业病危害事故应急救援预案。

（二）用人单位应当保障职业病防治所需的资金投入，不得挤占、挪用，并对因资金投入不足导致的后果承担责任。

（三）用人单位必须采用有效的职业病防护设施，并为劳动者提供个人使用的职业病防护用品。

用人单位为劳动者个人提供的职业病防护用品必须符合防治职业病的要求；不符合要求的，不得使用。

（四）用人单位应当优先采用有利于防治职业病和保护劳动者健康的新技术、新工艺、新设备、新材料，逐步替代职业病危害严重的技术、工艺、设备、材料。

（五）产生职业病危害的用人单位，应当在醒目位置设置公告栏，公布有关职业病防治的规章制度、操作规程、职业病危害事故应急救援措施和工作场所职业病危害因素检测结果。

对产生严重职业病危害的作业岗位，应当在其醒目位置，设置警示标识和中文警示说明。警示说明应当载明产生职业病危害的种类、后果、预防以及应急救治措施等内容。

（六）对可能发生急性职业损伤的有毒、有害工作场所，用人单位应当设置报警装置，配置现场急救用品、冲洗设备、应急撤离通道和必要的泄险区。

对放射工作场所和放射性同位素的运输、贮存，用人单位必须配置防护设备和报警装置，保证接触放射线的工作人员佩戴个人剂量计。

对职业病防护设备、应急救援设施和个人使用的职业病防护用品，用人单位应当进行经常性的维护、检修，定期检测其性能和效果，确保其处于正常状态，不得擅自拆除或者停止使用。

（七）用人单位应当实施由专人负责的职业病危害因素日常监测，并确保监测系统处于正常运行状态。

用人单位应当按照国务院卫生行政部门的规定,定期对工作场所进行职业病危害因素检测、评价。检测、评价结果存入用人单位职业卫生档案,定期向所在地卫生行政部门报告并向劳动者公布。

职业病危害因素检测、评价由依法设立的取得国务院卫生行政部门或者设区的市级以上地方人民政府卫生行政部门按照职责分工给予资质认可的职业卫生技术服务机构进行。职业卫生技术服务机构所作检测、评价应当客观、真实。

发现工作场所职业病危害因素不符合国家职业卫生标准和卫生要求时,用人单位应当立即采取相应治理措施,仍然达不到国家职业卫生标准和卫生要求的,必须停止存在职业病危害因素的作业;职业病危害因素经治理后,符合国家职业卫生标准和卫生要求的,方可重新作业。

(八)职业卫生技术服务机构依法从事职业病危害因素检测、评价工作,接受卫生行政部门的监督检查。卫生行政部门应当依法履行监督职责。

(九)向用人单位提供可能产生职业病危害的设备的,应当提供中文说明书,并在设备的醒目位置设置警示标识和中文警示说明。警示说明应当载明设备性能、可能产生的职业病危害、安全操作和维护注意事项、职业病防护以及应急救治措施等内容。

(十)向用人单位提供可能产生职业病危害的化学品、放射性同位素和含有放射性物质的材料的,应当提供中文说明书。说明书应当载明产品特性、主要成份、存在的有害因素、可能产生的危害后果、安全使用注意事项、职业病防护以及应急救治措施等内容。产品包装应当有醒目的警示标识和中文警示说明。贮存上述材料的场所应当在规定的部位设置危险物品标识或者放射性警示标识。

国内首次使用或者首次进口与职业病危害有关的化学材料,使用单位或者进口单位按照国家规定经国务院有关部门批准后,应当向国务院卫生行政部门报送该化学材料的毒性鉴定以及经有关部门登记注册或者批准进口的文件等资料。

进口放射性同位素、射线装置和含有放射性物质的物品的,按照国家有关规定办理。

(十一)任何单位和个人不得生产、经营、进口和使用国家明令禁止使用的可能产生职业病危害的设备或者材料。

(十二)任何单位和个人不得将产生职业病危害的作业转移给不具备职业病防护条件的单位和个人。不具备职业病防护条件的单位和个人不得接受产生职业病危害的作业。

(十三)用人单位对采用的技术、工艺、设备、材料,应当知悉其产生的职业病危害,对有职业病危害的技术、工艺、设备、材料隐瞒其危害而采用的,对所造成的职业病危害后果承担责任。

(十四)用人单位与劳动者订立劳动合同(含聘用合同,下同)时,应当将工作过程中可能产生的职业病危害及其后果、职业病防护措施和待遇等如实告知劳动者,并在劳动合同中写明,不得隐瞒或者欺骗。

劳动者在已订立劳动合同期间因工作岗位或者工作内容变更,从事与所订立劳动合同中未告知的存在职业病危害的作业时,用人单位应当依照前款规定,向劳动者履行如实告知的义务,并协商变更原劳动合同相关条款。

用人单位违反前两款规定的,劳动者有权拒绝从事存在职业病危害的作业,用人单位不得因此解除与劳动者所订立的劳动合同。

(十五)用人单位的主要负责人和职业卫生管理人员应当接受职业卫生培训,遵守职业病防治法律、法规,依法组织本单位的职业病防治工作。

用人单位应当对劳动者进行上岗前的职业卫生培训和在岗期间的定期职业卫生培训,普及职业卫生知识,督促劳动者遵守职业病防治法律、法规、规章和操作规程,指导劳动者正确使用职业病防护设备和个人使用的职业病防护用品。

劳动者应当学习和掌握相关的职业卫生知识,增强职业病防范意识,遵守职业病防治法律、法规、规章和操作规程,正确使用、维护职业病防护设备和个人使用的职业病防护用品,发现职业病危害事故隐患应当及时报告。

劳动者不履行前款规定义务的,用人单位应当对其进行教育。

(十六)对从事接触职业病危害的作业的劳动者,用人单位应当按照国务院卫生行政部门的规定组织上岗前、在岗期间和离岗时的职业健康检查,并将检查结果书面告知劳动者。职业健康检查费用由用人单位承担。

用人单位不得安排未经上岗前职业健康检查的劳动者从事接触职业病危害的作业;不得安排有职业禁忌的劳动者从事其所禁忌的作业;对在职业健康检查中发现有与所从事的职业相关的健康损害的劳动者,应当调离原工作岗位,并妥善安置;对未进行离岗前职业健康检查的劳动者不得解除或者终止与其订立的劳动合同。

职业健康检查应当由取得《医疗机构执业许可证》的医疗卫生机构承担。卫生行政部门应当加强对职业健康检查工作的规范管理,具体管理办法由国务院卫生行政部门制定。

(十七)用人单位应当为劳动者建立职业健康监护档案,并按照规定的期限妥善保存。

职业健康监护档案应当包括劳动者的职业史、职业病危害接触史、职业健康检查结果和职业病诊疗等有关个人健康资料。

劳动者离开用人单位时,有权索取本人职业健康监护档案复印件,用人单位应当如实、无偿提供,并在所提供的复印件上签章。

(十八)发生或者可能发生急性职业病危害事故时,用人单位应当立即采取应急救援和控制措施,并及时报告所在地卫生行政部门和有关部门。卫生行政部门接到报告后,应当及时会同有关部门组织调查处理;必要时,可以采取临时控制措施。卫生行政部门应当组织做好医疗救治工作。

对遭受或者可能遭受急性职业病危害的劳动者,用人单位应当及时组织救治、进行健康检查和医学观察,所需费用由用人单位承担。

(十九)用人单位不得安排未成年工从事接触职业病危害的作业;不得安排孕期、哺乳期的女职工从事对本人和胎儿、婴儿有危害的作业。

(二十)劳动者享有下列职业卫生保护权利:

1. 获得职业卫生教育、培训;

2. 获得职业健康检查、职业病诊疗、康复等职业病防治服务;

3. 了解工作场所产生或者可能产生的职业病危害因素、危害后果和应当采取的职业病防护措施;

4. 要求用人单位提供符合防治职业病要求的职业病防护设施和个人使用的职业病防护用品,改善工作条件;

5. 对违反职业病防治法律、法规以及危及生命健康的行为提出批评、检举和控告;

6. 拒绝违章指挥和强令进行没有职业病防护措施的作业;

7. 参与用人单位职业卫生工作的民主管理,对职业病防治工作提出意见和建议。

用人单位应当保障劳动者行使前款所列权利。因劳动者依法行使正当权利而降低其工资、福利等待遇或者解除、终止与其订立的劳动合同的,其行为无效。

(二十一)工会组织应当督促并协助用人单位开展职业卫生宣传教育和培训,有权对用人单位的职业病防治工作提出意见和建议,依法代表劳动者与用人单位签订劳动安全卫生专项集体合同,与用人单位就劳动者反映的有关职业病防治的问题进行协调并督促解决。

工会组织对用人单位违反职业病防治法律、法规,侵犯劳动者合法权益的行为,有权要求纠正;产生严重职业病危害时,有权要求采取防护措施,或者向政府有关部门建议采取强制性措施;发生职业病危害事故时,有权参与事故调查处理;发现危及劳动者生命健康的情形时,有权向用人单位建议组织劳动者撤离危险现场,用人单位应当立即作出处理。

(二十二)用人单位按照职业病防治要求,用于预防和治理职业病危害、工作场所卫生检测、健康监护和职业卫生培训等费用,按照国家有关规定,在生产成本中据实列支。

四、附则

(一)职业病危害,是指对从事职业活动的劳动者可能导致职业病的各种危害。职业病危害因素包括:职业活动中存在的各种有害的化学、物理、生物因素以及在作业过程中产生的其他职业有害因素。

（二）职业禁忌,是指劳动者从事特定职业或者接触特定职业病危害因素时,比一般职业人群更易于遭受职业病危害和罹患职业病或者可能导致原有自身疾病病情加重,或者在从事作业过程中诱发可能导致对他人生命健康构成危险的疾病的个人特殊生理或者病理状态。

第十节　《中华人民共和国突发事件应对法》

《中华人民共和国突发事件应对法》以下简称突发事件应对法。

一、总则

1. 突发事件,是指突然发生,造成或者可能造成严重社会危害,需要采取应急处置措施予以应对的自然灾害、事故灾难、公共卫生事件和社会安全事件。

2. 按照社会危害程度、影响范围等因素,突发自然灾害、事故灾难、公共卫生事件分为特别重大、重大、较大和一般四级。

3. 突发事件应对工作坚持中国共产党的领导,坚持以马克思列宁主义、毛泽东思想、邓小平理论、"三个代表"重要思想、科学发展观、习近平新时代中国特色社会主义思想为指导,建立健全集中统一、高效权威的中国特色突发事件应对工作领导体制,完善党委领导、政府负责、部门联动、军地联合、社会协同、公众参与、科技支撑、法治保障的治理体系。

4. 突发事件应对工作应当坚持总体国家安全观,统筹发展与安全;坚持人民至上、生命至上;坚持依法科学应对,尊重和保障人权;坚持预防为主、预防与应急相结合。

二、预防与应急准备

1. 国家建立健全突发事件应急预案体系。

国务院制定国家突发事件总体应急预案,组织制定国家突发事件专项应急预案;国务院有关部门根据各自的职责和国务院相关应急预案,制定国家突发事件部门应急预案并报国务院备案。

地方各级人民政府和县级以上地方人民政府有关部门根据有关法律、法规、规章、上级人民政府及其有关部门的应急预案以及本地区、本部门的实际情况,制定相应的突发事件应急预案并按国务院有关规定备案。

2. 应急预案应当根据本法和其他有关法律、法规的规定,针对突发事件的性质、特点和可能造成的社会危害,具体规定突发事件应对管理工作的组织指挥体系与职责和突发事件的预防与预警机制、处置程序、应急保障措施以及事后恢复与重建措施等内容。

应急预案制定机关应当广泛听取有关部门、单位、专家和社会各方面意见,增强应急预案的针对性和可操作性,并根据实际需要、情势变化、应急演练中发现的问题等及时对应急预案作出修订。

应急预案的制定、修订、备案等工作程序和管理办法由国务院规定。

3. 所有单位应当建立健全安全管理制度,定期开展危险源辨识评估,制定安全防范措施;定期检查本单位各项安全防范措施的落实情况,及时消除事故隐患;掌握并及时处理本单位存在的可能引发社会安全事件的问题,防止矛盾激化和事态扩大;对本单位可能发生的突发事件和采取安全防范措施的情况,应当按照规定及时向所在地人民政府或者有关部门报告。

4. 矿山、金属冶炼、建筑施工单位和易燃易爆物品、危险化学品、放射性物品等危险物品的生产、经营、运输、储存、使用单位,应当制定具体应急预案,配备必要的应急救援器材、设备和物资,并对生产经营场所、有危险物品的建筑物、构筑物及周边环境开展隐患排查,及时采取措施管控风险和消除隐患,防止发生突发事件。

5. 公共交通工具、公共场所和其他人员密集场所的经营单位或者管理单位应当制定具体应急预案,为交通工具和有关场所配备报警装置和必要的应急救援设备、设施,注明其使用方法,并显著标明安全撤离的通道、路线,保证安全通道、出口的畅通。

有关单位应当定期检测、维护其报警装置和应急救援设备、设施,使其处于良好状态,确保正常使用。

6. 各级各类学校应当把应急教育纳入教育教学计划,对学生及教职工开展应急知识教育和应急演练,培养安全意识,提高自救与互救能力。

教育主管部门应当对学校开展应急教育进行指导和监督,应急管理等部门应当给予支持。

7. 国家按照集中管理、统一调拨、平时服务、灾时应急、采储结合、节约高效的原则,建立健全应急物资储备保障制度,动态更新应急物资储备品种目录,完善重要应急物资的监管、生产、采购、储备、调拨和紧急配送体系,促进安全应急产业发展,优化产业布局。

8. 有关单位应当加强应急救援资金、物资的管理,提高使用效率。

任何单位和个人不得截留、挪用、私分或者变相私分应急救援资金、物资。

三、应急处置与救援

1. 国家建立健全突发事件应急响应制度。

突发事件的应急响应级别,按照突发事件的性质、特点、可能造成的危害程度和影响范围等因素分为一级、二级、三级和四级,一级为最高级别。

2. 受到自然灾害危害或者发生事故灾难、公共卫生事件的单位,应当立即组织本单位应急救援队伍和工作人员营救受害人员,疏散、撤离、安置受到威胁的人员,控制危险源,标明危险区域,封锁危险场所,并采取其他防止危害扩大的必要措施,同时向所在地县级人民政府报告;对因本单位的问题引发的或者主体是本单位人员的社会安全事件,有关单位应当按照规定上报情况,并迅速派出负责人赶赴现场开展劝解、疏导工作。

突发事件发生地的其他单位应当服从人民政府发布的决定、命令,配合人民政府采取的应急处置措施,做好本单位的应急救援工作,并积极组织人员参加所在地的应急救援和处置工作。

3. 突发事件发生地的个人应当依法服从人民政府、居民委员会、村民委员会或者所属单位的指挥和安排,配合人民政府采取的应急处置措施,积极参加应急救援工作,协助维护社会秩序。

第二章 法　规

第一节　《安全生产许可证条例》

一、国家对矿山企业、建筑施工企业和危险化学品、烟花爆竹、民用爆炸物品生产企业（以下统称企业）实行安全生产许可制度。

企业未取得安全生产许可证的，不得从事生产活动。

二、企业取得安全生产许可证，应当具备下列安全生产条件：

（一）建立、健全安全生产责任制，制定完备的安全生产规章制度和操作规程；

（二）安全投入符合安全生产要求；

（三）设置安全生产管理机构，配备专职安全生产管理人员；

（四）主要负责人和安全生产管理人员经考核合格；

（五）特种作业人员经有关业务主管部门考核合格，取得特种作业操作资格证书；

（六）从业人员经安全生产教育和培训合格；

（七）依法参加工伤保险，为从业人员缴纳保险费；

（八）厂房、作业场所和安全设施、设备、工艺符合有关安全生产法律、法规、标准和规程的要求；

（九）有职业危害防治措施，并为从业人员配备符合国家标准或者行业标准的劳动防护用品；

（十）依法进行安全评价；

（十一）有重大危险源检测、评估、监控措施和应急预案；

（十二）有生产安全事故应急救援预案、应急救援组织或者应急救援人员，配备必要的应急救援器材、设备；

（十三）法律、法规规定的其他条件。

三、安全生产许可证的有效期为3年。安全生产许可证有效期满需要延期的，企业应当于期满前3个月向原安全生产许可证颁发管理机关办理延期手续。

企业在安全生产许可证有效期内，严格遵守有关安全生产的法律法规，未发生死亡事故的,安全生产许可证有效期届满时,经原安全生产许可证颁发管理机关同意,不再审查,安全生产许可证有效期延期 3 年。

四、企业不得转让、冒用安全生产许可证或者使用伪造的安全生产许可证。

五、企业取得安全生产许可证后,不得降低安全生产条件,并应当加强日常安全生产管理,接受安全生产许可证颁发管理机关的监督检查。

安全生产许可证颁发管理机关应当加强对取得安全生产许可证的企业的监督检查,发现其不再具备本条例规定的安全生产条件的,应当暂扣或者吊销安全生产许可证。

六、法律责任

(一)违反本条例规定,未取得安全生产许可证擅自进行生产的,责令停止生产,没收违法所得,并处 10 万元以上 50 万元以下的罚款;造成重大事故或者其他严重后果,构成犯罪的,依法追究刑事责任。

(二)违反本条例规定,安全生产许可证有效期满未办理延期手续,继续进行生产的,责令停止生产,限期补办延期手续,没收违法所得,并处 5 万元以上 10 万元以下的罚款;逾期仍不办理延期手续,继续进行生产的,依照本条例第十九条的规定处罚。

(三)违反本条例规定,转让安全生产许可证的,没收违法所得,处 10 万元以上 50 万元以下的罚款,并吊销其安全生产许可证;构成犯罪的,依法追究刑事责任;接受转让的,依照本条例第十九条的规定处罚。

冒用安全生产许可证或者使用伪造的安全生产许可证的,依照本条例第十九条的规定处罚。

第二节 《生产安全事故应急条例》

一、总则

(一)国务院统一领导全国的生产安全事故应急工作,县级以上地方人民政府统一领导本行政区域内的生产安全事故应急工作。生产安全事故应急工作涉及两个以上行政区域的,由有关行政区域共同的上一级人民政府负责,或者由各有关行政区域的上一级人民政府共同负责。

县级以上人民政府应急管理部门和其他对有关行业、领域的安全生产工作实施监督管理的部门(以下统称负有安全生产监督管理职责的部门)在各自职责范围内,做好有关行业、领域的生产安全事故应急工作。

县级以上人民政府应急管理部门指导、协调本级人民政府其他负有安全生产监督管理职责的部门和下级人民政府的生产安全事故应急工作。

乡、镇人民政府以及街道办事处等地方人民政府派出机关应当协助上级人民政府有关部门依法履行生产安全事故应急工作职责。

(二)生产经营单位应当加强生产安全事故应急工作,建立、健全生产安全事故应急工作责任制,其主要负责人对本单位的生产安全事故应急工作全面负责。

二、应急准备

(一)生产经营单位应当针对本单位可能发生的生产安全事故的特点和危害,进行风险辨识和评估,制定相应的生产安全事故应急救援预案,并向本单位从业人员公布。

(二)生产安全事故应急救援预案应当符合有关法律、法规、规章和标准的规定,具有科学性、针对性和可操作性,明确规定应急组织体系、职责分工以及应急救援程序和措施。

有下列情形之一的,生产安全事故应急救援预案制定单位应当及时修订相关预案:

1. 制定预案所依据的法律、法规、规章、标准发生重大变化;
2. 应急指挥机构及其职责发生调整;
3. 安全生产面临的风险发生重大变化;
4. 重要应急资源发生重大变化;
5. 在预案演练或者应急救援中发现需要修订预案的重大问题;
6. 其他应当修订的情形。

(三)县级以上人民政府负有安全生产监督管理职责的部门应当将其制定的生产安全事故应急救援预案报送本级人民政府备案;易燃易爆物品、危险化学品等危险物品的生产、经营、储存、运输单位,矿山、金属冶炼、城市轨道交通运营、建筑施工单位,以及宾馆、商场、娱乐场所、旅游景区等人员密集场所经营单位,应当将其制定的生产安全事故应急救援预案按照国家有关规定报送县级以上人民政府负有安全生产监督管理职责的部门备案,并依法向社会公布。

(四)县级以上地方人民政府以及县级以上人民政府负有安全生产监督管理职责的部门,乡、镇人民政府以及街道办事处等地方人民政府派出机关,应当至少每2年组织1次生产安全事故应急救援预案演练。

易燃易爆物品、危险化学品等危险物品的生产、经营、储存、运输单位,矿山、金属冶炼、城市轨道交通运营、建筑施工单位,以及宾馆、商场、娱乐场所、旅游景区等人员密集场所经营单位,应当至少每半年组织1次生产安全事故应急救援预案演练,并将演练情况报送所在地县级以上地方人民政府负有安全生产监督管理职责的部门。

县级以上地方人民政府负有安全生产监督管理职责的部门应当对本行政区域内前款规定的重点生产经营单位的生产安全事故应急救援预案演练进行抽查;发现演练不符合要求的,应当责令限期改正。

(五)易燃易爆物品、危险化学品等危险物品的生产、经营、储存、运输单位,矿山、金属冶炼、城市轨道交通运营、建筑施工单位,以及宾馆、商场、娱乐场所、旅游景区等人员密集场所经营单位,应当建立应急救援队伍。其中,小型企业或者微型企业等规模较小的生产经营单位,可以不建立应急救援队伍,但应当指定兼职的应急救援人员,并且可以与邻近的应急救援队伍签订应急救援协议。

工业园区、开发区等产业聚集区域内的生产经营单位,可以联合建立应急救援队伍。

(六)应急救援队伍的应急救援人员应当具备必要的专业知识、技能、身体素质和心理素质。

应急救援队伍建立单位或者兼职应急救援人员所在单位应当按照国家有关规定对应急救援人员进行培训;应急救援人员经培训合格后,方可参加应急救援工作。

应急救援队伍应当配备必要的应急救援装备和物资,并定期组织训练。

(七)县级以上地方人民政府应当根据本行政区域内可能发生的生产安全事故的特点和危害,储备必要的应急救援装备和物资,并及时更新和补充。

易燃易爆物品、危险化学品等危险物品的生产、经营、储存、运输单位,矿山、金属冶炼、城市轨道交通运营、建筑施工单位,以及宾馆、商场、娱乐场所、旅游景区等人员密集场所经营单位,应当根据本单位可能发生的生产安全事故的特点和危害,配备必要的灭火、排水、通风以及危险物品稀释、掩埋、收集等应急救援器材、设备和物资,并进行经常性维护、保养,保证正常运转。

(八)下列单位应当建立应急值班制度,配备应急值班人员:

1. 县级以上人民政府及其负有安全生产监督管理职责的部门;

2. 危险物品的生产、经营、储存、运输单位以及矿山、金属冶炼、城市轨道交通运营、建筑施工单位;

3. 应急救援队伍。

规模较大、危险性较高的易燃易爆物品、危险化学品等危险物品的生产、经营、储存、运输单位应当成立应急处置技术组,实行24小时应急值班。

(九)生产经营单位应当对从业人员进行应急教育和培训,保证从业人员具备必要的应急知识,掌握风险防范技能和事故应急措施。

三、应急救援

(一)发生生产安全事故后,生产经营单位应当立即启动生产安全事故应急救援预

案,采取下列一项或者多项应急救援措施,并按照国家有关规定报告事故情况:

1. 迅速控制危险源,组织抢救遇险人员;
2. 根据事故危害程度,组织现场人员撤离或者采取可能的应急措施后撤离;
3. 及时通知可能受到事故影响的单位和人员;
4. 采取必要措施,防止事故危害扩大和次生、衍生灾害发生;
5. 根据需要请求邻近的应急救援队伍参加救援,并向参加救援的应急救援队伍提供相关技术资料、信息和处置方法;
6. 维护事故现场秩序,保护事故现场和相关证据;
7. 法律、法规规定的其他应急救援措施。

(二)有关地方人民政府及其部门接到生产安全事故报告后,应当按照国家有关规定上报事故情况,启动相应的生产安全事故应急救援预案,并按照应急救援预案的规定采取下列一项或者多项应急救援措施:

1. 组织抢救遇险人员,救治受伤人员,研判事故发展趋势以及可能造成的危害;
2. 通知可能受到事故影响的单位和人员,隔离事故现场,划定警戒区域,疏散受到威胁的人员,实施交通管制;
3. 采取必要措施,防止事故危害扩大和次生、衍生灾害发生,避免或者减少事故对环境造成的危害;
4. 依法发布调用和征用应急资源的决定;
5. 依法向应急救援队伍下达救援命令;
6. 维护事故现场秩序,组织安抚遇险人员和遇险遇难人员亲属;
7. 依法发布有关事故情况和应急救援工作的信息;
8. 法律、法规规定的其他应急救援措施。

(三)现场指挥部实行总指挥负责制,按照本级人民政府的授权组织制定并实施生产安全事故现场应急救援方案,协调、指挥有关单位和个人参加现场应急救援。

参加生产安全事故现场应急救援的单位和个人应当服从现场指挥部的统一指挥。

四、法律责任

(一)生产经营单位未制定生产安全事故应急救援预案、未定期组织应急救援预案演练、未对从业人员进行应急教育和培训,生产经营单位的主要负责人在本单位发生生产安全事故时不立即组织抢救的,由县级以上人民政府负有安全生产监督管理职责的部门依照《中华人民共和国安全生产法》有关规定追究法律责任。

(二)生产经营单位未对应急救援器材、设备和物资进行经常性维护、保养,导致发生严重生产安全事故或者生产安全事故危害扩大,或者在本单位发生生产安全事故后未立即采取相应的应急救援措施,造成严重后果的,由县级以上人民政府负有安全生产监督管理职责的部门依照《中华人民共和国突发事件应对法》有关规定追究法律责任。

（三）生产经营单位未将生产安全事故应急救援预案报送备案、未建立应急值班制度或者配备应急值班人员的，由县级以上人民政府负有安全生产监督管理职责的部门责令限期改正；逾期未改正的，处3万元以上5万元以下的罚款，对直接负责的主管人员和其他直接责任人员处1万元以上2万元以下的罚款。

第三节 《生产安全事故报告和调查处理条例》

一、总则

（一）生产经营活动中发生的造成人身伤亡或者直接经济损失的生产安全事故的报告和调查处理，适用本条例；环境污染事故、核设施事故、国防科研生产事故的报告和调查处理不适用本条例。

（二）根据生产安全事故（以下简称事故）造成的人员伤亡或者直接经济损失，事故一般分为以下等级：

1. 特别重大事故，是指造成30人以上死亡，或者100人以上重伤（包括急性工业中毒，下同），或者1亿元以上直接经济损失的事故；

2. 重大事故，是指造成10人以上30人以下死亡，或者50人以上100人以下重伤，或者5 000万元以上1亿元以下直接经济损失的事故；

3. 较大事故，是指造成3人以上10人以下死亡，或者10人以上50人以下重伤，或者1 000万元以上5 000万元以下直接经济损失的事故；

4. 一般事故，是指造成3人以下死亡，或者10人以下重伤，或者1 000万元以下直接经济损失的事故。

（三）事故报告应当及时、准确、完整，任何单位和个人对事故不得迟报、漏报、谎报或者瞒报。

事故调查处理应当坚持实事求是、尊重科学的原则，及时、准确地查清事故经过、事故原因和事故损失，查明事故性质，认定事故责任，总结事故教训，提出整改措施，并对事故责任者依法追究责任。

（四）县级以上人民政府应当依照本条例的规定，严格履行职责，及时、准确地完成事故调查处理工作。

（五）工会依法参加事故调查处理，有权向有关部门提出处理意见。

二、事故报告

（一）事故发生后,事故现场有关人员应当立即向本单位负责人报告;单位负责人接到报告后,应当于 1 小时内向事故发生地县级以上人民政府安全生产监督管理部门和负有安全生产监督管理职责的有关部门报告。

情况紧急时,事故现场有关人员可以直接向事故发生地县级以上人民政府安全生产监督管理部门和负有安全生产监督管理职责的有关部门报告。

（二）安全生产监督管理部门和负有安全生产监督管理职责的有关部门接到事故报告后,应当依照下列规定上报事故情况,并通知公安机关、劳动保障行政部门、工会和人民检察院：

1. 特别重大事故、重大事故逐级上报至国务院安全生产监督管理部门和负有安全生产监督管理职责的有关部门；

2. 较大事故逐级上报至省、自治区、直辖市人民政府安全生产监督管理部门和负有安全生产监督管理职责的有关部门；

3. 一般事故上报至设区的市级人民政府安全生产监督管理部门和负有安全生产监督管理职责的有关部门。

（三）安全生产监督管理部门和负有安全生产监督管理职责的有关部门逐级上报事故情况,每级上报的时间不得超过 2 小时。

（四）报告事故应当包括下列内容：

1. 事故发生单位概况；

2. 事故发生的时间、地点以及事故现场情况；

3. 事故的简要经过；

4. 事故已经造成或者可能造成的伤亡人数（包括下落不明的人数）和初步估计的直接经济损失；

5. 已经采取的措施；

6. 其他应当报告的情况。

（五）事故报告后出现新情况的,应当及时补报。

自事故发生之日起 30 日内,事故造成的伤亡人数发生变化的,应当及时补报。道路交通事故、火灾事故自发生之日起 7 日内,事故造成的伤亡人数发生变化的,应当及时补报。

（六）事故发生后,有关单位和人员应当妥善保护事故现场以及相关证据,任何单位和个人不得破坏事故现场、毁灭相关证据。

因抢救人员、防止事故扩大以及疏通交通等原因,需要移动事故现场物件的,应当做出标志,绘制现场简图并做出书面记录,妥善保存现场重要痕迹、物证。

三、事故调查

（一）特别重大事故由国务院或者国务院授权有关部门组织事故调查组进行调查。

重大事故、较大事故、一般事故分别由事故发生地省级人民政府、设区的市级人民政府、县级人民政府负责调查。省级人民政府、设区的市级人民政府、县级人民政府可以直接组织事故调查组进行调查，也可以授权或者委托有关部门组织事故调查组进行调查。

未造成人员伤亡的一般事故，县级人民政府也可以委托事故发生单位组织事故调查组进行调查。

（二）上级人民政府认为必要时，可以调查由下级人民政府负责调查的事故。

自事故发生之日起30日内（道路交通事故、火灾事故自发生之日起7日内），因事故伤亡人数变化导致事故等级发生变化，依照本条例规定应当由上级人民政府负责调查的，上级人民政府可以另行组织事故调查组进行调查。

（三）特别重大事故以下等级事故，事故发生地与事故发生单位不在同一个县级以上行政区域的，由事故发生地人民政府负责调查，事故发生单位所在地人民政府应当派人参加。

（四）事故调查组的组成应当遵循精简、效能的原则。

根据事故的具体情况，事故调查组由有关人民政府、安全生产监督管理部门、负有安全生产监督管理职责的有关部门、监察机关、公安机关以及工会派人组成，并应当邀请人民检察院派人参加。

事故调查组可以聘请有关专家参与调查。

（五）事故调查组成员应当具有事故调查所需要的知识和专长，并与所调查的事故没有直接利害关系。

（六）事故调查组组长由负责事故调查的人民政府指定。事故调查组组长主持事故调查组的工作。

（七）事故调查组履行下列职责：

1. 查明事故发生的经过、原因、人员伤亡情况及直接经济损失；
2. 认定事故的性质和事故责任；
3. 提出对事故责任者的处理建议；
4. 总结事故教训，提出防范和整改措施；
5. 提交事故调查报告。

（八）事故调查组应当自事故发生之日起60日内提交事故调查报告；特殊情况下，经负责事故调查的人民政府批准，提交事故调查报告的期限可以适当延长，但延长的期限最长不超过60日。

（九）事故调查报告应当包括下列内容：

1. 事故发生单位概况；
2. 事故发生经过和事故救援情况；
3. 事故造成的人员伤亡和直接经济损失；
4. 事故发生的原因和事故性质；
5. 事故责任的认定以及对事故责任者的处理建议；
6. 事故防范和整改措施。

事故调查报告应当附具有关证据材料。事故调查组成员应当在事故调查报告上签名。

（十）事故调查报告报送负责事故调查的人民政府后，事故调查工作即告结束。事故调查的有关资料应当归档保存。

四、事故处理

（一）重大事故、较大事故、一般事故，负责事故调查的人民政府应当自收到事故调查报告之日起 15 日内做出批复；特别重大事故，30 日内做出批复，特殊情况下，批复时间可以适当延长，但延长的时间最长不超过 30 日。

有关机关应当按照人民政府的批复，依照法律、行政法规规定的权限和程序，对事故发生单位和有关人员进行行政处罚，对负有事故责任的国家工作人员进行处分。

事故发生单位应当按照负责事故调查的人民政府的批复，对本单位负有事故责任的人员进行处理。

负有事故责任的人员涉嫌犯罪的，依法追究刑事责任。

（二）事故处理的情况由负责事故调查的人民政府或者其授权的有关部门、机构向社会公布，依法应当保密的除外。

第四节　《工伤保险条例》

一、总则

（一）中华人民共和国境内的企业、事业单位、社会团体、民办非企业单位、基金会、律师事务所、会计师事务所等组织和有雇工的个体工商户（以下称用人单位）应当依照本条例规定参加工伤保险，为本单位全部职工或者雇工（以下称职工）缴纳工伤保险费。

中华人民共和国境内的企业、事业单位、社会团体、民办非企业单位、基金会、律师事务所、会计师事务所等组织的职工和个体工商户的雇工，均有依照本条例的规定享受工伤保险待遇的权利。

（二）工伤保险费的征缴按照《社会保险费征缴暂行条例》关于基本养老保险费、基本医疗保险费、失业保险费的征缴规定执行。

（三）用人单位应当将参加工伤保险的有关情况在本单位内公示。

用人单位和职工应当遵守有关安全生产和职业病防治的法律法规，执行安全卫生规程和标准，预防工伤事故发生，避免和减少职业病危害。

职工发生工伤时，用人单位应当采取措施使工伤职工得到及时救治。

二、工伤保险基金

（一）工伤保险基金由用人单位缴纳的工伤保险费、工伤保险基金的利息和依法纳入工伤保险基金的其他资金构成。

（二）用人单位应当按时缴纳工伤保险费。职工个人不缴纳工伤保险费。

用人单位缴纳工伤保险费的数额为本单位职工工资总额乘以单位缴费费率之积。

三、工伤认定

（一）职工有下列情形之一的，应当认定为工伤：

1. 在工作时间和工作场所内，因工作原因受到事故伤害的。
2. 工作时间前后在工作场所内，从事与工作有关的预备性或者收尾性工作受到事故伤害的。
3. 在工作时间和工作场所内，因履行工作职责受到暴力等意外伤害的。
4. 患职业病的。
5. 因工外出期间，由于工作原因受到伤害或者发生事故下落不明的。
6. 在上下班途中，受到非本人主要责任的交通事故或者城市轨道交通、客运轮渡、火车事故伤害的。
7. 法律、行政法规规定应当认定为工伤的其他情形。

（二）职工有下列情形之一的，视同工伤：

1. 在工作时间和工作岗位，突发疾病死亡或者在48小时之内经抢救无效死亡的。
2. 在抢险救灾等维护国家利益、公共利益活动中受到伤害的。
3. 职工原在军队服役，因战、因公负伤致残，已取得革命伤残军人证，到用人单位后旧伤复发的。

（三）有下列情形之一的，不得认定为工伤或者视同工伤：

1. 故意犯罪的。
2. 醉酒或者吸毒的。
3. 自残或者自杀的。

（四）职工发生事故伤害或者按照职业病防治法规定被诊断、鉴定为职业病，所在单位应当自事故伤害发生之日或者被诊断、鉴定为职业病之日起 30 日内,向统筹地区社会保险行政部门提出工伤认定申请。遇有特殊情况,经报社会保险行政部门同意,申请时限可以适当延长。

用人单位未按前款规定提出工伤认定申请的,工伤职工或者其近亲属、工会组织在事故伤害发生之日或者被诊断、鉴定为职业病之日起 1 年内,可以直接向用人单位所在地统筹地区社会保险行政部门提出工伤认定申请。

(五)提出工伤认定申请应当提交下列材料:

1. 工伤认定申请表。

2. 与用人单位存在劳动关系(包括事实劳动关系)的证明材料。

3. 医疗诊断证明或者职业病诊断证明书(或者职业病诊断鉴定书)。

四、劳动能力鉴定

(一)职工发生工伤,经治疗伤情相对稳定后存在残疾、影响劳动能力的,应当进行劳动能力鉴定。

(二)劳动能力鉴定是指劳动功能障碍程度和生活自理障碍程度的等级鉴定。

劳动功能障碍分为十个伤残等级,最重的为一级,最轻的为十级。

生活自理障碍分为三个等级:生活完全不能自理、生活大部分不能自理和生活部分不能自理。

劳动能力鉴定标准由国务院社会保险行政部门会同国务院卫生行政部门等部门制定。

(三)劳动能力鉴定由用人单位、工伤职工或者其近亲属向设区的市级劳动能力鉴定委员会提出申请,并提供工伤认定决定和职工工伤医疗的有关资料。

五、工伤保险待遇

(一)职工因工作遭受事故伤害或者患职业病进行治疗,享受工伤医疗待遇。

职工治疗工伤应当在签订服务协议的医疗机构就医,情况紧急时可以先到就近的医疗机构急救。

工伤职工治疗非工伤引发的疾病,不享受工伤医疗待遇,按照基本医疗保险办法处理。

(二)职工因工作遭受事故伤害或者患职业病需要暂停工作接受工伤医疗的,在停工留薪期内,原工资福利待遇不变,由所在单位按月支付。

停工留薪期一般不超过 12 个月。

(三)工伤职工已经评定伤残等级并经劳动能力鉴定委员会确认需要生活护理的,从工伤保险基金按月支付生活护理费。

生活护理费按照生活完全不能自理、生活大部分不能自理或者生活部分不能自理3个不同等级支付,其标准分别为统筹地区上年度职工月平均工资的50%、40%或者30%。

(四)职工因工致残被鉴定为一级至四级伤残的,保留劳动关系,退出工作岗位,享受以下待遇:

1. 从工伤保险基金按伤残等级支付一次性伤残补助金,标准为:一级伤残为27个月的本人工资,二级伤残为25个月的本人工资,三级伤残为23个月的本人工资,四级伤残为21个月的本人工资。

2. 从工伤保险基金按月支付伤残津贴,标准为:一级伤残为本人工资的90%,二级伤残为本人工资的85%,三级伤残为本人工资的80%,四级伤残为本人工资的75%。伤残津贴实际金额低于当地最低工资标准的,由工伤保险基金补足差额。

3. 工伤职工达到退休年龄并办理退休手续后,停发伤残津贴,按照国家有关规定享受基本养老保险待遇。基本养老保险待遇低于伤残津贴的,由工伤保险基金补足差额。

职工因工致残被鉴定为一级至四级伤残的,由用人单位和职工个人以伤残津贴为基数,缴纳基本医疗保险费。

(五)职工因工致残被鉴定为五级、六级伤残的,享受以下待遇:

1. 从工伤保险基金按伤残等级支付一次性伤残补助金,标准为:五级伤残为18个月的本人工资,六级伤残为16个月的本人工资。

2. 保留与用人单位的劳动关系,由用人单位安排适当工作。难以安排工作的,由用人单位按月发给伤残津贴,标准为:五级伤残为本人工资的70%,六级伤残为本人工资的60%,并由用人单位按照规定为其缴纳应缴纳的各项社会保险费。伤残津贴实际金额低于当地最低工资标准的,由用人单位补足差额。

经工伤职工本人提出,该职工可以与用人单位解除或者终止劳动关系,由工伤保险基金支付一次性工伤医疗补助金,由用人单位支付一次性伤残就业补助金。一次性工伤医疗补助金和一次性伤残就业补助金的具体标准由省、自治区、直辖市人民政府规定。

(六)职工因工致残被鉴定为七级至十级伤残的,享受以下待遇:

1. 从工伤保险基金按伤残等级支付一次性伤残补助金,标准为:七级伤残为13个月的本人工资,八级伤残为11个月的本人工资,九级伤残为9个月的本人工资,十级伤残为7个月的本人工资。

2. 劳动、聘用合同期满终止,或者职工本人提出解除劳动、聘用合同的,由工伤保险基金支付一次性工伤医疗补助金,由用人单位支付一次性伤残就业补助金。一次性工伤医疗补助金和一次性伤残就业补助金的具体标准由省、自治区、直辖市人民政府规定。

(七)职工因工死亡,其近亲属按照下列规定从工伤保险基金领取丧葬补助金、供养亲属抚恤金和一次性工亡补助金:

1. 丧葬补助金为6个月的统筹地区上年度职工月平均工资。

2. 供养亲属抚恤金按照职工本人工资的一定比例发给由因工死亡职工生前提供主要生活来源、无劳动能力的亲属。标准为：配偶每月40%，其他亲属每人每月30%，孤寡老人或者孤儿每人每月在上述标准的基础上增加10%。核定的各供养亲属的抚恤金之和不应高于因工死亡职工生前的工资。供养亲属的具体范围由国务院社会保险行政部门规定。

3. 一次性工亡补助金标准为上一年度全国城镇居民人均可支配收入的20倍。

（八）职工因工外出期间发生事故或者在抢险救灾中下落不明的，从事故发生当月起3个月内照发工资，从第4个月起停发工资，由工伤保险基金向其供养亲属按月支付供养亲属抚恤金。生活有困难的，可以预支一次性工亡补助金的50%。

（九）工伤职工有下列情形之一的，停止享受工伤保险待遇：

1. 丧失享受待遇条件的。

2. 拒不接受劳动能力鉴定的。

3. 拒绝治疗的。

（十）用人单位分立、合并、转让的，承继单位应当承担原用人单位的工伤保险责任；原用人单位已经参加工伤保险的，承继单位应当到当地经办机构办理工伤保险变更登记。

用人单位实行承包经营的，工伤保险责任由职工劳动关系所在单位承担。

职工被借调期间受到工伤事故伤害的，由原用人单位承担工伤保险责任，但原用人单位与借调单位可以约定补偿办法。

企业破产的，在破产清算时依法拨付应当由单位支付的工伤保险待遇费用。

（十一）职工被派遣出境工作，依据前往国家或者地区的法律应当参加当地工伤保险的，参加当地工伤保险，其国内工伤保险关系中止；不能参加当地工伤保险的，其国内工伤保险关系不中止。

六、附则

（一）本条例所称工资总额，是指用人单位直接支付给本单位全部职工的劳动报酬总额。

（二）本条例所称本人工资，是指工伤职工因工作遭受事故伤害或者患职业病前12个月平均月缴费工资。本人工资高于统筹地区职工平均工资300%的，按照统筹地区职工平均工资的300%计算；本人工资低于统筹地区职工平均工资60%的，按照统筹地区职工平均工资的60%计算。

（三）无营业执照或者未经依法登记、备案的单位以及被依法吊销营业执照或者撤销登记、备案的单位的职工受到事故伤害或者患职业病的，由该单位向伤残职工或者死亡职工的近亲属给予一次性赔偿,赔偿标准不得低于本条例规定的工伤保险待遇;用人单位不得使用童工,用人单位使用童工造成童工伤残、死亡的,由该单位向童工或者童工的近亲属给予一次性赔偿,赔偿标准不得低于本条例规定的工伤保险待遇。

前款规定的伤残职工或者死亡职工的近亲属就赔偿数额与单位发生争议的,以及前款规定的童工或者童工的近亲属就赔偿数额与单位发生争议的,按照处理劳动争议的有关规定处理。

第五节 《煤矿安全生产条例》

一、总则

(一)煤矿安全生产工作坚持中国共产党的领导。

煤矿安全生产工作实行管行业必须管安全、管业务必须管安全、管生产经营必须管安全,按照国家监察、地方监管、企业负责,强化和落实安全生产责任。

(二)煤矿企业应当履行安全生产主体责任,加强安全生产管理,建立健全并落实全员安全生产责任制和安全生产规章制度,加大对安全生产资金、物资、技术、人员的投入保障力度,改善安全生产条件,加强安全生产标准化、信息化建设,构建安全风险分级管控和隐患排查治理双重预防机制,健全风险防范化解机制,提高安全生产水平,确保安全生产。

煤矿企业主要负责人(含实际控制人,下同)是本企业安全生产第一责任人,对本企业安全生产工作全面负责。其他负责人对职责范围内的安全生产工作负责。

(三)国家实行煤矿安全监察制度。国家矿山安全监察机构及其设在地方的矿山安全监察机构负责煤矿安全监察工作,依法对地方人民政府煤矿安全生产监督管理工作进行监督检查。

(四)国家实行煤矿生产安全事故责任追究制度。对煤矿生产安全事故责任单位和责任人员,依照本条例和有关法律法规的规定追究法律责任。

国家矿山安全监察机构及其设在地方的矿山安全监察机构依法组织或者参与煤矿生产安全事故调查处理。

二、煤矿企业的安全生产责任

(一)煤矿企业应当遵守有关安全生产的法律法规以及煤矿安全规程,执行保障安全生产的国家标准或者行业标准。

（二）新建、改建、扩建煤矿工程项目（以下统称煤矿建设项目）的建设单位应当委托具有建设工程设计企业资质的设计单位进行安全设施设计。

安全设施设计应当包括煤矿水、火、瓦斯、冲击地压、煤尘、顶板等主要灾害的防治措施，符合国家标准或者行业标准的要求，并报省、自治区、直辖市人民政府负有煤矿安全生产监督管理职责的部门审查。安全设施设计需要作重大变更的，应当报原审查部门重新审查，不得先施工后报批、边施工边修改。

（三）煤矿建设项目的建设单位应当对参与煤矿建设项目的设计、施工、监理等单位进行统一协调管理，对煤矿建设项目安全管理负总责。

施工单位应当按照批准的安全设施设计施工，不得擅自变更设计内容。

（四）煤矿建设项目竣工投入生产或者使用前，应当由建设单位负责组织对安全设施进行验收，并对验收结果负责。经验收合格后，方可投入生产和使用。

（五）煤矿企业进行生产，应当依照《安全生产许可证条例》的规定取得安全生产许可证。未取得安全生产许可证的，不得生产。

（六）煤矿企业主要负责人对本企业安全生产工作负有下列职责：

1. 建立健全并落实全员安全生产责任制，加强安全生产标准化建设；

2. 组织制定并实施安全生产规章制度和作业规程、操作规程；

3. 组织制定并实施安全生产教育和培训计划；

4. 保证安全生产投入的有效实施；

5. 组织建立并落实安全风险分级管控和隐患排查治理双重预防工作机制，督促、检查安全生产工作，及时消除事故隐患；

6. 组织制定并实施生产安全事故应急救援预案；

7. 及时、如实报告煤矿生产安全事故。

（七）煤矿企业应当设置安全生产管理机构并配备专职安全生产管理人员。安全生产管理机构和安全生产管理人员负有下列安全生产职责：

1. 组织或者参与拟订安全生产规章制度、作业规程、操作规程和生产安全事故应急救援预案；

2. 组织或者参与安全生产教育和培训，如实记录安全生产教育和培训情况；

3. 组织开展安全生产法律法规宣传教育；

4. 组织开展安全风险辨识评估，督促落实重大安全风险管控措施；

5. 制止和纠正违章指挥、强令冒险作业、违反规程的行为，发现威胁安全的紧急情况时，有权要求立即停止危险区域内的作业，撤出作业人员；

6. 检查安全生产状况，及时排查事故隐患，对事故隐患排查治理情况进行统计分析，提出改进安全生产管理的建议；

7. 组织或者参与应急救援演练；

8. 督促落实安全生产整改措施。

煤矿企业应当配备主要技术负责人,建立健全并落实技术管理体系。

(八)煤矿企业从业人员负有下列安全生产职责:

1. 遵守煤矿企业安全生产规章制度和作业规程、操作规程,严格落实岗位安全责任;

2. 参加安全生产教育和培训,掌握本职工作所需的安全生产知识,提高安全生产技能,增强事故预防和应急处理能力;

3. 及时报告发现的事故隐患或者其他不安全因素。

对违章指挥和强令冒险作业的行为,煤矿企业从业人员有权拒绝并向县级以上地方人民政府负有煤矿安全生产监督管理职责的部门、所在地矿山安全监察机构报告。

煤矿企业不得因从业人员拒绝违章指挥或者强令冒险作业而降低其工资、福利等待遇,无正当理由调整工作岗位,或者解除与其订立的劳动合同。

(九)煤矿企业主要负责人和安全生产管理人员应当通过安全生产知识和管理能力考核,并持续保持相应水平和能力。

煤矿企业从业人员经安全生产教育和培训合格,方可上岗作业。煤矿企业特种作业人员应当按照国家有关规定经专门的安全技术培训和考核合格,并取得相应资格。

(十)煤矿企业应当为煤矿分别配备专职矿长、总工程师,分管安全、生产、机电的副矿长以及专业技术人员。

对煤(岩)与瓦斯(二氧化碳)突出、高瓦斯、冲击地压、煤层容易自燃、水文地质类型复杂和极复杂的煤矿,还应当设立相应的专门防治机构,配备专职副总工程师。

(十一)煤矿企业应当按照国家有关规定建立健全领导带班制度并严格考核。

井工煤矿企业的负责人和生产经营管理人员应当轮流带班下井,并建立下井登记档案。

(十二)煤矿企业应当为从业人员提供符合国家标准或者行业标准的劳动防护用品,并监督、教育从业人员按照使用规则佩戴、使用。

煤矿井下作业人员实行安全限员制度。煤矿企业应当依法制定井下工作时间管理制度。煤矿井下工作岗位不得使用劳务派遣用工。

(十三)煤矿企业使用的安全设备的设计、制造、安装、使用、检测、维修、改造和报废,应当符合国家标准或者行业标准。

煤矿企业应当建立安全设备台账和追溯、管理制度,对安全设备进行经常性维护、保养并定期检测,保证正常运转,对安全设备购置、入库、使用、维护、保养、检测、维修、改造、报废等进行全流程记录并存档。

煤矿企业不得使用应当淘汰的危及生产安全的设备、工艺,具体目录由国家矿山安全监察机构制定并公布。

(十四)煤矿的采煤、掘进、机电、运输、通风、排水、排土等主要生产系统和防瓦斯、防煤（岩）与瓦斯（二氧化碳）突出、防冲击地压、防火、防治水、防尘、防热害、防滑坡、监控与通讯等安全设施，应当符合煤矿安全规程和国家标准或者行业标准规定的管理和技术要求。

煤矿企业及其有关人员不得关闭、破坏直接关系生产安全的监控、报警、防护、救生设备、设施，或者篡改、隐瞒、销毁其相关数据、信息，不得以任何方式影响其正常使用。

（十五）井工煤矿应当有符合煤矿安全规程和国家标准或者行业标准规定的安全出口、独立通风系统、安全监控系统、防尘供水系统、防灭火系统、供配电系统、运送人员装置和反映煤矿实际情况的图纸，并按照规定进行瓦斯等级、冲击地压、煤层自燃倾向性和煤尘爆炸性鉴定。

井工煤矿应当按矿井瓦斯等级选用相应的煤矿许用炸药和电雷管，爆破工作由专职爆破工承担。

（十六）露天煤矿的采场及排土场边坡与重要建筑物、构筑物之间应当留有足够的安全距离。

煤矿企业应当定期对露天煤矿进行边坡稳定性评价，评价范围应当涵盖露天煤矿所有边坡。达不到边坡稳定要求时，应当修改采矿设计或者采取安全措施，同时加强边坡监测工作。

（十七）煤矿企业应当依法制定生产安全事故应急救援预案，与所在地县级以上地方人民政府组织制定的生产安全事故应急救援预案相衔接，并定期组织演练。

煤矿企业应当设立专职救护队；不具备设立专职救护队条件的，应当设立兼职救护队，并与邻近的专职救护队签订救护协议。发生事故时，专职救护队应当在规定时间内到达煤矿开展救援。

（十八）煤矿企业应当在依法确定的开采范围内进行生产，不得超层、越界开采。

采矿作业不得擅自开采保安煤柱，不得采用可能危及相邻煤矿生产安全的决水、爆破、贯通巷道等危险方法。

（十九）煤矿企业不得超能力、超强度或者超定员组织生产。正常生产煤矿因地质、生产技术条件、采煤方法或者工艺等发生变化导致生产能力发生较大变化的，应当依法重新核定其生产能力。

县级以上地方人民政府及其有关部门不得要求不具备安全生产条件的煤矿企业进行生产。

（二十）煤矿企业应当按照煤矿灾害程度和类型实施灾害治理，编制年度灾害预防和处理计划，并根据具体情况及时修改。

（二十一）煤矿开采有下列情形之一的，应当编制专项设计：

1. 有煤（岩）与瓦斯（二氧化碳）突出的；
2. 有冲击地压危险的；

3. 开采需要保护的建筑物、水体、铁路下压煤或者主要井巷留设煤柱的;

4. 水文地质类型复杂、极复杂或者周边有老窑采空区的;

5. 开采容易自燃和自燃煤层的;

6. 其他需要编制专项设计的。

(二十二)在煤矿进行石门揭煤、探放水、巷道贯通、清理煤仓、强制放顶、火区密闭和启封、动火以及国家矿山安全监察机构规定的其他危险作业,应当采取专门安全技术措施,并安排专门人员进行现场安全管理。

(二十三)煤矿企业应当建立安全风险分级管控制度,开展安全风险辨识评估,按照安全风险分级采取相应的管控措施。

煤矿企业应当建立健全事故隐患排查治理制度,采取技术、管理措施,及时发现并消除事故隐患。事故隐患排查治理情况应当如实记录,并定期向从业人员通报。重大事故隐患排查治理情况的书面报告经煤矿企业负责人签字后,每季度报县级以上地方人民政府负有煤矿安全生产监督管理职责的部门和所在地矿山安全监察机构。

煤矿企业应当加强对所属煤矿的安全管理,定期对所属煤矿进行安全检查。

(二十四)煤矿企业有下列情形之一的,属于重大事故隐患,应当立即停止受影响区域生产、建设,并及时消除事故隐患:

1. 超能力、超强度或者超定员组织生产的;

2. 瓦斯超限作业的;

3. 煤(岩)与瓦斯(二氧化碳)突出矿井未按照规定实施防突措施的;

4. 煤(岩)与瓦斯(二氧化碳)突出矿井、高瓦斯矿井未按照规定建立瓦斯抽采系统,或者系统不能正常运行的;

5. 通风系统不完善、不可靠的;

6. 超层、越界开采的;

7. 有严重水患,未采取有效措施的;

8. 有冲击地压危险,未采取有效措施的;

9. 自然发火严重,未采取有效措施的;

10. 使用应当淘汰的危及生产安全的设备、工艺的;

11. 未按照规定建立监控与通讯系统,或者系统不能正常运行的;

12. 露天煤矿边坡角大于设计最大值或者边坡发生严重变形,未采取有效措施的;

13. 未按照规定采用双回路供电系统的;

14. 新建煤矿边建设边生产,煤矿改扩建期间,在改扩建的区域生产,或者在其他区域的生产超出设计规定的范围和规模的;

15. 实行整体承包生产经营后,未重新取得或者及时变更安全生产许可证而从事生产,或者承包方再次转包,以及将井下采掘工作面和井巷维修作业外包的;

16. 改制、合并、分立期间,未明确安全生产责任人和安全生产管理机构,或者在完成改制、合并、分立后,未重新取得或者及时变更安全生产许可证等的;

17. 有其他重大事故隐患的。

(二十五)煤矿企业及其有关人员对县级以上人民政府负有煤矿安全生产监督管理职责的部门、国家矿山安全监察机构及其设在地方的矿山安全监察机构依法履行职责,应当予以配合,按照要求如实提供有关情况,不得隐瞒或者拒绝、阻挠。

对县级以上人民政府负有煤矿安全生产监督管理职责的部门、国家矿山安全监察机构及其设在地方的矿山安全监察机构查处的事故隐患,煤矿企业应当立即进行整改,并按照要求报告整改结果。

(二十六)煤矿企业应当及时足额安排安全生产费用等资金,确保符合安全生产要求。煤矿企业的决策机构、主要负责人对由于安全生产所必需的资金投入不足导致的后果承担责任。

三、法律责任

(一)未依法取得安全生产许可证等擅自进行煤矿生产的,应当责令立即停止生产,没收违法所得和开采出的煤炭以及采掘设备;违法所得在 10 万元以上的,并处违法所得 2 倍以上 5 倍以下的罚款;没有违法所得或者违法所得不足 10 万元的,并处 10 万元以上 20 万元以下的罚款。

关闭的煤矿企业擅自恢复生产的,依照前款规定予以处罚。

(二)煤矿企业有下列行为之一的,责令限期改正,处 10 万元以上 20 万元以下的罚款;逾期未改正的,责令停产整顿,并处 20 万元以上 50 万元以下的罚款,对其直接负责的主管人员和其他直接责任人员处 3 万元以上 5 万元以下的罚款:

1. 未按照规定制定并落实全员安全生产责任制和领导带班等安全生产规章制度的;

2. 未按照规定为煤矿配备矿长等人员和机构,或者未按照规定设立救护队的;

3. 煤矿的主要生产系统、安全设施不符合煤矿安全规程和国家标准或者行业标准规定的;

4. 未按照规定编制专项设计的;

5. 井工煤矿未按照规定进行瓦斯等级、冲击地压、煤层自燃倾向性和煤尘爆炸性鉴定的;

6. 露天煤矿的采场及排土场边坡与重要建筑物、构筑物之间安全距离不符合规定的,或者未按照规定保持露天煤矿边坡稳定的;

7. 违章指挥或者强令冒险作业、违反规程的。

(三)对存在重大事故隐患仍然进行生产的煤矿企业,责令停产整顿,明确整顿的内容、时间等具体要求,并处 50 万元以上 200 万元以下的罚款;对煤矿企业主要负责人处

3万元以上15万元以下的罚款。

（四）煤矿企业超越依法确定的开采范围采矿的，依照有关法律法规的规定予以处理。

擅自开采保安煤柱或者采用可能危及相邻煤矿生产安全的决水、爆破、贯通巷道等危险方法进行采矿作业的，责令立即停止作业，没收违法所得；违法所得在10万元以上的，并处违法所得2倍以上5倍以下的罚款；没有违法所得或者违法所得不足10万元的，并处10万元以上20万元以下的罚款；造成损失的，依法承担赔偿责任。

（五）煤矿企业有下列行为之一的，责令改正；拒不改正的，处10万元以上20万元以下的罚款；对其直接负责的主管人员和其他直接责任人员处1万元以上2万元以下的罚款：

1. 违反本条例第三十七条第一款规定，隐瞒存在的事故隐患以及其他安全问题的；

2. 违反本条例第四十四条第一款规定，擅自启封或者使用被查封、扣押的设施、设备、器材的；

3. 有其他拒绝、阻碍监督检查行为的。

（六）发生煤矿生产安全事故，对负有责任的煤矿企业除要求其依法承担相应的赔偿等责任外，依照下列规定处以罚款：

1. 发生一般事故的，处50万元以上100万元以下的罚款；

2. 发生较大事故的，处150万元以上200万元以下的罚款；

3. 发生重大事故的，处500万元以上1 000万元以下的罚款；

4. 发生特别重大事故的，处1 000万元以上2 000万元以下的罚款。

发生煤矿生产安全事故，情节特别严重、影响特别恶劣的，可以按照前款罚款数额的2倍以上5倍以下对负有责任的煤矿企业处以罚款。

（七）煤矿企业的决策机构、主要负责人、其他负责人和安全生产管理人员未依法履行安全生产管理职责的，依照《中华人民共和国安全生产法》有关规定处罚并承担相应责任。

煤矿企业主要负责人未依法履行安全生产管理职责，导致发生煤矿生产安全事故的，依照下列规定处以罚款：

1. 发生一般事故的，处上一年年收入40%的罚款；

2. 发生较大事故的，处上一年年收入60%的罚款；

3. 发生重大事故的，处上一年年收入80%的罚款；

4. 发生特别重大事故的，处上一年年收入100%的罚款。

（八）煤矿企业存在下列情形之一的，应当提请县级以上地方人民政府予以关闭：

1. 未依法取得安全生产许可证等擅自进行生产的；

2. 3个月内2次或者2次以上发现有重大事故隐患仍然进行生产的；

3. 经地方人民政府组织的专家论证在现有技术条件下难以有效防治重大灾害的;
4. 有《中华人民共和国安全生产法》规定的应当提请关闭的其他情形的。

第六节 《建设工程安全生产管理条例》

一、总则

(一)在中华人民共和国境内从事建设工程的新建、扩建、改建和拆除等有关活动及实施对建设工程安全生产的监督管理,必须遵守本条例。

(二)本条例所称建设工程,是指土木工程、建筑工程、线路管道和设备安装工程及装修工程。

二、建设单位的安全责任

(一)建设单位应当向施工单位提供施工现场及毗邻区域内供水、排水、供电、供气、供热、通信、广播电视等地下管线资料,气象和水文观测资料,相邻建筑物和构筑物、地下工程的有关资料,并保证资料的真实、准确、完整。

建设单位因建设工程需要,向有关部门或者单位查询前款规定的资料时,有关部门或者单位应当及时提供。

(二)建设单位不得对勘察、设计、施工、工程监理等单位提出不符合建设工程安全生产法律、法规和强制性标准规定的要求,不得压缩合同约定的工期。

(三)建设单位在编制工程概算时,应当确定建设工程安全作业环境及安全施工措施所需费用。

(四)建设单位不得明示或者暗示施工单位购买、租赁、使用不符合安全施工要求的安全防护用具、机械设备、施工机具及配件、消防设施和器材。

(五)建设单位在申请领取施工许可证时,应当提供建设工程有关安全施工措施的资料。

依法批准开工报告的建设工程,建设单位应当自开工报告批准之日起15日内,将保证安全施工的措施报送建设工程所在地的县级以上地方人民政府建设行政主管部门或者其他有关部门备案。

(六)建设单位应当将拆除工程发包给具有相应资质等级的施工单位。

建设单位应当在拆除工程施工15日前,将下列资料报送建设工程所在地的县级以上地方人民政府建设行政主管部门或者其他有关部门备案:

1. 施工单位资质等级证明；

2. 拟拆除建筑物、构筑物及可能危及毗邻建筑的说明；

3. 拆除施工组织方案；

4. 堆放、清除废弃物的措施。

实施爆破作业的,应当遵守国家有关民用爆炸物品管理的规定。

三、勘察、设计、工程监理及其他有关单位的安全责任

（一）勘察单位应当按照法律、法规和工程建设强制性标准进行勘察,提供的勘察文件应当真实、准确,满足建设工程安全生产的需要。

勘察单位在勘察作业时,应当严格执行操作规程,采取措施保证各类管线、设施和周边建筑物、构筑物的安全。

（二）设计单位应当按照法律、法规和工程建设强制性标准进行设计,防止因设计不合理导致生产安全事故的发生。

设计单位应当考虑施工安全操作和防护的需要,对涉及施工安全的重点部位和环节在设计文件中注明,并对防范生产安全事故提出指导意见。

采用新结构、新材料、新工艺的建设工程和特殊结构的建设工程,设计单位应当在设计中提出保障施工作业人员安全和预防生产安全事故的措施建议。

设计单位和注册建筑师等注册执业人员应当对其设计负责。

（三）工程监理单位应当审查施工组织设计中的安全技术措施或者专项施工方案是否符合工程建设强制性标准。

工程监理单位在实施监理过程中,发现存在安全事故隐患的,应当要求施工单位整改；情况严重的,应当要求施工单位暂时停止施工,并及时报告建设单位。施工单位拒不整改或者不停止施工的,工程监理单位应当及时向有关主管部门报告。

工程监理单位和监理工程师应当按照法律、法规和工程建设强制性标准实施监理,并对建设工程安全生产承担监理责任。

（四）为建设工程提供机械设备和配件的单位,应当按照安全施工的要求配备齐全有效的保险、限位等安全设施和装置。

（五）出租的机械设备和施工机具及配件,应当具有生产(制造)许可证、产品合格证。

出租单位应当对出租的机械设备和施工机具及配件的安全性能进行检测,在签订租赁协议时,应当出具检测合格证明。

禁止出租检测不合格的机械设备和施工机具及配件。

（六）在施工现场安装、拆卸施工起重机械和整体提升脚手架、模板等自升式架设设施,必须由具有相应资质的单位承担。

安装、拆卸施工起重机械和整体提升脚手架、模板等自升式架设设施,应当编制拆装方案、制定安全施工措施,并由专业技术人员现场监督。

施工起重机械和整体提升脚手架、模板等自升式架设设施安装完毕后,安装单位应当自检,出具自检合格证明,并向施工单位进行安全使用说明,办理验收手续并签字。

(七)施工起重机械和整体提升脚手架、模板等自升式架设设施的使用达到国家规定的检验检测期限的,必须经具有专业资质的检验检测机构检测。经检测不合格的,不得继续使用。

(八)检验检测机构对检测合格的施工起重机械和整体提升脚手架、模板等自升式架设设施,应当出具安全合格证明文件,并对检测结果负责。

四、施工单位的安全责任

(一)施工单位从事建设工程的新建、扩建、改建和拆除等活动,应当具备国家规定的注册资本、专业技术人员、技术装备和安全生产等条件,依法取得相应等级的资质证书,并在其资质等级许可的范围内承揽工程。

(二)施工单位主要负责人依法对本单位的安全生产工作全面负责。施工单位应当建立健全安全生产责任制度和安全生产教育培训制度,制定安全生产规章制度和操作规程,保证本单位安全生产条件所需资金的投入,对所承担的建设工程进行定期和专项安全检查,并做好安全检查记录。

施工单位的项目负责人应当由取得相应执业资格的人员担任,对建设工程项目的安全施工负责,落实安全生产责任制度、安全生产规章制度和操作规程,确保安全生产费用的有效使用,并根据工程的特点组织制定安全施工措施,消除安全事故隐患,及时、如实报告生产安全事故。

(三)施工单位对列入建设工程概算的安全作业环境及安全施工措施所需费用,应当用于施工安全防护用具及设施的采购和更新、安全施工措施的落实、安全生产条件的改善,不得挪作他用。

(四)施工单位应当设立安全生产管理机构,配备专职安全生产管理人员。

专职安全生产管理人员负责对安全生产进行现场监督检查。发现安全事故隐患,应当及时向项目负责人和安全生产管理机构报告;对于违章指挥、违章操作的,应当立即制止。

专职安全生产管理人员的配备办法由国务院建设行政主管部门会同国务院其他有关部门制定。

(五)建设工程实行施工总承包的,由总承包单位对施工现场的安全生产负总责。

总承包单位应当自行完成建设工程主体结构的施工。

总承包单位依法将建设工程分包给其他单位的,分包合同中应当明确各自的安全生产方面的权利、义务。总承包单位和分包单位对分包工程的安全生产承担连带责任。

分包单位应当服从总承包单位的安全生产管理,分包单位不服从管理导致生产安全事故的,由分包单位承担主要责任。

(六)垂直运输机械作业人员、安装拆卸工、爆破作业人员、起重信号工、登高架设作业人员等特种作业人员,必须按照国家有关规定经过专门的安全作业培训,并取得特种作业操作资格证书后,方可上岗作业。

(七)施工单位应当在施工组织设计中编制安全技术措施和施工现场临时用电方案,对下列达到一定规模的危险性较大的分部分项工程编制专项施工方案,并附具安全验算结果,经施工单位技术负责人、总监理工程师签字后实施,由专职安全生产管理人员进行现场监督:

1. 基坑支护与降水工程;
2. 土方开挖工程;
3. 模板工程;
4. 起重吊装工程;
5. 脚手架工程;
6. 拆除、爆破工程;
7. 国务院建设行政主管部门或者其他有关部门规定的其他危险性较大的工程。

对前款所列工程中涉及深基坑、地下暗挖工程、高大模板工程的专项施工方案,施工单位还应当组织专家进行论证、审查。

(八)建设工程施工前,施工单位负责项目管理的技术人员应当对有关安全施工的技术要求向施工作业班组、作业人员作出详细说明,并由双方签字确认。

(九)施工单位应当在施工现场入口处、施工起重机械、临时用电设施、脚手架、出入通道口、楼梯口、电梯井口、孔洞口、桥梁口、隧道口、基坑边沿、爆破物及有害危险气体和液体存放处等危险部位,设置明显的安全警示标志。安全警示标志必须符合国家标准。

施工单位应当根据不同施工阶段和周围环境及季节、气候的变化,在施工现场采取相应的安全施工措施。施工现场暂时停止施工的,施工单位应当做好现场防护,所需费用由责任方承担,或者按照合同约定执行。

(十)施工单位应当将施工现场的办公、生活区与作业区分开设置,并保持安全距离;办公、生活区的选址应当符合安全性要求。职工的膳食、饮水、休息场所等应当符合卫生标准。施工单位不得在尚未竣工的建筑物内设置员工集体宿舍。

施工现场临时搭建的建筑物应当符合安全使用要求。施工现场使用的装配式活动房屋应当具有产品合格证。

(十一)施工单位对因建设工程施工可能造成损害的毗邻建筑物、构筑物和地下管线等,应当采取专项防护措施。

施工单位应当遵守有关环境保护法律、法规的规定,在施工现场采取措施,防止或者减少粉尘、废气、废水、固体废物、噪声、振动和施工照明对人和环境的危害和污染。

在城市市区内的建设工程,施工单位应当对施工现场实行封闭围挡。

(十二)施工单位应当在施工现场建立消防安全责任制度,确定消防安全责任人,制定用火、用电、使用易燃易爆材料等各项消防安全管理制度和操作规程,设置消防通道、消防水源,配备消防设施和灭火器材,并在施工现场入口处设置明显标志。

(十三)施工单位应当向作业人员提供安全防护用具和安全防护服装,并书面告知危险岗位的操作规程和违章操作的危害。

作业人员有权对施工现场的作业条件、作业程序和作业方式中存在的安全问题提出批评、检举和控告,有权拒绝违章指挥和强令冒险作业。

在施工中发生危及人身安全的紧急情况时,作业人员有权立即停止作业或者在采取必要的应急措施后撤离危险区域。

(十四)作业人员应当遵守安全施工的强制性标准、规章制度和操作规程,正确使用安全防护用具、机械设备等。

(十五)施工单位采购、租赁的安全防护用具、机械设备、施工机具及配件,应当具有生产(制造)许可证、产品合格证,并在进入施工现场前进行查验。

施工现场的安全防护用具、机械设备、施工机具及配件必须由专人管理,定期进行检查、维修和保养,建立相应的资料档案,并按照国家有关规定及时报废。

(十六)施工单位在使用施工起重机械和整体提升脚手架、模板等自升式架设设施前,应当组织有关单位进行验收,也可以委托具有相应资质的检验检测机构进行验收;使用承租的机械设备和施工机具及配件的,由施工总承包单位、分包单位、出租单位和安装单位共同进行验收。验收合格的方可使用。

《特种设备安全监察条例》规定的施工起重机械,在验收前应当经有相应资质的检验检测机构监督检验合格。

施工单位应当自施工起重机械和整体提升脚手架、模板等自升式架设设施验收合格之日起30日内,向建设行政主管部门或者其他有关部门登记。登记标志应当置于或者附着于该设备的显著位置。

(十七)施工单位的主要负责人、项目负责人、专职安全生产管理人员应当经建设行政主管部门或者其他有关部门考核合格后方可任职。

施工单位应当对管理人员和作业人员每年至少进行一次安全生产教育培训,其教育培训情况记入个人工作档案。安全生产教育培训考核不合格的人员,不得上岗。

(十八)作业人员进入新的岗位或者新的施工现场前,应当接受安全生产教育培训。未经教育培训或者教育培训考核不合格的人员,不得上岗作业。

施工单位在采用新技术、新工艺、新设备、新材料时,应当对作业人员进行相应的安全生产教育培训。

（十九）施工单位应当为施工现场从事危险作业的人员办理意外伤害保险。

意外伤害保险费由施工单位支付。实行施工总承包的,由总承包单位支付意外伤害保险费。意外伤害保险期限自建设工程开工之日起至竣工验收合格止。

五、生产安全事故的应急救援和调查处理

（一）施工单位应当制定本单位生产安全事故应急救援预案,建立应急救援组织或者配备应急救援人员,配备必要的应急救援器材、设备,并定期组织演练。

（二）施工单位应当根据建设工程施工的特点、范围,对施工现场易发生重大事故的部位、环节进行监控,制定施工现场生产安全事故应急救援预案。实行施工总承包的,由总承包单位统一组织编制建设工程生产安全事故应急救援预案,工程总承包单位和分包单位按照应急救援预案,各自建立应急救援组织或者配备应急救援人员,配备救援器材、设备,并定期组织演练。

（三）施工单位发生生产安全事故,应当按照国家有关伤亡事故报告和调查处理的规定,及时、如实地向负责安全生产监督管理的部门、建设行政主管部门或者其他有关部门报告;特种设备发生事故的,还应当同时向特种设备安全监督管理部门报告。接到报告的部门应当按照国家有关规定,如实上报。

实行施工总承包的建设工程,由总承包单位负责上报事故。

（四）发生生产安全事故后,施工单位应当采取措施防止事故扩大,保护事故现场。需要移动现场物品时,应当做出标记和书面记录,妥善保管有关证物。

（五）建设工程生产安全事故的调查、对事故责任单位和责任人的处罚与处理,按照有关法律、法规的规定执行。

六、法律责任

（一）违反本条例的规定,建设单位未提供建设工程安全生产作业环境及安全施工措施所需费用的,责令限期改正;逾期未改正的,责令该建设工程停止施工。

建设单位未将保证安全施工的措施或者拆除工程的有关资料报送有关部门备案的,责令限期改正,给予警告。

（二）违反本条例的规定,建设单位有下列行为之一的,责令限期改正,处20万元以上50万元以下的罚款;造成重大安全事故,构成犯罪的,对直接责任人员,依照刑法有关规定追究刑事责任;造成损失的,依法承担赔偿责任:

1. 对勘察、设计、施工、工程监理等单位提出不符合安全生产法律、法规和强制性标准规定的要求的;

2. 要求施工单位压缩合同约定的工期的;

3. 将拆除工程发包给不具有相应资质等级的施工单位的。

（三）违反本条例的规定，勘察单位、设计单位有下列行为之一的，责令限期改正，处10万元以上30万元以下的罚款；情节严重的，责令停业整顿，降低资质等级，直至吊销资质证书；造成重大安全事故，构成犯罪的，对直接责任人员，依照刑法有关规定追究刑事责任；造成损失的，依法承担赔偿责任：

1. 未按照法律、法规和工程建设强制性标准进行勘察、设计的；

2. 采用新结构、新材料、新工艺的建设工程和特殊结构的建设工程，设计单位未在设计中提出保障施工作业人员安全和预防生产安全事故的措施建议的。

（四）违反本条例的规定，工程监理单位有下列行为之一的，责令限期改正；逾期未改正的，责令停业整顿，并处10万元以上30万元以下的罚款；情节严重的，降低资质等级，直至吊销资质证书；造成重大安全事故，构成犯罪的，对直接责任人员，依照刑法有关规定追究刑事责任；造成损失的，依法承担赔偿责任：

1. 未对施工组织设计中的安全技术措施或者专项施工方案进行审查的；

2. 发现安全事故隐患未及时要求施工单位整改或者暂时停止施工的；

3. 施工单位拒不整改或者不停止施工，未及时向有关主管部门报告的；

4. 未依照法律、法规和工程建设强制性标准实施监理的。

（五）注册执业人员未执行法律、法规和工程建设强制性标准的，责令停止执业3个月以上1年以下；情节严重的，吊销执业资格证书，5年内不予注册；造成重大安全事故的，终身不予注册；构成犯罪的，依照刑法有关规定追究刑事责任。

（六）违反本条例的规定，为建设工程提供机械设备和配件的单位，未按照安全施工的要求配备齐全有效的保险、限位等安全设施和装置的，责令限期改正，处合同价款1倍以上3倍以下的罚款；造成损失的，依法承担赔偿责任。

（七）违反本条例的规定，出租单位出租未经安全性能检测或者经检测不合格的机械设备和施工机具及配件的，责令停业整顿，并处5万元以上10万元以下的罚款；造成损失的，依法承担赔偿责任。

（八）违反本条例的规定，施工起重机械和整体提升脚手架、模板等自升式架设设施安装、拆卸单位有下列行为之一的，责令限期改正，处5万元以上10万元以下的罚款；情节严重的，责令停业整顿，降低资质等级，直至吊销资质证书；造成损失的，依法承担赔偿责任：

1. 未编制拆装方案、制定安全施工措施的；

2. 未由专业技术人员现场监督的；

3. 未出具自检合格证明或者出具虚假证明的；

4. 未向施工单位进行安全使用说明，办理移交手续的。

施工起重机械和整体提升脚手架、模板等自升式架设设施安装、拆卸单位有前款规定的第(一)项、第(三)项行为,经有关部门或者单位职工提出后,对事故隐患仍不采取措施,因而发生重大伤亡事故或者造成其他严重后果,构成犯罪的,对直接责任人员,依照刑法有关规定追究刑事责任。

(九)违反本条例的规定,施工单位有下列行为之一的,责令限期改正;逾期未改正的,责令停业整顿,依照《中华人民共和国安全生产法》的有关规定处以罚款;造成重大安全事故,构成犯罪的,对直接责任人员,依照刑法有关规定追究刑事责任:

1. 未设立安全生产管理机构、配备专职安全生产管理人员或者分部分项工程施工时无专职安全生产管理人员现场监督的;

2. 施工单位的主要负责人、项目负责人、专职安全生产管理人员、作业人员或者特种作业人员,未经安全教育培训或者经考核不合格即从事相关工作的;

3. 未在施工现场的危险部位设置明显的安全警示标志,或者未按照国家有关规定在施工现场设置消防通道、消防水源、配备消防设施和灭火器材的;

4. 未向作业人员提供安全防护用具和安全防护服装的;

5. 未按照规定在施工起重机械和整体提升脚手架、模板等自升式架设设施验收合格后登记的;

6. 使用国家明令淘汰、禁止使用的危及施工安全的工艺、设备、材料的。

(十)违反本条例的规定,施工单位挪用列入建设工程概算的安全生产作业环境及安全施工措施所需费用的,责令限期改正,处挪用费用20%以上50%以下的罚款;造成损失的,依法承担赔偿责任。

(十一)违反本条例的规定,施工单位有下列行为之一的,责令限期改正;逾期未改正的,责令停业整顿,并处5万元以上10万元以下的罚款;造成重大安全事故,构成犯罪的,对直接责任人员,依照刑法有关规定追究刑事责任:

1. 施工前未对有关安全施工的技术要求作出详细说明的;

2. 未根据不同施工阶段和周围环境及季节、气候的变化,在施工现场采取相应的安全施工措施,或者在城市市区内的建设工程的施工现场未实行封闭围挡的;

3. 在尚未竣工的建筑物内设置员工集体宿舍的;

4. 施工现场临时搭建的建筑物不符合安全使用要求的;

5. 未对因建设工程施工可能造成损害的毗邻建筑物、构筑物和地下管线等采取专项防护措施的。

施工单位有前款规定第(四)项、第(五)项行为,造成损失的,依法承担赔偿责任。

(十二)违反本条例的规定,施工单位有下列行为之一的,责令限期改正;逾期未改正的,责令停业整顿,并处10万元以上30万元以下的罚款;情节严重的,降低资质等级,直至吊销资质证书;造成重大安全事故,构成犯罪的,对直接责任人员,依照刑法有关规定追究刑事责任;造成损失的,依法承担赔偿责任:

1. 安全防护用具、机械设备、施工机具及配件在进入施工现场前未经查验或者查验不合格即投入使用的;
2. 使用未经验收或者验收不合格的施工起重机械和整体提升脚手架、模板等自升式架设设施的;
3. 委托不具有相应资质的单位承担施工现场安装、拆卸施工起重机械和整体提升脚手架、模板等自升式架设设施的;
4. 在施工组织设计中未编制安全技术措施、施工现场临时用电方案或者专项施工方案的。

(十三) 违反本条例的规定,施工单位的主要负责人、项目负责人未履行安全生产管理职责的,责令限期改正;逾期未改正的,责令施工单位停业整顿;造成重大安全事故、重大伤亡事故或者其他严重后果,构成犯罪的,依照刑法有关规定追究刑事责任。

作业人员不服管理、违反规章制度和操作规程冒险作业造成重大伤亡事故或者其他严重后果,构成犯罪的,依照刑法有关规定追究刑事责任。

施工单位的主要负责人、项目负责人有前款违法行为,尚不够刑事处罚的,处2万元以上20万元以下的罚款或者按照管理权限给予撤职处分;自刑罚执行完毕或者受处分之日起,5年内不得担任任何施工单位的主要负责人、项目负责人。

(十四) 施工单位取得资质证书后,降低安全生产条件的,责令限期改正;经整改仍未达到与其资质等级相适应的安全生产条件的,责令停业整顿,降低其资质等级直至吊销资质证书。

第七节 《危险化学品安全管理条例》

一、总则

(一) 危险化学品生产、储存、使用、经营和运输的安全管理,适用本条例。
废弃危险化学品的处置,依照有关环境保护的法律、行政法规和国家有关规定执行。

(二) 本条例所称危险化学品,是指具有毒害、腐蚀、爆炸、燃烧、助燃等性质,对人体、设施、环境具有危害的剧毒化学品和其他化学品。

(三) 危险化学品安全管理,应当坚持安全第一、预防为主、综合治理的方针,强化和落实企业的主体责任。

生产、储存、使用、经营、运输危险化学品的单位(以下统称危险化学品单位)的主要负责人对本单位的危险化学品安全管理工作全面负责。

危险化学品单位应当具备法律、行政法规规定和国家标准、行业标准要求的安全条件,建立、健全安全管理规章制度和岗位安全责任制度,对从业人员进行安全教育、法制教育和岗位技术培训。从业人员应当接受教育和培训,考核合格后上岗作业;对有资格要求的岗位,应当配备依法取得相应资格的人员。

(四)任何单位和个人不得生产、经营、使用国家禁止生产、经营、使用的危险化学品。

国家对危险化学品的使用有限制性规定的,任何单位和个人不得违反限制性规定使用危险化学品。

二、生产、储存安全

(一)国家对危险化学品的生产、储存实行统筹规划、合理布局。

(二)新建、改建、扩建生产、储存危险化学品的建设项目(以下简称建设项目),应当由安全生产监督管理部门进行安全条件审查。

建设单位应当对建设项目进行安全条件论证,委托具备国家规定的资质条件的机构对建设项目进行安全评价,并将安全条件论证和安全评价的情况报告报建设项目所在地设区的市级以上人民政府安全生产监督管理部门;安全生产监督管理部门应当自收到报告之日起 45 日内作出审查决定,并书面通知建设单位。具体办法由国务院安全生产监督管理部门制定。

新建、改建、扩建储存、装卸危险化学品的港口建设项目,由港口行政管理部门按照国务院交通运输主管部门的规定进行安全条件审查。

(三)生产、储存危险化学品的单位,应当对其铺设的危险化学品管道设置明显标志,并对危险化学品管道定期检查、检测。

进行可能危及危险化学品管道安全的施工作业,施工单位应当在开工的 7 日前书面通知管道所属单位,并与管道所属单位共同制定应急预案,采取相应的安全防护措施。管道所属单位应当指派专门人员到现场进行管道安全保护指导。

(四)危险化学品生产企业进行生产前,应当依照《安全生产许可证条例》的规定,取得危险化学品安全生产许可证。

生产列入国家实行生产许可证制度的工业产品目录的危险化学品的企业,应当依照《中华人民共和国工业产品生产许可证管理条例》的规定,取得工业产品生产许可证。

(五)危险化学品生产企业应当提供与其生产的危险化学品相符的化学品安全技术说明书,并在危险化学品包装(包括外包装件)上粘贴或者拴挂与包装内危险化学品相符的化学品安全标签。化学品安全技术说明书和化学品安全标签所载明的内容应当符合国家标准的要求。

危险化学品生产企业发现其生产的危险化学品有新的危险特性的,应当立即公告,并及时修订其化学品安全技术说明书和化学品安全标签。

（六）生产实施重点环境管理的危险化学品的企业，应当按照国务院环境保护主管部门的规定，将该危险化学品向环境中释放等相关信息向环境保护主管部门报告。环境保护主管部门可以根据情况采取相应的环境风险控制措施。

（七）危险化学品的包装应当符合法律、行政法规、规章的规定以及国家标准、行业标准的要求。

危险化学品包装物、容器的材质以及危险化学品包装的型式、规格、方法和单件质量（重量），应当与所包装的危险化学品的性质和用途相适应。

（八）生产列入国家实行生产许可证制度的工业产品目录的危险化学品包装物、容器的企业，应当依照《中华人民共和国工业产品生产许可证管理条例》的规定，取得工业产品生产许可证；其生产的危险化学品包装物、容器经国务院质量监督检验检疫部门认定的检验机构检验合格，方可出厂销售。

运输危险化学品的船舶及其配载的容器，应当按照国家船舶检验规范进行生产，并经海事管理机构认定的船舶检验机构检验合格，方可投入使用。

对重复使用的危险化学品包装物、容器，使用单位在重复使用前应当进行检查；发现存在安全隐患的，应当维修或者更换。使用单位应当对检查情况作出记录，记录的保存期限不得少于2年。

（九）危险化学品生产装置或者储存数量构成重大危险源的危险化学品储存设施（运输工具加油站、加气站除外），与下列场所、设施、区域的距离应当符合国家有关规定：

1. 居住区以及商业中心、公园等人员密集场所；
2. 学校、医院、影剧院、体育场（馆）等公共设施；
3. 饮用水源、水厂以及水源保护区；
4. 车站、码头（依法经许可从事危险化学品装卸作业的除外）、机场以及通信干线、通信枢纽、铁路线路、道路交通干线、水路交通干线、地铁风亭以及地铁站出入口；
5. 基本农田保护区、基本草原、畜禽遗传资源保护区、畜禽规模化养殖场（养殖小区）、渔业水域以及种子、种畜禽、水产苗种生产基地；
6. 河流、湖泊、风景名胜区、自然保护区；
7. 军事禁区、军事管理区；
8. 法律、行政法规规定的其他场所、设施、区域。

储存数量构成重大危险源的危险化学品储存设施的选址，应当避开地震活动断层和容易发生洪灾、地质灾害的区域。

本条例所称重大危险源，是指生产、储存、使用或者搬运危险化学品，且危险化学品的数量等于或者超过临界量的单元（包括场所和设施）。

（十）生产、储存危险化学品的单位，应当根据其生产、储存的危险化学品的种类和危险特性,在作业场所设置相应的监测、监控、通风、防晒、调温、防火、灭火、防爆、泄压、防毒、中和、防潮、防雷、防静电、防腐、防泄漏以及防护围堤或者隔离操作等安全设施、设备,并按照国家标准、行业标准或者国家有关规定对安全设施、设备进行经常性维护、保养,保证安全设施、设备的正常使用。

生产、储存危险化学品的单位,应当在其作业场所和安全设施、设备上设置明显的安全警示标志。

(十一)生产、储存危险化学品的单位,应当在其作业场所设置通信、报警装置,并保证处于适用状态。

(十二)生产、储存危险化学品的企业,应当委托具备国家规定的资质条件的机构,对本企业的安全生产条件每3年进行一次安全评价,提出安全评价报告。安全评价报告的内容应当包括对安全生产条件存在的问题进行整改的方案。

生产、储存危险化学品的企业,应当将安全评价报告以及整改方案的落实情况报所在地县级人民政府安全生产监督管理部门备案。在港区内储存危险化学品的企业,应当将安全评价报告以及整改方案的落实情况报港口行政管理部门备案。

(十三)生产、储存剧毒化学品或者国务院公安部门规定的可用于制造爆炸物品的危险化学品(以下简称易制爆危险化学品)的单位,应当如实记录其生产、储存的剧毒化学品、易制爆危险化学品的数量、流向,并采取必要的安全防范措施,防止剧毒化学品、易制爆危险化学品丢失或者被盗;发现剧毒化学品、易制爆危险化学品丢失或者被盗的,应当立即向当地公安机关报告。

生产、储存剧毒化学品、易制爆危险化学品的单位,应当设置治安保卫机构,配备专职治安保卫人员。

(十四)危险化学品应当储存在专用仓库、专用场地或者专用储存室(以下统称专用仓库)内,并由专人负责管理;剧毒化学品以及储存数量构成重大危险源的其他危险化学品,应当在专用仓库内单独存放,并实行双人收发、双人保管制度。

危险化学品的储存方式、方法以及储存数量应当符合国家标准或者国家有关规定。

(十五)储存危险化学品的单位应当建立危险化学品出入库核查、登记制度。

对剧毒化学品以及储存数量构成重大危险源的其他危险化学品,储存单位应当将其储存数量、储存地点以及管理人员的情况,报所在地县级人民政府安全生产监督管理部门(在港区内储存的,报港口行政管理部门)和公安机关备案。

(十六)危险化学品专用仓库应当符合国家标准、行业标准的要求,并设置明显的标志。储存剧毒化学品、易制爆危险化学品的专用仓库,应当按照国家有关规定设置相应的技术防范设施。

储存危险化学品的单位应当对其危险化学品专用仓库的安全设施、设备定期进行检测、检验。

（十七）生产、储存危险化学品的单位转产、停产、停业或者解散的，应当采取有效措施，及时、妥善处置其危险化学品生产装置、储存设施以及库存的危险化学品，不得丢弃危险化学品；处置方案应当报所在地县级人民政府安全生产监督管理部门、工业和信息化主管部门、环境保护主管部门和公安机关备案。安全生产监督管理部门应当会同环境保护主管部门和公安机关对处置情况进行监督检查，发现未依照规定处置的，应当责令其立即处置。

三、使用安全

（一）使用危险化学品的单位，其使用条件（包括工艺）应当符合法律、行政法规的规定和国家标准、行业标准的要求，并根据所使用的危险化学品的种类、危险特性以及使用量和使用方式，建立、健全使用危险化学品的安全管理规章制度和安全操作规程，保证危险化学品的安全使用。

（二）使用危险化学品从事生产并且使用量达到规定数量的化工企业（属于危险化学品生产企业的除外，下同），应当依照本条例的规定取得危险化学品安全使用许可证。

（三）申请危险化学品安全使用许可证的化工企业，除应当符合本条例第二十八条的规定外，还应当具备下列条件：

1. 有与所使用的危险化学品相适应的专业技术人员；
2. 有安全管理机构和专职安全管理人员；
3. 有符合国家规定的危险化学品事故应急预案和必要的应急救援器材、设备；
4. 依法进行了安全评价。

（四）申请危险化学品安全使用许可证的化工企业，应当向所在地设区的市级人民政府安全生产监督管理部门提出申请，并提交其符合本条例第三十条规定条件的证明材料。设区的市级人民政府安全生产监督管理部门应当依法进行审查，自收到证明材料之日起45日内作出批准或者不予批准的决定。予以批准的，颁发危险化学品安全使用许可证；不予批准的，书面通知申请人并说明理由。

四、经营安全

（一）国家对危险化学品经营（包括仓储经营，下同）实行许可制度。未经许可，任何单位和个人不得经营危险化学品。

依法设立的危险化学品生产企业在其厂区范围内销售本企业生产的危险化学品，不需要取得危险化学品经营许可。

依照《中华人民共和国港口法》的规定取得港口经营许可证的港口经营人，在港区内从事危险化学品仓储经营，不需要取得危险化学品经营许可。

（二）从事危险化学品经营的企业应当具备下列条件：

1. 有符合国家标准、行业标准的经营场所,储存危险化学品的,还应当有符合国家标准、行业标准的储存设施;

2. 从业人员经过专业技术培训并经考核合格;

3. 有健全的安全管理规章制度;

4. 有专职安全管理人员;

5. 有符合国家规定的危险化学品事故应急预案和必要的应急救援器材、设备;

6. 法律、法规规定的其他条件。

(三)从事剧毒化学品、易制爆危险化学品经营的企业,应当向所在地设区的市级人民政府安全生产监督管理部门提出申请,从事其他危险化学品经营的企业,应当向所在地县级人民政府安全生产监督管理部门提出申请(有储存设施的,应当向所在地设区的市级人民政府安全生产监督管理部门提出申请)。

(四)危险化学品经营企业储存危险化学品的,应当遵守本条例关于储存危险化学品的规定。危险化学品商店内只能存放民用小包装的危险化学品。

(五)危险化学品经营企业不得向未经许可从事危险化学品生产、经营活动的企业采购危险化学品,不得经营没有化学品安全技术说明书或者化学品安全标签的危险化学品。

(六)依法取得危险化学品安全生产许可证、危险化学品安全使用许可证、危险化学品经营许可证的企业,凭相应的许可证件购买剧毒化学品、易制爆危险化学品。民用爆炸物品生产企业凭民用爆炸物品生产许可证购买易制爆危险化学品。

前款规定以外的单位购买剧毒化学品的,应当向所在地县级人民政府公安机关申请取得剧毒化学品购买许可证;购买易制爆危险化学品的,应当持本单位出具的合法用途说明。

个人不得购买剧毒化学品(属于剧毒化学品的农药除外)和易制爆危险化学品。

(七)申请取得剧毒化学品购买许可证,申请人应当向所在地县级人民政府公安机关提交下列材料:

1. 营业执照或者法人证书(登记证书)的复印件;

2. 拟购买的剧毒化学品品种、数量的说明;

3. 购买剧毒化学品用途的说明;

4. 经办人的身份证明。

(八)危险化学品生产企业、经营企业销售剧毒化学品、易制爆危险化学品,应当查验本条例第三十八条第一款、第二款规定的相关许可证件或者证明文件,不得向不具有相关许可证件或者证明文件的单位销售剧毒化学品、易制爆危险化学品。对持剧毒化学品购买许可证购买剧毒化学品的,应当按照许可证载明的品种、数量销售。

禁止向个人销售剧毒化学品(属于剧毒化学品的农药除外)和易制爆危险化学品。

(九)危险化学品生产企业、经营企业销售剧毒化学品、易制爆危险化学品,应当如实记录购买单位的名称、地址、经办人的姓名、身份证号码以及所购买的剧毒化学品、易制爆危险化学品的品种、数量、用途。销售记录以及经办人的身份证明复印件、相关许可证件复印件或者证明文件的保存期限不得少于1年。

剧毒化学品、易制爆危险化学品的销售企业、购买单位应当在销售、购买后5日内，将所销售、购买的剧毒化学品、易制爆危险化学品的品种、数量以及流向信息报所在地县级人民政府公安机关备案，并输入计算机系统。

（十）使用剧毒化学品、易制爆危险化学品的单位不得出借、转让其购买的剧毒化学品、易制爆危险化学品；因转产、停产、搬迁、关闭等确需转让的，应当向具有本条例第三十八条第一款、第二款规定的相关许可证件或者证明文件的单位转让，并在转让后将有关情况及时向所在地县级人民政府公安机关报告。

五、运输安全

（一）从事危险化学品道路运输、水路运输的，应当分别依照有关道路运输、水路运输的法律、行政法规的规定，取得危险货物道路运输许可、危险货物水路运输许可，并向工商行政管理部门办理登记手续。

危险化学品道路运输企业、水路运输企业应当配备专职安全管理人员。

（二）危险化学品道路运输企业、水路运输企业的驾驶人员、船员、装卸管理人员、押运人员、申报人员、集装箱装箱现场检查员应当经交通运输主管部门考核合格，取得从业资格。具体办法由国务院交通运输主管部门制定。

危险化学品的装卸作业应当遵守安全作业标准、规程和制度，并在装卸管理人员的现场指挥或者监控下进行。水路运输危险化学品的集装箱装箱作业应当在集装箱装箱现场检查员的指挥或者监控下进行，并符合积载、隔离的规范和要求；装箱作业完毕后，集装箱装箱现场检查员应当签署装箱证明书。

（三）运输危险化学品，应当根据危险化学品的危险特性采取相应的安全防护措施，并配备必要的防护用品和应急救援器材。

用于运输危险化学品的槽罐以及其他容器应当封口严密，能够防止危险化学品在运输过程中因温度、湿度或者压力的变化发生渗漏、洒漏；槽罐以及其他容器的溢流和泄压装置应当设置准确、起闭灵活。

运输危险化学品的驾驶人员、船员、装卸管理人员、押运人员、申报人员、集装箱装箱现场检查员，应当了解所运输的危险化学品的危险特性及其包装物、容器的使用要求和出现危险情况时的应急处置方法。

（四）通过道路运输危险化学品的，托运人应当委托依法取得危险货物道路运输许可的企业承运。

（五）通过道路运输危险化学品的，应当按照运输车辆的核定载质量装载危险化学品,不得超载。

危险化学品运输车辆应当符合国家标准要求的安全技术条件,并按照国家有关规定定期进行安全技术检验。

危险化学品运输车辆应当悬挂或者喷涂符合国家标准要求的警示标志。

(六)通过道路运输危险化学品的,应当配备押运人员,并保证所运输的危险化学品处于押运人员的监控之下。

运输危险化学品途中因住宿或者发生影响正常运输的情况,需要较长时间停车的,驾驶人员、押运人员应当采取相应的安全防范措施;运输剧毒化学品或者易制爆危险化学品的,还应当向当地公安机关报告。

(七)未经公安机关批准,运输危险化学品的车辆不得进入危险化学品运输车辆限制通行的区域。危险化学品运输车辆限制通行的区域由县级人民政府公安机关划定,并设置明显的标志。

(八)通过道路运输剧毒化学品的,托运人应当向运输始发地或者目的地县级人民政府公安机关申请剧毒化学品道路运输通行证。

(九)剧毒化学品、易制爆危险化学品在道路运输途中丢失、被盗、被抢或者出现流散、泄漏等情况的,驾驶人员、押运人员应当立即采取相应的警示措施和安全措施,并向当地公安机关报告。公安机关接到报告后,应当根据实际情况立即向安全生产监督管理部门、环境保护主管部门、卫生主管部门通报。有关部门应当采取必要的应急处置措施。

(十)禁止通过内河封闭水域运输剧毒化学品以及国家规定禁止通过内河运输的其他危险化学品。

前款规定以外的内河水域,禁止运输国家规定禁止通过内河运输的剧毒化学品以及其他危险化学品。

(十一)通过内河运输危险化学品,应当由依法取得危险货物水路运输许可的水路运输企业承运,其他单位和个人不得承运。托运人应当委托依法取得危险货物水路运输许可的水路运输企业承运,不得委托其他单位和个人承运。

(十二)通过内河运输危险化学品,应当使用依法取得危险货物适装证书的运输船舶。水路运输企业应当针对所运输的危险化学品的危险特性,制定运输船舶危险化学品事故应急救援预案,并为运输船舶配备充足、有效的应急救援器材和设备。

通过内河运输危险化学品的船舶,其所有人或者经营人应当取得船舶污染损害责任保险证书或者财务担保证明。船舶污染损害责任保险证书或者财务担保证明的副本应当随船携带。

(十三)通过内河运输危险化学品,危险化学品包装物的材质、型式、强度以及包装方法应当符合水路运输危险化学品包装规范的要求。国务院交通运输主管部门对单船运输的危险化学品数量有限制性规定的,承运人应当按照规定安排运输数量。

（十四）用于危险化学品运输作业的内河码头、泊位应当符合国家有关安全规范，与饮用水取水口保持国家规定的距离。有关管理单位应当制定码头、泊位危险化学品事故应急预案，并为码头、泊位配备充足、有效的应急救援器材和设备。

用于危险化学品运输作业的内河码头、泊位，经交通运输主管部门按照国家有关规定验收合格后方可投入使用。

（十五）船舶载运危险化学品进出内河港口，应当将危险化学品的名称、危险特性、包装以及进出港时间等事项，事先报告海事管理机构。海事管理机构接到报告后，应当在国务院交通运输主管部门规定的时间内作出是否同意的决定，通知报告人，同时通报港口行政管理部门。定船舶、定航线、定货种的船舶可以定期报告。

在内河港口内进行危险化学品的装卸、过驳作业，应当将危险化学品的名称、危险特性、包装和作业的时间、地点等事项报告港口行政管理部门。港口行政管理部门接到报告后，应当在国务院交通运输主管部门规定的时间内作出是否同意的决定，通知报告人，同时通报海事管理机构。

载运危险化学品的船舶在内河航行，通过过船建筑物的，应当提前向交通运输主管部门申报，并接受交通运输主管部门的管理。

（十六）载运危险化学品的船舶在内河航行、装卸或者停泊，应当悬挂专用的警示标志，按照规定显示专用信号。

载运危险化学品的船舶在内河航行，按照国务院交通运输主管部门的规定需要引航的，应当申请引航。

（十七）载运危险化学品的船舶在内河航行，应当遵守法律、行政法规和国家其他有关饮用水水源保护的规定。内河航道发展规划应当与依法经批准的饮用水水源保护区划定方案相协调。

（十八）托运危险化学品的，托运人应当向承运人说明所托运的危险化学品的种类、数量、危险特性以及发生危险情况的应急处置措施，并按照国家有关规定对所托运的危险化学品妥善包装，在外包装上设置相应的标志。

运输危险化学品需要添加抑制剂或者稳定剂的，托运人应当添加，并将有关情况告知承运人。

（十九）托运人不得在托运的普通货物中夹带危险化学品，不得将危险化学品匿报或者谎报为普通货物托运。

任何单位和个人不得交寄危险化学品或者在邮件、快件内夹带危险化学品，不得将危险化学品匿报或者谎报为普通物品交寄。邮政企业、快递企业不得收寄危险化学品。

对涉嫌违反本条第一款、第二款规定的，交通运输主管部门、邮政管理部门可以依法开拆查验。

六、危险化学品登记与事故应急救援

（一）国家实行危险化学品登记制度，为危险化学品安全管理以及危险化学品事故预防和应急救援提供技术、信息支持。

（二）危险化学品生产企业、进口企业，应当向国务院安全生产监督管理部门负责危险化学品登记的机构（以下简称危险化学品登记机构）办理危险化学品登记。

危险化学品登记包括下列内容：

1. 分类和标签信息；
2. 物理、化学性质；
3. 主要用途；
4. 危险特性；
5. 储存、使用、运输的安全要求；
6. 出现危险情况的应急处置措施。

对同一企业生产、进口的同一品种的危险化学品，不进行重复登记。危险化学品生产企业、进口企业发现其生产、进口的危险化学品有新的危险特性的，应当及时向危险化学品登记机构办理登记内容变更手续。

（三）危险化学品单位应当制定本单位危险化学品事故应急预案，配备应急救援人员和必要的应急救援器材、设备，并定期组织应急救援演练。

危险化学品单位应当将其危险化学品事故应急预案报所在地设区的市级人民政府安全生产监督管理部门备案。

（四）发生危险化学品事故，事故单位主要负责人应当立即按照本单位危险化学品应急预案组织救援，并向当地安全生产监督管理部门和环境保护、公安、卫生主管部门报告；道路运输、水路运输过程中发生危险化学品事故的，驾驶人员、船员或者押运人员还应当向事故发生地交通运输主管部门报告。

（五）有关危险化学品单位应当为危险化学品事故应急救援提供技术指导和必要的协助。

七、附则

（一）监控化学品、属于危险化学品的药品和农药的安全管理，依照本条例的规定执行；法律、行政法规另有规定的，依照其规定。

民用爆炸物品、烟花爆竹、放射性物品、核能物质以及用于国防科研生产的危险化学品的安全管理，不适用本条例。

（二）危险化学品的进出口管理，依照有关对外贸易的法律、行政法规、规章的规定执行；进口的危险化学品的储存、使用、经营、运输的安全管理，依照本条例的规定执行。

（三）公众发现、捡拾的无主危险化学品，由公安机关接收。公安机关接收或者有关部门依法没收的危险化学品，需要进行无害化处理的，交由环境保护主管部门组织其认定的专业单位进行处理，或者交由有关危险化学品生产企业进行处理。处理所需费用由国家财政负担。

第八节 《烟花爆竹安全管理条例》

一、总则

（一）烟花爆竹的生产、经营、运输和燃放，适用本条例。

本条例所称烟花爆竹，是指烟花爆竹制品和用于生产烟花爆竹的民用黑火药、烟火药、引火线等物品。

（二）国家对烟花爆竹的生产、经营、运输和举办焰火晚会以及其他大型焰火燃放活动，实行许可证制度。

未经许可，任何单位或者个人不得生产、经营、运输烟花爆竹，不得举办焰火晚会以及其他大型焰火燃放活动。

（三）烟花爆竹生产、经营、运输企业和焰火晚会以及其他大型焰火燃放活动主办单位的主要负责人，对本单位的烟花爆竹安全工作负责。

烟花爆竹生产、经营、运输企业和焰火晚会以及其他大型焰火燃放活动主办单位应当建立健全安全责任制，制定各项安全管理制度和操作规程，并对从业人员定期进行安全教育、法制教育和岗位技术培训。

二、生产安全

（一）生产烟花爆竹的企业，应当具备下列条件：

1. 符合当地产业结构规划；
2. 基本建设项目经过批准；
3. 选址符合城乡规划，并与周边建筑、设施保持必要的安全距离；
4. 厂房和仓库的设计、结构和材料以及防火、防爆、防雷、防静电等安全设备、设施符合国家有关标准和规范；
5. 生产设备、工艺符合安全标准；
6. 产品品种、规格、质量符合国家标准；
7. 有健全的安全生产责任制；

8. 有安全生产管理机构和专职安全生产管理人员;

9. 依法进行了安全评价;

10. 有事故应急救援预案、应急救援组织和人员,并配备必要的应急救援器材、设备;

11. 法律、法规规定的其他条件。

(二)生产烟花爆竹的企业,应当在投入生产前向所在地设区的市人民政府安全生产监督管理部门提出安全审查申请,并提交能够证明符合本条例规定条件的有关材料。

(三)生产烟花爆竹的企业为扩大生产能力进行基本建设或者技术改造的,应当依照本条例的规定申请办理安全生产许可证。

生产烟花爆竹的企业,持《烟花爆竹安全生产许可证》到工商行政管理部门办理登记手续后,方可从事烟花爆竹生产活动。

(四)生产烟花爆竹的企业,应当按照安全生产许可证核定的产品种类进行生产,生产工序和生产作业应当执行有关国家标准和行业标准。

(五)生产烟花爆竹的企业,应当对生产作业人员进行安全生产知识教育,对从事药物混合、造粒、筛选、装药、筑药、压药、切引、搬运等危险工序的作业人员进行专业技术培训。从事危险工序的作业人员经设区的市人民政府安全生产监督管理部门考核合格,方可上岗作业。

(六)生产烟花爆竹使用的原料,应当符合国家标准的规定。生产烟花爆竹使用的原料,国家标准有用量限制的,不得超过规定的用量。不得使用国家标准规定禁止使用或者禁忌配伍的物质生产烟花爆竹。

(七)生产烟花爆竹的企业,应当按照国家标准的规定,在烟花爆竹产品上标注燃放说明,并在烟花爆竹包装物上印制易燃易爆危险物品警示标志。

(八)生产烟花爆竹的企业,应当对黑火药、烟火药、引火线的保管采取必要的安全技术措施,建立购买、领用、销售登记制度,防止黑火药、烟火药、引火线丢失。黑火药、烟火药、引火线丢失的,企业应当立即向当地安全生产监督管理部门和公安部门报告。

三、经营安全

(一)烟花爆竹的经营分为批发和零售。

从事烟花爆竹批发的企业和零售经营者的经营布点,应当经安全生产监督管理部门审批。

禁止在城市市区布设烟花爆竹批发场所;城市市区的烟花爆竹零售网点,应当按照严格控制的原则合理布设。

(二)从事烟花爆竹批发的企业,应当具备下列条件:

1. 具有企业法人条件;

2. 经营场所与周边建筑、设施保持必要的安全距离;

3. 有符合国家标准的经营场所和储存仓库；

4. 有保管员、仓库守护员；

5. 依法进行了安全评价；

6. 有事故应急救援预案、应急救援组织和人员，并配备必要的应急救援器材、设备；

7. 法律、法规规定的其他条件。

（三）烟花爆竹零售经营者，应当具备下列条件：

1. 主要负责人经过安全知识教育；

2. 实行专店或者专柜销售，设专人负责安全管理；

3. 经营场所配备必要的消防器材，张贴明显的安全警示标志；

4. 法律、法规规定的其他条件。

（四）从事烟花爆竹批发的企业，应当向生产烟花爆竹的企业采购烟花爆竹，向从事烟花爆竹零售的经营者供应烟花爆竹。从事烟花爆竹零售的经营者，应当向从事烟花爆竹批发的企业采购烟花爆竹。

从事烟花爆竹批发的企业、零售经营者不得采购和销售非法生产、经营的烟花爆竹。

从事烟花爆竹批发的企业，不得向从事烟花爆竹零售的经营者供应按照国家标准规定应由专业燃放人员燃放的烟花爆竹。从事烟花爆竹零售的经营者，不得销售按照国家标准规定应由专业燃放人员燃放的烟花爆竹。

（五）生产、经营黑火药、烟火药、引火线的企业，不得向未取得烟花爆竹安全生产许可的任何单位或者个人销售黑火药、烟火药和引火线。

四、运输安全

（一）经由道路运输烟花爆竹的，应当经公安部门许可。

（二）经由道路运输烟花爆竹的，托运人应当向运达地县级人民政府公安部门提出申请，并提交下列有关材料：

1. 承运人从事危险货物运输的资质证明；

2. 驾驶员、押运员从事危险货物运输的资格证明；

3. 危险货物运输车辆的道路运输证明；

4. 托运人从事烟花爆竹生产、经营的资质证明；

5. 烟花爆竹的购销合同及运输烟花爆竹的种类、规格、数量；

6. 烟花爆竹的产品质量和包装合格证明；

7. 运输车辆牌号、运输时间、起始地点、行驶路线、经停地点。

（三）经由道路运输烟花爆竹的，除应当遵守《中华人民共和国道路交通安全法》外，还应当遵守下列规定：

1. 随车携带《烟花爆竹道路运输许可证》；

2. 不得违反运输许可事项;
3. 运输车辆悬挂或者安装符合国家标准的易燃易爆危险物品警示标志;
4. 烟花爆竹的装载符合国家有关标准和规范;
5. 装载烟花爆竹的车厢不得载人;
6. 运输车辆限速行驶,途中经停必须有专人看守;
7. 出现危险情况立即采取必要的措施,并报告当地公安部门。

(四)烟花爆竹运达目的地后,收货人应当在 3 日内将《烟花爆竹道路运输许可证》交回发证机关核销。

(五)禁止携带烟花爆竹搭乘公共交通工具。

禁止邮寄烟花爆竹,禁止在托运的行李、包裹、邮件中夹带烟花爆竹。

五、燃放安全

(一)禁止在下列地点燃放烟花爆竹:
1. 文物保护单位;
2. 车站、码头、飞机场等交通枢纽以及铁路线路安全保护区内;
3. 易燃易爆物品生产、储存单位;
4. 输变电设施安全保护区内;
5. 医疗机构、幼儿园、中小学校、敬老院;
6. 山林、草原等重点防火区;
7. 县级以上地方人民政府规定的禁止燃放烟花爆竹的其他地点。

(二)燃放烟花爆竹,应当按照燃放说明燃放,不得以危害公共安全和人身、财产安全的方式燃放烟花爆竹。

(三)举办焰火晚会以及其他大型焰火燃放活动,应当按照举办的时间、地点、环境、活动性质、规模以及燃放烟花爆竹的种类、规格和数量,确定危险等级,实行分级管理。

(四)申请举办焰火晚会以及其他大型焰火燃放活动,主办单位应当按照分级管理的规定,向有关人民政府公安部门提出申请,并提交下列有关材料:
1. 举办焰火晚会以及其他大型焰火燃放活动的时间、地点、环境、活动性质、规模;
2. 燃放烟花爆竹的种类、规格、数量;
3. 燃放作业方案;
4. 燃放作业单位、作业人员符合行业标准规定条件的证明。

第九节 《民用爆炸物品安全管理条例》

一、总则

（一）民用爆炸物品的生产、销售、购买、进出口、运输、爆破作业和储存以及硝酸铵的销售、购买，适用本条例。

本条例所称民用爆炸物品，是指用于非军事目的、列入民用爆炸物品品名表的各类火药、炸药及其制品和雷管、导火索等点火、起爆器材。

（二）国家对民用爆炸物品的生产、销售、购买、运输和爆破作业实行许可证制度。

未经许可，任何单位或者个人不得生产、销售、购买、运输民用爆炸物品，不得从事爆破作业。

严禁转让、出借、转借、抵押、赠送、私藏或者非法持有民用爆炸物品。

（三）民用爆炸物品生产、销售、购买、运输和爆破作业单位（以下称民用爆炸物品从业单位）的主要负责人是本单位民用爆炸物品安全管理责任人，对本单位的民用爆炸物品安全管理工作全面负责。

民用爆炸物品从业单位是治安保卫工作的重点单位，应当依法设置治安保卫机构或者配备治安保卫人员，设置技术防范设施，防止民用爆炸物品丢失、被盗、被抢。

民用爆炸物品从业单位应当建立安全管理制度、岗位安全责任制度，制订安全防范措施和事故应急预案，设置安全管理机构或者配备专职安全管理人员。

（四）无民事行为能力人、限制民事行为能力人或者曾因犯罪受过刑事处罚的人，不得从事民用爆炸物品的生产、销售、购买、运输和爆破作业。

民用爆炸物品从业单位应当加强对本单位从业人员的安全教育、法制教育和岗位技术培训，从业人员经考核合格的，方可上岗作业；对有资格要求的岗位，应当配备具有相应资格的人员。

二、生产

（一）申请从事民用爆炸物品生产的企业，应当具备下列条件：

1. 符合国家产业结构规划和产业技术标准；
2. 厂房和专用仓库的设计、结构、建筑材料、安全距离以及防火、防爆、防雷、防静电等安全设备、设施符合国家有关标准和规范；
3. 生产设备、工艺符合有关安全生产的技术标准和规程；
4. 有具备相应资格的专业技术人员、安全生产管理人员和生产岗位人员；

5. 有健全的安全管理制度、岗位安全责任制度;

6. 法律、行政法规规定的其他条件。

(二)取得《民用爆炸物品生产许可证》的企业应当在基本建设完成后,向省、自治区、直辖市人民政府民用爆炸物品行业主管部门申请安全生产许可。

(三)民用爆炸物品生产企业应当严格按照《民用爆炸物品生产许可证》核定的品种和产量进行生产,生产作业应当严格执行安全技术规程的规定。

(四)民用爆炸物品生产企业应当对民用爆炸物品做出警示标识、登记标识,对雷管编码打号。民用爆炸物品警示标识、登记标识和雷管编码规则,由国务院公安部门会同国务院民用爆炸物品行业主管部门规定。

(五)民用爆炸物品生产企业应当建立健全产品检验制度,保证民用爆炸物品的质量符合相关标准。民用爆炸物品的包装,应当符合法律、行政法规的规定以及相关标准。

(六)试验或者试制民用爆炸物品,必须在专门场地或者专门的试验室进行。严禁在生产车间或者仓库内试验或者试制民用爆炸物品。

三、销售和购买

(一)申请从事民用爆炸物品销售的企业,应当具备下列条件:

1. 符合对民用爆炸物品销售企业规划的要求;

2. 销售场所和专用仓库符合国家有关标准和规范;

3. 有具备相应资格的安全管理人员、仓库管理人员;

4. 有健全的安全管理制度、岗位安全责任制度;

5. 法律、行政法规规定的其他条件。

(二)民用爆炸物品销售企业持《民用爆炸物品销售许可证》到工商行政管理部门办理工商登记后,方可销售民用爆炸物品。

民用爆炸物品销售企业应当在办理工商登记后3日内,向所在地县级人民政府公安机关备案。

(三)民用爆炸物品生产企业凭《民用爆炸物品生产许可证》,可以销售本企业生产的民用爆炸物品。

民用爆炸物品生产企业销售本企业生产的民用爆炸物品,不得超出核定的品种、产量。

(四)民用爆炸物品使用单位申请购买民用爆炸物品的,应当向所在地县级人民政府公安机关提出购买申请,并提交下列有关材料:

1. 工商营业执照或者事业单位法人证书;

2. 《爆破作业单位许可证》或者其他合法使用的证明;

3. 购买单位的名称、地址、银行账户;

4. 购买的品种、数量和用途说明。

《民用爆炸物品购买许可证》应当载明许可购买的品种、数量、购买单位以及许可的有效期限。

（五）民用爆炸物品生产企业凭《民用爆炸物品生产许可证》购买属于民用爆炸物品的原料，民用爆炸物品销售企业凭《民用爆炸物品销售许可证》向民用爆炸物品生产企业购买民用爆炸物品，民用爆炸物品使用单位凭《民用爆炸物品购买许可证》购买民用爆炸物品，还应当提供经办人的身份证明。

销售民用爆炸物品的企业，应当查验前款规定的许可证和经办人的身份证明；对持《民用爆炸物品购买许可证》购买的，应当按照许可的品种、数量销售。

（六）销售、购买民用爆炸物品，应当通过银行账户进行交易，不得使用现金或者实物进行交易。

销售民用爆炸物品的企业，应当将购买单位的许可证、银行账户转账凭证、经办人的身份证明复印件保存2年备查。

（七）销售民用爆炸物品的企业，应当自民用爆炸物品买卖成交之日起3日内，将销售的品种、数量和购买单位向所在地省、自治区、直辖市人民政府民用爆炸物品行业主管部门和所在地县级人民政府公安机关备案。

购买民用爆炸物品的单位，应当自民用爆炸物品买卖成交之日起3日内，将购买的品种、数量向所在地县级人民政府公安机关备案。

四、运输

（一）运输民用爆炸物品，收货单位应当向运达地县级人民政府公安机关提出申请，并提交包括下列内容的材料：

1. 民用爆炸物品生产企业、销售企业、使用单位以及进出口单位分别提供的《民用爆炸物品生产许可证》《民用爆炸物品销售许可证》《民用爆炸物品购买许可证》或者进出口批准证明；
2. 运输民用爆炸物品的品种、数量、包装材料和包装方式；
3. 运输民用爆炸物品的特性、出现险情的应急处置方法；
4. 运输时间、起始地点、运输路线、经停地点。

《民用爆炸物品运输许可证》应当载明收货单位、销售企业、承运人，一次性运输有效期限、起始地点、运输路线、经停地点，民用爆炸物品的品种、数量。

（二）运输民用爆炸物品的，应当凭《民用爆炸物品运输许可证》，按照许可的品种、数量运输。

（三）经由道路运输民用爆炸物品的，应当遵守下列规定：

1. 携带《民用爆炸物品运输许可证》；

2. 民用爆炸物品的装载符合国家有关标准和规范,车厢内不得载人;

3. 运输车辆安全技术状况应当符合国家有关安全技术标准的要求,并按照规定悬挂或者安装符合国家标准的易燃易爆危险物品警示标志;

4. 运输民用爆炸物品的车辆应当保持安全车速;

5. 按照规定的路线行驶,途中经停应当有专人看守,并远离建筑设施和人口稠密的地方,不得在许可以外的地点经停;

6. 按照安全操作规程装卸民用爆炸物品,并在装卸现场设置警戒,禁止无关人员进入;

7. 出现危险情况立即采取必要的应急处置措施,并报告当地公安机关。

(四)民用爆炸物品运达目的地,收货单位应当进行验收后在《民用爆炸物品运输许可证》上签注,并在3日内将《民用爆炸物品运输许可证》交回发证机关核销。

(五)禁止携带民用爆炸物品搭乘公共交通工具或者进入公共场所。

禁止邮寄民用爆炸物品,禁止在托运的货物、行李、包裹、邮件中夹带民用爆炸物品。

五、爆破作业

(一)申请从事爆破作业的单位,应当具备下列条件:

1. 爆破作业属于合法的生产活动;

2. 有符合国家有关标准和规范的民用爆炸物品专用仓库;

3. 有具备相应资格的安全管理人员、仓库管理人员和具备国家规定执业资格的爆破作业人员;

4. 有健全的安全管理制度、岗位安全责任制度;

5. 有符合国家标准、行业标准的爆破作业专用设备;

6. 法律、行政法规规定的其他条件。

(二)营业性爆破作业单位持《爆破作业单位许可证》到工商行政管理部门办理工商登记后,方可从事营业性爆破作业活动。

爆破作业单位应当在办理工商登记后3日内,向所在地县级人民政府公安机关备案。

(三)爆破作业单位应当对本单位的爆破作业人员、安全管理人员、仓库管理人员进行专业技术培训。爆破作业人员应当经设区的市级人民政府公安机关考核合格,取得《爆破作业人员许可证》后,方可从事爆破作业。

(四)爆破作业单位应当按照其资质等级承接爆破作业项目,爆破作业人员应当按照其资格等级从事爆破作业。

(五)在城市、风景名胜区和重要工程设施附近实施爆破作业的,应当向爆破作业所在地设区的市级人民政府公安机关提出申请,提交《爆破作业单位许可证》和具有相应资质的安全评估企业出具的爆破设计、施工方案评估报告。

（六）爆破作业单位跨省、自治区、直辖市行政区域从事爆破作业的，应当事先将爆破作业项目的有关情况向爆破作业所在地县级人民政府公安机关报告。

（七）爆破作业单位应当如实记载领取、发放民用爆炸物品的品种、数量、编号以及领取、发放人员姓名。领取民用爆炸物品的数量不得超过当班用量，作业后剩余的民用爆炸物品必须当班清退回库。

爆破作业单位应当将领取、发放民用爆炸物品的原始记录保存2年备查。

（八）实施爆破作业，应当遵守国家有关标准和规范，在安全距离以外设置警示标志并安排警戒人员，防止无关人员进入；爆破作业结束后应当及时检查、排除未引爆的民用爆炸物品。

（九）爆破作业单位不再使用民用爆炸物品时，应当将剩余的民用爆炸物品登记造册，报所在地县级人民政府公安机关组织监督销毁。

发现、拣拾无主民用爆炸物品的，应当立即报告当地公安机关。

六、储存

（一）民用爆炸物品应当储存在专用仓库内，并按照国家规定设置技术防范设施。

（二）储存民用爆炸物品应当遵守下列规定：

1. 建立出入库检查、登记制度，收存和发放民用爆炸物品必须进行登记，做到账目清楚，账物相符；

2. 储存的民用爆炸物品数量不得超过储存设计容量，对性质相抵触的民用爆炸物品必须分库储存，严禁在库房内存放其他物品；

3. 专用仓库应当指定专人管理、看护，严禁无关人员进入仓库区内，严禁在仓库区内吸烟和用火，严禁把其他容易引起燃烧、爆炸的物品带入仓库区内，严禁在库房内住宿和进行其他活动；

4. 民用爆炸物品丢失、被盗、被抢，应当立即报告当地公安机关。

（三）在爆破作业现场临时存放民用爆炸物品的，应当具备临时存放民用爆炸物品的条件，并设专人管理、看护，不得在不具备安全存放条件的场所存放民用爆炸物品。

（四）民用爆炸物品变质和过期失效的，应当及时清理出库，并予以销毁。销毁前应当登记造册，提出销毁实施方案，报省、自治区、直辖市人民政府民用爆炸物品行业主管部门、所在地县级人民政府公安机关组织监督销毁。

七、法律责任

（一）非法制造、买卖、运输、储存民用爆炸物品，构成犯罪的，依法追究刑事责任；尚不构成犯罪，有违反治安管理行为的，依法给予治安管理处罚。

违反本条例规定,在生产、储存、运输、使用民用爆炸物品中发生重大事故,造成严重后果或者后果特别严重,构成犯罪的,依法追究刑事责任。

违反本条例规定,未经许可生产、销售民用爆炸物品的,由民用爆炸物品行业主管部门责令停止非法生产、销售活动,处10万元以上50万元以下的罚款,并没收非法生产、销售的民用爆炸物品及其违法所得。

违反本条例规定,未经许可购买、运输民用爆炸物品或者从事爆破作业的,由公安机关责令停止非法购买、运输、爆破作业活动,处5万元以上20万元以下的罚款,并没收非法购买、运输以及从事爆破作业使用的民用爆炸物品及其违法所得。

民用爆炸物品行业主管部门、公安机关对没收的非法民用爆炸物品,应当组织销毁。

(二)违反本条例规定,有下列情形之一的,由民用爆炸物品行业主管部门、公安机关按照职责责令限期改正,可以并处5万元以上20万元以下的罚款;逾期不改正的,责令停产停业整顿;情节严重的,吊销许可证:

1. 未按照规定在专用仓库设置技术防范设施的;
2. 未按照规定建立出入库检查、登记制度或者收存和发放民用爆炸物品,致使账物不符的;
3. 超量储存、在非专用仓库储存或者违反储存标准和规范储存民用爆炸物品的;
4. 有本条例规定的其他违反民用爆炸物品储存管理规定行为的。

(三)违反本条例规定,民用爆炸物品从业单位有下列情形之一的,由公安机关处2万元以上10万元以下的罚款;情节严重的,吊销其许可证;有违反治安管理行为的,依法给予治安管理处罚:

1. 违反安全管理制度,致使民用爆炸物品丢失、被盗、被抢的;
2. 民用爆炸物品丢失、被盗、被抢,未按照规定向当地公安机关报告或者故意隐瞒不报的;
3. 转让、出借、转借、抵押、赠送民用爆炸物品的。

(四)违反本条例规定,携带民用爆炸物品搭乘公共交通工具或者进入公共场所,邮寄或者在托运的货物、行李、包裹、邮件中夹带民用爆炸物品,构成犯罪的,依法追究刑事责任;尚不构成犯罪的,由公安机关依法给予治安管理处罚,没收非法的民用爆炸物品,处1 000元以上1万元以下的罚款。

(五)民用爆炸物品从业单位的主要负责人未履行本条例规定的安全管理责任,导致发生重大伤亡事故或者造成其他严重后果,构成犯罪的,依法追究刑事责任;尚不构成犯罪的,对主要负责人给予撤职处分,对个人经营的投资人处2万元以上20万元以下的罚款。

第十节 《特种设备安全监察条例》

一、总则

（一）本条例所称特种设备是指涉及生命安全、危险性较大的锅炉、压力容器（含气瓶，下同）、压力管道、电梯、起重机械、客运索道、大型游乐设施和场（厂）内专用机动车辆。

（二）特种设备的生产（含设计、制造、安装、改造、维修，下同）、使用、检验检测及其监督检查，应当遵守本条例，但本条例另有规定的除外。

军事装备、核设施、航空航天器、铁路机车、海上设施和船舶以及矿山井下使用的特种设备、民用机场专用设备的安全监察不适用本条例。

（三）国务院特种设备安全监督管理部门负责全国特种设备的安全监察工作，县以上地方负责特种设备安全监督管理的部门对本行政区域内特种设备实施安全监察（以下统称特种设备安全监督管理部门）。

（四）特种设备生产、使用单位应当建立健全特种设备安全、节能管理制度和岗位安全、节能责任制度。

特种设备生产、使用单位的主要负责人应当对本单位特种设备的安全和节能全面负责。

特种设备生产、使用单位和特种设备检验检测机构，应当接受特种设备安全监督管理部门依法进行的特种设备安全监察。

（五）特种设备检验检测机构，应当依照本条例规定，进行检验检测工作，对其检验检测结果、鉴定结论承担法律责任。

二、特种设备的生产

（一）特种设备生产单位，应当依照本条例规定以及国务院特种设备安全监督管理部门制订并公布的安全技术规范（以下简称安全技术规范）的要求，进行生产活动。

特种设备生产单位对其生产的特种设备的安全性能和能效指标负责，不得生产不符合安全性能要求和能效指标的特种设备，不得生产国家产业政策明令淘汰的特种设备。

（二）压力容器的设计单位应当经国务院特种设备安全监督管理部门许可，方可从事压力容器的设计活动。

压力容器的设计单位应当具备下列条件：

1. 有与压力容器设计相适应的设计人员、设计审核人员；

2. 有与压力容器设计相适应的场所和设备;

3. 有与压力容器设计相适应的健全的管理制度和责任制度。

(三)锅炉、压力容器中的气瓶(以下简称气瓶)、氧舱和客运索道、大型游乐设施以及高耗能特种设备的设计文件,应当经国务院特种设备安全监督管理部门核准的检验检测机构鉴定,方可用于制造。

(四)按照安全技术规范的要求,应当进行型式试验的特种设备产品、部件或者试制特种设备新产品、新部件、新材料,必须进行型式试验和能效测试。

(五)锅炉、压力容器、电梯、起重机械、客运索道、大型游乐设施及其安全附件、安全保护装置的制造、安装、改造单位,以及压力管道用管子、管件、阀门、法兰、补偿器、安全保护装置等(以下简称压力管道元件)的制造单位和场(厂)内专用机动车辆的制造、改造单位,应当经国务院特种设备安全监督管理部门许可,方可从事相应的活动。

前款特种设备的制造、安装、改造单位应当具备下列条件:

1. 有与特种设备制造、安装、改造相适应的专业技术人员和技术工人;

2. 有与特种设备制造、安装、改造相适应的生产条件和检测手段;

3. 有健全的质量管理制度和责任制度。

(六)特种设备出厂时,应当附有安全技术规范要求的设计文件、产品质量合格证明、安装及使用维修说明、监督检验证明等文件。

(七)锅炉、压力容器、电梯、起重机械、客运索道、大型游乐设施、场(厂)内专用机动车辆的维修单位,应当有与特种设备维修相适应的专业技术人员和技术工人以及必要的检测手段,并经省、自治区、直辖市特种设备安全监督管理部门许可,方可从事相应的维修活动。

(八)锅炉、压力容器、起重机械、客运索道、大型游乐设施的安装、改造、维修以及场(厂)内专用机动车辆的改造、维修,必须由依照本条例取得许可的单位进行。

电梯的安装、改造、维修,必须由电梯制造单位或者其通过合同委托、同意的依照本条例取得许可的单位进行。电梯制造单位对电梯质量以及安全运行涉及的质量问题负责。

特种设备安装、改造、维修的施工单位应当在施工前将拟进行的特种设备安装、改造、维修情况书面告知直辖市或者设区的市的特种设备安全监督管理部门,告知后即可施工。

(九)电梯井道的土建工程必须符合建筑工程质量要求。电梯安装施工过程中,电梯安装单位应当遵守施工现场的安全生产要求,落实现场安全防护措施。电梯安装施工过程中,施工现场的安全生产监督,由有关部门依照有关法律、行政法规的规定执行。

电梯安装施工过程中,电梯安装单位应当服从建筑施工总承包单位对施工现场的安全生产管理,并订立合同,明确各自的安全责任。

（十）电梯的制造、安装、改造和维修活动，必须严格遵守安全技术规范的要求。电梯制造单位委托或者同意其他单位进行电梯安装、改造、维修活动的，应当对其安装、改造、维修活动进行安全指导和监控。电梯的安装、改造、维修活动结束后，电梯制造单位应当按照安全技术规范的要求对电梯进行校验和调试，并对校验和调试的结果负责。

（十一）锅炉、压力容器、电梯、起重机械、客运索道、大型游乐设施的安装、改造、维修以及场（厂）内专用机动车辆的改造、维修竣工后，安装、改造、维修的施工单位应当在验收后30日内将有关技术资料移交使用单位，高耗能特种设备还应当按照安全技术规范的要求提交能效测试报告。使用单位应当将其存入该特种设备的安全技术档案。

（十二）锅炉、压力容器、压力管道元件、起重机械、大型游乐设施的制造过程和锅炉、压力容器、电梯、起重机械、客运索道、大型游乐设施的安装、改造、重大维修过程，必须经国务院特种设备安全监督管理部门核准的检验检测机构按照安全技术规范的要求进行监督检验；未经监督检验合格的不得出厂或者交付使用。

（十三）移动式压力容器、气瓶充装单位应当经省、自治区、直辖市的特种设备安全监督管理部门许可，方可从事充装活动。

充装单位应当具备下列条件：

1. 有与充装和管理相适应的管理人员和技术人员；
2. 有与充装和管理相适应的充装设备、检测手段、场地厂房、器具、安全设施；
3. 有健全的充装管理制度、责任制度、紧急处理措施。

气瓶充装单位应当向气体使用者提供符合安全技术规范要求的气瓶，对使用者进行气瓶安全使用指导，并按照安全技术规范的要求办理气瓶使用登记，提出气瓶的定期检验要求。

三、特种设备的使用

（一）特种设备使用单位，应当严格执行本条例和有关安全生产的法律、行政法规的规定，保证特种设备的安全使用。

（二）特种设备使用单位应当使用符合安全技术规范要求的特种设备。特种设备投入使用前，使用单位应当核对其是否附有本条例规定的相关文件。

（三）特种设备在投入使用前或者投入使用后30日内，特种设备使用单位应当向直辖市或者设区的市的特种设备安全监督管理部门登记。登记标志应当置于或者附着于该特种设备的显著位置。

（四）特种设备使用单位应当建立特种设备安全技术档案。安全技术档案应当包括以下内容：

1. 特种设备的设计文件、制造单位、产品质量合格证明、使用维护说明等文件以及安装技术文件和资料；

2. 特种设备的定期检验和定期自行检查的记录;

3. 特种设备的日常使用状况记录;

4. 特种设备及其安全附件、安全保护装置、测量调控装置及有关附属仪器仪表的日常维护保养记录;

5. 特种设备运行故障和事故记录;

6. 高耗能特种设备的能效测试报告、能耗状况记录以及节能改造技术资料。

（五）特种设备使用单位应当对在用特种设备进行经常性日常维护保养,并定期自行检查。

特种设备使用单位对在用特种设备应当至少每月进行一次自行检查,并作出记录。特种设备使用单位在对在用特种设备进行自行检查和日常维护保养时发现异常情况的,应当及时处理。

特种设备使用单位应当对在用特种设备的安全附件、安全保护装置、测量调控装置及有关附属仪器仪表进行定期校验、检修,并作出记录。

锅炉使用单位应当按照安全技术规范的要求进行锅炉水(介)质处理,并接受特种设备检验检测机构实施的水(介)质处理定期检验。

从事锅炉清洗的单位,应当按照安全技术规范的要求进行锅炉清洗,并接受特种设备检验检测机构实施的锅炉清洗过程监督检验。

（六）特种设备使用单位应当按照安全技术规范的定期检验要求,在安全检验合格有效期届满前1个月向特种设备检验检测机构提出定期检验要求。

检验检测机构接到定期检验要求后,应当按照安全技术规范的要求及时进行安全性能检验和能效测试。

未经定期检验或者检验不合格的特种设备,不得继续使用。

（七）特种设备出现故障或者发生异常情况,使用单位应当对其进行全面检查,消除事故隐患后,方可重新投入使用。

特种设备不符合能效指标的,特种设备使用单位应当采取相应措施进行整改。

（八）特种设备存在严重事故隐患,无改造、维修价值,或者超过安全技术规范规定使用年限,特种设备使用单位应当及时予以报废,并应当向原登记的特种设备安全监督管理部门办理注销。

（九）电梯的日常维护保养必须由依照本条例取得许可的安装、改造、维修单位或者电梯制造单位进行。

电梯应当至少每15日进行一次清洁、润滑、调整和检查。

（十）电梯的日常维护保养单位应当在维护保养中严格执行国家安全技术规范的要求,保证其维护保养的电梯的安全技术性能,并负责落实现场安全防护措施,保证施工安全。

电梯的日常维护保养单位,应当对其维护保养的电梯的安全性能负责。接到故障通知后,应当立即赶赴现场,并采取必要的应急救援措施。

(十一)电梯、客运索道、大型游乐设施等为公众提供服务的特种设备运营使用单位,应当设置特种设备安全管理机构或者配备专职的安全管理人员;其他特种设备使用单位,应当根据情况设置特种设备安全管理机构或者配备专职、兼职的安全管理人员。

特种设备的安全管理人员应当对特种设备使用状况进行经常性检查,发现问题的应当立即处理;情况紧急时,可以决定停止使用特种设备并及时报告本单位有关负责人。

(十二)客运索道、大型游乐设施的运营使用单位在客运索道、大型游乐设施每日投入使用前,应当进行试运行和例行安全检查,并对安全装置进行检查确认。

电梯、客运索道、大型游乐设施的运营使用单位应当将电梯、客运索道、大型游乐设施的安全注意事项和警示标志置于易于为乘客注意的显著位置。

(十三)客运索道、大型游乐设施的运营使用单位的主要负责人应当熟悉客运索道、大型游乐设施的相关安全知识,并全面负责客运索道、大型游乐设施的安全使用。

客运索道、大型游乐设施的运营使用单位的主要负责人至少应当每月召开一次会议,督促、检查客运索道、大型游乐设施的安全使用工作。

客运索道、大型游乐设施的运营使用单位,应当结合本单位的实际情况,配备相应数量的营救装备和急救物品。

(十四)电梯、客运索道、大型游乐设施的乘客应当遵守使用安全注意事项的要求,服从有关工作人员的指挥。

(十五)电梯投入使用后,电梯制造单位应当对其制造的电梯的安全运行情况进行跟踪调查和了解,对电梯的日常维护保养单位或者电梯的使用单位在安全运行方面存在的问题,提出改进建议,并提供必要的技术帮助。发现电梯存在严重事故隐患的,应当及时向特种设备安全监督管理部门报告。电梯制造单位对调查和了解的情况,应当作出记录。

(十六)锅炉、压力容器、电梯、起重机械、客运索道、大型游乐设施、场(厂)内专用机动车辆的作业人员及其相关管理人员(以下统称特种设备作业人员),应当按照国家有关规定经特种设备安全监督管理部门考核合格,取得国家统一格式的特种作业人员证书,方可从事相应的作业或者管理工作。

(十七)特种设备使用单位应当对特种设备作业人员进行特种设备安全、节能教育和培训,保证特种设备作业人员具备必要的特种设备安全、节能知识。

特种设备作业人员在作业中应当严格执行特种设备的操作规程和有关的安全规章制度。

(十八)特种设备作业人员在作业过程中发现事故隐患或者其他不安全因素,应当立即向现场安全管理人员和单位有关负责人报告。

四、检验检测

（一）从事本条例规定的监督检验、定期检验、型式试验以及专门为特种设备生产、使用、检验检测提供无损检测服务的特种设备检验检测机构,应当经国务院特种设备安全监督管理部门核准。

特种设备使用单位设立的特种设备检验检测机构,经国务院特种设备安全监督管理部门核准,负责本单位核准范围内的特种设备定期检验工作。

（二）特种设备检验检测机构,应当具备下列条件：

1. 有与所从事的检验检测工作相适应的检验检测人员；

2. 有与所从事的检验检测工作相适应的检验检测仪器和设备；

3. 有健全的检验检测管理制度、检验检测责任制度。

（三）特种设备的监督检验、定期检验、型式试验和无损检测应当由依照本条例经核准的特种设备检验检测机构进行。

特种设备检验检测工作应当符合安全技术规范的要求。

（四）从事本条例规定的监督检验、定期检验、型式试验和无损检测的特种设备检验检测人员应当经国务院特种设备安全监督管理部门组织考核合格,取得检验检测人员证书,方可从事检验检测工作。

检验检测人员从事检验检测工作,必须在特种设备检验检测机构执业,但不得同时在两个以上检验检测机构中执业。

（五）特种设备检验检测机构和检验检测人员进行特种设备检验检测,应当遵循诚信原则和方便企业的原则,为特种设备生产、使用单位提供可靠、便捷的检验检测服务。

特种设备检验检测机构和检验检测人员对涉及的被检验检测单位的商业秘密,负有保密义务。

（六）特种设备检验检测机构和检验检测人员应当客观、公正、及时地出具检验检测结果、鉴定结论。检验检测结果、鉴定结论经检验检测人员签字后,由检验检测机构负责人签署。

特种设备检验检测机构和检验检测人员对检验检测结果、鉴定结论负责。

国务院特种设备安全监督管理部门应当组织对特种设备检验检测机构的检验检测结果、鉴定结论进行监督抽查。

县以上地方负责特种设备安全监督管理的部门在本行政区域内也可以组织监督抽查,但是要防止重复抽查。监督抽查结果应当向社会公布。

（七）特种设备检验检测机构和检验检测人员不得从事特种设备的生产、销售,不得以其名义推荐或者监制、监销特种设备。

（八）特种设备检验检测机构进行特种设备检验检测,发现严重事故隐患或者能耗严重超标的,应当及时告知特种设备使用单位,并立即向特种设备安全监督管理部门报告。

(九) 特种设备检验检测机构和检验检测人员利用检验检测工作故意刁难特种设备生产、使用单位,特种设备生产、使用单位有权向特种设备安全监督管理部门投诉,接到投诉的特种设备安全监督管理部门应当及时进行调查处理。

五、事故预防和调查处理

(一) 有下列情形之一的,为特别重大事故:

1. 特种设备事故造成 30 人以上死亡,或者 100 人以上重伤(包括急性工业中毒,下同),或者 1 亿元以上直接经济损失的;

2. 600 兆瓦以上锅炉爆炸的;

3. 压力容器、压力管道有毒介质泄漏,造成 15 万人以上转移的;

4. 客运索道、大型游乐设施高空滞留 100 人以上并且时间在 48 小时以上的。

(二) 有下列情形之一的,为重大事故:

1. 特种设备事故造成 10 人以上 30 人以下死亡,或者 50 人以上 100 人以下重伤,或者 5 000 万元以上 1 亿元以下直接经济损失的;

2. 600 兆瓦以上锅炉因安全故障中断运行 240 小时以上的;

3. 压力容器、压力管道有毒介质泄漏,造成 5 万人以上 15 万人以下转移的;

4. 客运索道、大型游乐设施高空滞留 100 人以上并且时间在 24 小时以上 48 小时以下的。

(三) 有下列情形之一的,为较大事故:

1. 特种设备事故造成 3 人以上 10 人以下死亡,或者 10 人以上 50 人以下重伤,或者 1 000 万元以上 5 000 万元以下直接经济损失的;

2. 锅炉、压力容器、压力管道爆炸的;

3. 压力容器、压力管道有毒介质泄漏,造成 1 万人以上 5 万人以下转移的;

4. 起重机械整体倾覆的;

5. 客运索道、大型游乐设施高空滞留人员 12 小时以上的。

(四) 有下列情形之一的,为一般事故:

1. 特种设备事故造成 3 人以下死亡,或者 10 人以下重伤,或者 1 万元以上 1 000 万元以下直接经济损失的;

2. 压力容器、压力管道有毒介质泄漏,造成 500 人以上 1 万人以下转移的;

3. 电梯轿厢滞留人员 2 小时以上的;

4. 起重机械主要受力结构件折断或者起升机构坠落的;

5. 客运索道高空滞留人员 3.5 小时以上 12 小时以下的;

6. 大型游乐设施高空滞留人员1小时以上12小时以下的。

（五）特种设备事故发生后，事故发生单位应当立即启动事故应急预案，组织抢救，防止事故扩大，减少人员伤亡和财产损失，并及时向事故发生地县以上特种设备安全监督管理部门和有关部门报告。

县以上特种设备安全监督管理部门接到事故报告，应当尽快核实有关情况，立即向所在地人民政府报告，并逐级上报事故情况。必要时，特种设备安全监督管理部门可以越级上报事故情况。对特别重大事故、重大事故，国务院特种设备安全监督管理部门应当立即报告国务院并通报国务院安全生产监督管理部门等有关部门。

（六）特别重大事故由国务院或者国务院授权有关部门组织事故调查组进行调查。

重大事故由国务院特种设备安全监督管理部门会同有关部门组织事故调查组进行调查。

较大事故由省、自治区、直辖市特种设备安全监督管理部门会同有关部门组织事故调查组进行调查。

一般事故由设区的市的特种设备安全监督管理部门会同有关部门组织事故调查组进行调查。

六、法律责任

（一）未经许可，擅自从事压力容器设计活动的，由特种设备安全监督管理部门予以取缔，处5万元以上20万元以下罚款；有违法所得的，没收违法所得；触犯刑律的，对负有责任的主管人员和其他直接责任人员依照刑法关于非法经营罪或者其他罪的规定，依法追究刑事责任。

（二）锅炉、气瓶、氧舱和客运索道、大型游乐设施以及高耗能特种设备的设计文件，未经国务院特种设备安全监督管理部门核准的检验检测机构鉴定，擅自用于制造的，由特种设备安全监督管理部门责令改正，没收非法制造的产品，处5万元以上20万元以下罚款；触犯刑律的，对负有责任的主管人员和其他直接责任人员依照刑法关于生产、销售伪劣产品罪、非法经营罪或者其他罪的规定，依法追究刑事责任。

（三）按照安全技术规范的要求应当进行型式试验的特种设备产品、部件或者试制特种设备新产品、新部件，未进行整机或者部件型式试验的，由特种设备安全监督管理部门责令限期改正；逾期未改正的，处2万元以上10万元以下罚款。

（四）未经许可，擅自从事锅炉、压力容器、电梯、起重机械、客运索道、大型游乐设施、场（厂）内专用机动车辆及其安全附件、安全保护装置的制造、安装、改造以及压力管道元件的制造活动的，由特种设备安全监督管理部门予以取缔，没收非法制造的产品，已经实施安装、改造的，责令恢复原状或者责令限期由取得许可的单位重新安装、改造，处10万元以上50万元以下罚款；触犯刑律的，对负有责任的主管人员和其他直接责任人员依照刑法关于生产、销售伪劣产品罪、非法经营罪、重大责任事故罪或者其他罪的规定,依法追究刑事责任。

(五)特种设备出厂时,未按照安全技术规范的要求附有设计文件、产品质量合格证明、安装及使用维修说明、监督检验证明等文件的,由特种设备安全监督管理部门责令改正;情节严重的,责令停止生产、销售,处违法生产、销售货值金额30%以下罚款;有违法所得的,没收违法所得。

(六)未经许可,擅自从事锅炉、压力容器、电梯、起重机械、客运索道、大型游乐设施、场(厂)内专用机动车辆的维修或者日常维护保养的,由特种设备安全监督管理部门予以取缔,处1万元以上5万元以下罚款;有违法所得的,没收违法所得;触犯刑律的,对负有责任的主管人员和其他直接责任人员依照刑法关于非法经营罪、重大责任事故罪或者其他罪的规定,依法追究刑事责任。

(七)锅炉、压力容器、电梯、起重机械、客运索道、大型游乐设施的安装、改造、维修的施工单位以及场(厂)内专用机动车辆的改造、维修单位,在施工前未将拟进行的特种设备安装、改造、维修情况书面告知直辖市或者设区的市的特种设备安全监督管理部门即行施工的,或者在验收后30日内未将有关技术资料移交锅炉、压力容器、电梯、起重机械、客运索道、大型游乐设施的使用单位的,由特种设备安全监督管理部门责令限期改正;逾期未改正的,处2 000元以上1万元以下罚款。

(八)锅炉、压力容器、压力管道元件、起重机械、大型游乐设施的制造过程和锅炉、压力容器、电梯、起重机械、客运索道、大型游乐设施的安装、改造、重大维修过程,以及锅炉清洗过程,未经国务院特种设备安全监督管理部门核准的检验检测机构按照安全技术规范的要求进行监督检验的,由特种设备安全监督管理部门责令改正,已经出厂的,没收违法生产、销售的产品,已经实施安装、改造、重大维修或者清洗的,责令限期进行监督检验,处5万元以上20万元以下罚款;有违法所得的,没收违法所得;情节严重的,撤销制造、安装、改造或者维修单位已经取得的许可,并由工商行政管理部门吊销其营业执照;触犯刑律的,对负有责任的主管人员和其他直接责任人员依照刑法关于生产、销售伪劣产品罪或者其他罪的规定,依法追究刑事责任。

(九)未经许可,擅自从事移动式压力容器或者气瓶充装活动的,由特种设备安全监督管理部门予以取缔,没收违法充装的气瓶,处10万元以上50万元以下罚款;有违法所得的,没收违法所得;触犯刑律的,对负有责任的主管人员和其他直接责任人员依照刑法关于非法经营罪或者其他罪的规定,依法追究刑事责任。

移动式压力容器、气瓶充装单位未按照安全技术规范的要求进行充装活动的,由特种设备安全监督管理部门责令改正,处2万元以上10万元以下罚款;情节严重的,撤销其充装资格。

(十)电梯制造单位有下列情形之一的,由特种设备安全监督管理部门责令限期改

正;逾期未改正的,予以通报批评:

1. 未依照本条例第十九条的规定对电梯进行校验、调试的;

2. 对电梯的安全运行情况进行跟踪调查和了解时,发现存在严重事故隐患,未及时向特种设备安全监督管理部门报告的。

(十一)已经取得许可、核准的特种设备生产单位、检验检测机构有下列行为之一的,由特种设备安全监督管理部门责令改正,处 2 万元以上 10 万元以下罚款;情节严重的,撤销其相应资格:

1. 未按照安全技术规范的要求办理许可证变更手续的;

2. 不再符合本条例规定或者安全技术规范要求的条件,继续从事特种设备生产、检验检测的;

3. 未依照本条例规定或者安全技术规范要求进行特种设备生产、检验检测的;

4. 伪造、变造、出租、出借、转让许可证书或者监督检验报告的。

(十二)特种设备使用单位有下列情形之一的,由特种设备安全监督管理部门责令限期改正;逾期未改正的,处 2 000 元以上 2 万元以下罚款;情节严重的,责令停止使用或者停产停业整顿:

1. 特种设备投入使用前或者投入使用后 30 日内,未向特种设备安全监督管理部门登记,擅自将其投入使用的;

2. 未依照本条例的规定,建立特种设备安全技术档案的;

3. 未依照本条例的规定,对在用特种设备进行经常性日常维护保养和定期自行检查的,或者对在用特种设备的安全附件、安全保护装置、测量调控装置及有关附属仪器仪表进行定期校验、检修,并作出记录的;

4. 未按照安全技术规范的定期检验要求,在安全检验合格有效期届满前 1 个月向特种设备检验检测机构提出定期检验要求的;

5. 使用未经定期检验或者检验不合格的特种设备的;

6. 特种设备出现故障或者发生异常情况,未对其进行全面检查、消除事故隐患,继续投入使用的;

7. 未制定特种设备事故应急专项预案的;

8. 未依照本条例的规定,对电梯进行清洁、润滑、调整和检查的;

9. 未按照安全技术规范要求进行锅炉水(介)质处理的;

10. 特种设备不符合能效指标,未及时采取相应措施进行整改的。

特种设备使用单位使用未取得生产许可的单位生产的特种设备或者将非承压锅炉、非压力容器作为承压锅炉、压力容器使用的,由特种设备安全监督管理部门责令停止使用,予以没收,处 2 万元以上 10 万元以下罚款。

(十三)特种设备存在严重事故隐患,无改造、维修价值,或者超过安全技术规范规定的使用年限,特种设备使用单位未予以报废,并向原登记的特种设备安全监督管理部门办理注销的,由特种设备安全监督管理部门责令限期改正;逾期未改正的,处5万元以上20万元以下罚款。

(十四)电梯、客运索道、大型游乐设施的运营使用单位有下列情形之一的,由特种设备安全监督管理部门责令限期改正;逾期未改正的,责令停止使用或者停产停业整顿,处1万元以上5万元以下罚款:

1. 客运索道、大型游乐设施每日投入使用前,未进行试运行和例行安全检查,并对安全装置进行检查确认的;

2. 未将电梯、客运索道、大型游乐设施的安全注意事项和警示标志置于易于为乘客注意的显著位置的。

(十五)特种设备使用单位有下列情形之一的,由特种设备安全监督管理部门责令限期改正;逾期未改正的,责令停止使用或者停产停业整顿,处2 000元以上2万元以下罚款:

1. 未依照本条例规定设置特种设备安全管理机构或者配备专职、兼职的安全管理人员的;

2. 从事特种设备作业的人员,未取得相应特种作业人员证书,上岗作业的;

3. 未对特种设备作业人员进行特种设备安全教育和培训的。

(十六)发生特种设备事故,有下列情形之一的,对单位,由特种设备安全监督管理部门处5万元以上20万元以下罚款;对主要负责人,由特种设备安全监督管理部门处4 000元以上2万元以下罚款;属于国家工作人员的,依法给予处分;触犯刑律的,依照刑法关于重大责任事故罪或者其他罪的规定,依法追究刑事责任:

1. 特种设备使用单位的主要负责人在本单位发生特种设备事故时,不立即组织抢救或者在事故调查处理期间擅离职守或者逃匿的;

2. 特种设备使用单位的主要负责人对特种设备事故隐瞒不报、谎报或者拖延不报的。

(十七)对事故发生负有责任的单位,由特种设备安全监督管理部门依照下列规定处以罚款:

1. 发生一般事故的,处10万元以上20万元以下罚款;

2. 发生较大事故的,处20万元以上50万元以下罚款;

3. 发生重大事故的,处50万元以上200万元以下罚款。

(十八)对事故发生负有责任的单位的主要负责人未依法履行职责,导致事故发生的,由特种设备安全监督管理部门依照下列规定处以罚款;属于国家工作人员的,并依法给予处分;触犯刑律的,依照刑法关于重大责任事故罪或者其他罪的规定,依法追究刑事责任:

1. 发生一般事故的,处上一年年收入30%的罚款;
2. 发生较大事故的,处上一年年收入40%的罚款;
3. 发生重大事故的,处上一年年收入60%的罚款。

(十九)特种设备作业人员违反特种设备的操作规程和有关的安全规章制度操作,或者在作业过程中发现事故隐患或者其他不安全因素,未立即向现场安全管理人员和单位有关负责人报告的,由特种设备使用单位给予批评教育、处分;情节严重的,撤销特种设备作业人员资格;触犯刑律的,依照刑法关于重大责任事故罪或者其他罪的规定,依法追究刑事责任。

(二十)未经核准,擅自从事本条例所规定的监督检验、定期检验、型式试验以及无损检测等检验检测活动的,由特种设备安全监督管理部门予以取缔,处5万元以上20万元以下罚款;有违法所得的,没收违法所得;触犯刑律的,对负有责任的主管人员和其他直接责任人员依照刑法关于非法经营罪或者其他罪的规定,依法追究刑事责任。

(二十一)特种设备检验检测机构,有下列情形之一的,由特种设备安全监督管理部门处2万元以上10万元以下罚款;情节严重的,撤销其检验检测资格:

1. 聘用未经特种设备安全监督管理部门组织考核合格并取得检验检测人员证书的人员,从事相关检验检测工作的;
2. 在进行特种设备检验检测中,发现严重事故隐患或者能耗严重超标,未及时告知特种设备使用单位,并立即向特种设备安全监督管理部门报告的。

(二十二)特种设备检验检测机构和检验检测人员,出具虚假的检验检测结果、鉴定结论或者检验检测结果、鉴定结论严重失实的,由特种设备安全监督管理部门对检验检测机构没收违法所得,处5万元以上20万元以下罚款,情节严重的,撤销其检验检测资格;对检验检测人员处5 000元以上5万元以下罚款,情节严重的,撤销其检验检测资格,触犯刑律的,依照刑法关于中介组织人员提供虚假证明文件罪、中介组织人员出具证明文件重大失实罪或者其他罪的规定,依法追究刑事责任。

特种设备检验检测机构和检验检测人员,出具虚假的检验检测结果、鉴定结论或者检验检测结果、鉴定结论严重失实,造成损害的,应当承担赔偿责任。

(二十三)特种设备检验检测机构或者检验检测人员从事特种设备的生产、销售,或者以其名义推荐或者监制、监销特种设备的,由特种设备安全监督管理部门撤销特种设备检验检测机构和检验检测人员的资格,处5万元以上20万元以下罚款;有违法所得的,没收违法所得。

(二十四)特种设备检验检测机构和检验检测人员利用检验检测工作故意刁难特种设备生产、使用单位,由特种设备安全监督管理部门责令改正;拒不改正的,撤销其检验检测资格。

(二十五)检验检测人员,从事检验检测工作,不在特种设备检验检测机构执业或者同时在两个以上检验检测机构中执业的,由特种设备安全监督管理部门责令改正,情节严重的,给予停止执业6个月以上2年以下的处罚;有违法所得的,没收违法所得。

(二十六)特种设备的生产、使用单位或者检验检测机构,拒不接受特种设备安全监督管理部门依法实施的安全监察的,由特种设备安全监督管理部门责令限期改正;逾期未改正的,责令停产停业整顿,处2万元以上10万元以下罚款;触犯刑律的,依照刑法关于妨害公务罪或者其他罪的规定,依法追究刑事责任。

特种设备生产、使用单位擅自动用、调换、转移、损毁被查封、扣押的特种设备或者其主要部件的,由特种设备安全监督管理部门责令改正,处5万元以上20万元以下罚款;情节严重的,撤销其相应资格。

七、附则

(一)锅炉,是指利用各种燃料、电或者其他能源,将所盛装的液体加热到一定的参数,并对外输出热能的设备,其范围规定为容积大于或者等于30 L的承压蒸汽锅炉;出口水压大于或者等于0.1 MPa(表压),且额定功率大于或者等于0.1 MW的承压热水锅炉;有机热载体锅炉。

(二)压力容器,是指盛装气体或者液体,承载一定压力的密闭设备,其范围规定为最高工作压力大于或者等于0.1 MPa(表压),且压力与容积的乘积大于或者等于2.5 MPa·L的气体、液化气体和最高工作温度高于或者等于标准沸点的液体的固定式容器和移动式容器;盛装公称工作压力大于或者等于0.2 MPa(表压),且压力与容积的乘积大于或者等于1.0 MPa·L的气体、液化气体和标准沸点等于或者低于60 ℃液体的气瓶;氧舱等。

(三)压力管道,是指利用一定的压力,用于输送气体或者液体的管状设备,其范围规定为最高工作压力大于或者等于0.1 MPa(表压)的气体、液化气体、蒸汽介质或者可燃、易爆、有毒、有腐蚀性、最高工作温度高于或者等于标准沸点的液体介质,且公称直径大于25 mm的管道。

(四)电梯,是指动力驱动,利用沿刚性导轨运行的箱体或者沿固定线路运行的梯级(踏步),进行升降或者平行运送人、货物的机电设备,包括载人(货)电梯、自动扶梯、自动人行道等。

(五)起重机械,是指用于垂直升降或者垂直升降并水平移动重物的机电设备,其范围规定为额定起重量大于或者等于0.5 t的升降机;额定起重量大于或者等于1 t,且提升高度大于或者等于2 m的起重机和承重形式固定的电动葫芦等。

(六)客运索道,是指动力驱动,利用柔性绳索牵引箱体等运载工具运送人员的机电设备,包括客运架空索道、客运缆车、客运拖牵索道等。

(七)大型游乐设施,是指用于经营目的,承载乘客游乐的设施,其范围规定为设计最大运行线速度大于或者等于 2 m/s,或者运行高度距地面高于或者等于 2 m 的载人大型游乐设施。

(八) 场(厂)内专用机动车辆,是指除道路交通、农用车辆以外仅在工厂厂区、旅游景区、游乐场所等特定区域使用的专用机动车辆。

特种设备包括其所用的材料、附属的安全附件、安全保护装置和与安全保护装置相关的设施。

第十一节 《大型群众性活动安全管理条例》

一、总则

(一) 本条例所称大型群众性活动,是指法人或者其他组织面向社会公众举办的每场次预计参加人数达到 1 000 人以上的下列活动:

1. 体育比赛活动;
2. 演唱会、音乐会等文艺演出活动;
3. 展览、展销等活动;
4. 游园、灯会、庙会、花会、焰火晚会等活动;
5. 人才招聘会、现场开奖的彩票销售等活动。

影剧院、音乐厅、公园、娱乐场所等在其日常业务范围内举办的活动,不适用本条例的规定。

(二) 大型群众性活动的安全管理应当遵循安全第一、预防为主的方针,坚持承办者负责、政府监管的原则。

二、安全责任

(一) 大型群众性活动的承办者(以下简称承办者)对其承办活动的安全负责,承办者的主要负责人为大型群众性活动的安全责任人。

(二) 举办大型群众性活动,承办者应当制订大型群众性活动安全工作方案。大型群众性活动安全工作方案包括下列内容:

1. 活动的时间、地点、内容及组织方式;
2. 安全工作人员的数量、任务分配和识别标志;
3. 活动场所消防安全措施;
4. 活动场所可容纳的人员数量以及活动预计参加人数;

5. 治安缓冲区域的设定及其标识;

6. 入场人员的票证查验和安全检查措施;

7. 车辆停放、疏导措施;

8. 现场秩序维护、人员疏导措施;

9. 应急救援预案。

(三)承办者具体负责下列安全事项:

1. 落实大型群众性活动安全工作方案和安全责任制度,明确安全措施、安全工作人员岗位职责,开展大型群众性活动安全宣传教育;

2. 保障临时搭建的设施、建筑物的安全,消除安全隐患;

3. 按照负责许可的公安机关的要求,配备必要的安全检查设备,对参加大型群众性活动的人员进行安全检查,对拒不接受安全检查的,承办者有权拒绝其进入;

4. 按照核准的活动场所容纳人员数量、划定的区域发放或者出售门票;

5. 落实医疗救护、灭火、应急疏散等应急救援措施并组织演练;

6. 对妨碍大型群众性活动安全的行为及时予以制止,发现违法犯罪行为及时向公安机关报告;

7. 配备与大型群众性活动安全工作需要相适应的专业保安人员以及其他安全工作人员;

8. 为大型群众性活动的安全工作提供必要的保障。

(四)大型群众性活动的场所管理者具体负责下列安全事项:

1. 保障活动场所、设施符合国家安全标准和安全规定;

2. 保障疏散通道、安全出口、消防车通道、应急广播、应急照明、疏散指示标志符合法律、法规、技术标准的规定;

3. 保障监控设备和消防设施、器材配置齐全、完好有效;

4. 提供必要的停车场地,并维护安全秩序。

(五)参加大型群众性活动的人员应当遵守下列规定:

1. 遵守法律、法规和社会公德,不得妨碍社会治安、影响社会秩序;

2. 遵守大型群众性活动场所治安、消防等管理制度,接受安全检查,不得携带爆炸性、易燃性、放射性、毒害性、腐蚀性等危险物质或者非法携带枪支、弹药、管制器具;

3. 服从安全管理,不得展示侮辱性标语、条幅等物品,不得围攻裁判员、运动员或者其他工作人员,不得投掷杂物。

三、安全管理

(一)公安机关对大型群众性活动实行安全许可制度。

举办大型群众性活动应当符合下列条件:

1. 承办者是依照法定程序成立的法人或者其他组织；
2. 大型群众性活动的内容不得违反宪法、法律、法规的规定，不得违反社会公德；
3. 具有符合本条例规定的安全工作方案，安全责任明确、措施有效；
4. 活动场所、设施符合安全要求。

（二）大型群众性活动的预计参加人数在1 000人以上5 000人以下的，由活动所在地县级人民政府公安机关实施安全许可；预计参加人数在5 000人以上的，由活动所在地设区的市级人民政府公安机关或者直辖市人民政府公安机关实施安全许可；跨省、自治区、直辖市举办大型群众性活动的，由国务院公安部门实施安全许可。

（三）对经安全许可的大型群众性活动，承办者不得擅自变更活动的时间、地点、内容或者扩大大型群众性活动的举办规模。

承办者变更大型群众性活动时间的，应当在原定举办活动时间之前向做出许可决定的公安机关申请变更，经公安机关同意方可变更。

承办者变更大型群众性活动地点、内容以及扩大大型群众性活动举办规模的，应当依照本条例的规定重新申请安全许可。

（四）承办者发现进入活动场所的人员达到核准数量时，应当立即停止验票；发现持有划定区域以外的门票或者持假票的人员，应当拒绝其入场并向活动现场的公安机关工作人员报告。

（五）在大型群众性活动举办过程中发生公共安全事故、治安案件的，安全责任人应当立即启动应急救援预案，并立即报告公安机关。

四、法律责任

（一）承办者擅自变更大型群众性活动的时间、地点、内容或者擅自扩大大型群众性活动的举办规模的，由公安机关处1万元以上5万元以下罚款；有违法所得的，没收违法所得。

未经公安机关安全许可的大型群众性活动由公安机关予以取缔，对承办者处10万元以上30万元以下罚款。

（二）承办者或者大型群众性活动场所管理者违反本条例规定致使发生重大伤亡事故、治安案件或者造成其他严重后果构成犯罪的，依法追究刑事责任；尚不构成犯罪的，对安全责任人和其他直接责任人员依法给予处分、治安管理处罚，对单位处1万元以上5万元以下罚款。

（三）在大型群众性活动举办过程中发生公共安全事故，安全责任人不立即启动应急救援预案或者不立即向公安机关报告的，由公安机关对安全责任人和其他直接责任人员处5 000元以上5万元以下罚款。

（四）有关主管部门的工作人员和直接负责的主管人员在履行大型群众性活动安全

管理职责中,有滥用职权、玩忽职守、徇私舞弊行为的,依法给予处分;构成犯罪的,依法追究刑事责任。

第十二节 《女职工劳动保护特别规定》

(一)中华人民共和国境内的国家机关、企业、事业单位、社会团体、个体经济组织以及其他社会组织等用人单位及其女职工,适用本规定。

(二)用人单位应当遵守女职工禁忌从事的劳动范围的规定。用人单位应当将本单位属于女职工禁忌从事的劳动范围的岗位书面告知女职工。

(三)用人单位不得因女职工怀孕、生育、哺乳降低其工资、予以辞退、与其解除劳动或者聘用合同。

(四)女职工在孕期不能适应原劳动的,用人单位应当根据医疗机构的证明,予以减轻劳动量或者安排其他能够适应的劳动。

对怀孕 7 个月以上的女职工,用人单位不得延长劳动时间或者安排夜班劳动,并应当在劳动时间内安排一定的休息时间。

怀孕女职工在劳动时间内进行产前检查,所需时间计入劳动时间。

(五)女职工生育享受 98 天产假,其中产前可以休假 15 天;难产的,增加产假 15 天;生育多胞胎的,每多生育 1 个婴儿,增加产假 15 天。

女职工怀孕未满 4 个月流产的,享受 15 天产假;怀孕满 4 个月流产的,享受 42 天产假。

(六)女职工产假期间的生育津贴,对已经参加生育保险的,按照用人单位上年度职工月平均工资的标准由生育保险基金支付;对未参加生育保险的,按照女职工产假前工资的标准由用人单位支付。

女职工生育或者流产的医疗费用,按照生育保险规定的项目和标准,对已经参加生育保险的,由生育保险基金支付;对未参加生育保险的,由用人单位支付。

(七)对哺乳未满 1 周岁婴儿的女职工,用人单位不得延长劳动时间或者安排夜班劳动。

用人单位应当在每天的劳动时间内为哺乳期女职工安排 1 小时哺乳时间;女职工生育多胞胎的,每多哺乳 1 个婴儿每天增加 1 小时哺乳时间。

(八)女职工比较多的用人单位应当根据女职工的需要,建立女职工卫生室、孕妇休息室、哺乳室等设施,妥善解决女职工在生理卫生、哺乳方面的困难。

(九)在劳动场所,用人单位应当预防和制止对女职工的性骚扰。

附：女职工禁忌从事的劳动范围

一、女职工禁忌从事的劳动范围

（一）矿山井下作业；

（二）体力劳动强度分级标准中规定的第四级体力劳动强度的作业；

（三）每小时负重6次以上、每次负重超过20公斤的作业，或者间断负重、每次负重超过25公斤的作业。

二、女职工在经期禁忌从事的劳动范围

（一）冷水作业分级标准中规定的第二级、第三级、第四级冷水作业；

（二）低温作业分级标准中规定的第二级、第三级、第四级低温作业；

（三）体力劳动强度分级标准中规定的第三级、第四级体力劳动强度的作业；

（四）高处作业分级标准中规定的第三级、第四级高处作业。

三、女职工在孕期禁忌从事的劳动范围

（一）作业场所空气中铅及其化合物、汞及其化合物、苯、镉、铍、砷、氰化物、氮氧化物、一氧化碳、二硫化碳、氯、己内酰胺、氯丁二烯、氯乙烯、环氧乙烷、苯胺、甲醛等有毒物质浓度超过国家职业卫生标准的作业；

（二）从事抗癌药物、己烯雌酚生产，接触麻醉剂气体等的作业；

（三）非密封源放射性物质的操作，核事故与放射事故的应急处置；

（四）高处作业分级标准中规定的高处作业；

（五）冷水作业分级标准中规定的冷水作业；

（六）低温作业分级标准中规定的低温作业；

（七）高温作业分级标准中规定的第三级、第四级的作业；

（八）噪声作业分级标准中规定的第三级、第四级的作业；

（九）体力劳动强度分级标准中规定的第三级、第四级体力劳动强度的作业；

（十）在密闭空间、高压室作业或者潜水作业，伴有强烈振动的作业，或者需要频繁弯腰、攀高、下蹲的作业。

四、女职工在哺乳期禁忌从事的劳动范围

（一）孕期禁忌从事的劳动范围的第一项、第三项、第九项；

（二）作业场所空气中锰、氟、溴、甲醇、有机磷化合物、有机氯化合物等有毒物质浓度超过国家职业卫生标准的作业。

第三章 规章与其他规范性文件

第一节 《注册安全工程师分类管理办法》

一、注册安全工程师定义

注册安全工程师是指取得中华人民共和国注册安全工程师执业资格证书(以下简称资格证书),在生产经营单位从事安全生产管理、安全技术工作或者在安全生产中介机构从事安全生产专业服务工作,并按照本规定注册取得中华人民共和国注册安全工程师执业证(以下简称执业证)和执业印章的人员。

二、从业人员 300 人以上的煤矿、非煤矿矿山、建筑施工单位和危险物品生产、经营单位,应当按照不少于安全生产管理人员 15% 的比例配备注册安全工程师;安全生产管理人员在 7 人以下的,至少配备 1 名。

前款规定以外的其他生产经营单位,应当配备注册安全工程师或者委托安全生产中介机构选派注册安全工程师提供安全生产服务。

安全生产中介机构应当按照不少于安全生产专业服务人员 30% 的比例配备注册安全工程师。

生产经营单位和安全生产中介机构(以下统称聘用单位)应当为本单位专业技术人员参加注册安全工程师执业资格考试以及注册安全工程师注册、继续教育提供便利。

三、取得资格证书的人员,经注册取得执业证和执业印章后方可以注册安全工程师的名义执业。

四、申请注册的人员,必须同时具备下列条件:

(一)取得资格证书;

(二)在生产经营单位从事安全生产管理、安全技术工作或者在安全生产中介机构从事安全生产专业服务工作。

五、注册安全工程师实行分类注册,注册类别包括:

(一)煤矿安全;

(二)非煤矿矿山安全;

(三)建筑施工安全;

(四)危险物品安全;

(五)其他安全。

六、注册有效期为 3 年,自准予注册之日起计算。

注册有效期满需要延续注册的,申请人应当在有效期满 30 日前,按照本规定的程序提出申请。

七、在注册有效期内,注册安全工程师变更执业单位,应当按照本规定的程序提出申请,办理变更注册手续。变更注册后仍延续原注册有效期。

八、注册安全工程师的执业范围包括:

(一)安全生产管理;

(二)安全生产检查;

(三)安全评价或者安全评估;

(四)安全检测检验;

(五)安全生产技术咨询、服务;

(六)安全生产教育和培训;

(七)法律、法规规定的其他安全生产技术服务。

九、生产经营单位的下列安全生产工作,应有注册安全工程师参与并签署意见:

(一)制定安全生产规章制度、安全技术操作规程和作业规程;

(二)排查事故隐患,制定整改方案和安全措施;

(三)制定从业人员安全培训计划;

(四)选用和发放劳动防护用品;

(五)生产安全事故调查;

(六)制定重大危险源检测、评估、监控措施和应急救援预案;

(七)其他安全生产工作事项。

十、注册安全工程师享有下列权利:

(一)使用注册安全工程师称谓;

(二）从事规定范围内的执业活动；

(三）对执业中发现的不符合安全生产要求的事项提出意见和建议；

(四）参加继续教育；

(五）使用本人的执业证和执业印章；

(六）获得相应的劳动报酬；

(七）对侵犯本人权利的行为进行申诉；

(八）法律、法规规定的其他权利。

十一、注册安全工程师应当履行下列义务：

(一）保证执业活动的质量，承担相应的责任；

(二）接受继续教育，不断提高执业水准；

(三）在本人执业活动所形成的有关报告上署名；

(四）维护国家、公众的利益和受聘单位的合法权益；

(五）保守执业活动中的秘密；

(六）不得出租、出借、涂改、变造执业证和执业印章；

(七）不得同时在两个或者两个以上单位受聘执业；

(八）法律、法规规定的其他义务。

十二、继续教育按照注册类别分类进行。

注册安全工程师在每个注册周期内应当参加继续教育，时间累计不得少于48学时。

第二节 《注册安全工程师管理规定》

(一）注册安全工程师专业类别

注册安全工程师专业类别划分为：煤矿安全、金属非金属矿山安全、化工安全、金属冶炼安全、建筑施工安全、道路运输安全、其他安全（不包括消防安全）。

(二）注册安全工程师级别设置为：高级、中级、初级（助理）。

(三）注册安全工程师可在相应行业领域生产经营单位和安全评价检测等安全生产专业服务机构中执业。

(四）高级注册安全工程师采取考试与评审相结合的评价方式，具体办法另行规定。

中级注册安全工程师职业资格考试按照专业类别实行全国统一考试，考试科目分为公共科目和专业科目。

（五）中级注册安全工程师按照专业类别进行继续教育,其中专业课程学时应不少于继续教育总学时的一半。

（六）危险物品的生产、储存单位以及矿山、金属冶炼单位应当有相应专业类别的中级及以上注册安全工程师从事安全生产管理工作。

危险物品的生产、储存单位以及矿山单位安全生产管理人员中的中级及以上注册安全工程师比例应自本办法施行之日起 2 年内,金属冶炼单位安全生产管理人员中的中级及以上注册安全工程师比例应自本办法施行之日起 5 年内达到 15%左右并逐步提高。

（七）取得注册安全工程师职业资格证书并经注册的人员,表明其具备与所从事的生产经营活动相应的安全生产知识和管理能力,可视为其安全生产知识和管理能力考核合格。

（八）注册安全工程师各级别与工程系列安全工程专业职称相对应,不再组织工程系列安全工程专业职称评审。

高级注册安全工程师考评办法出台前,工程系列安全工程专业高级职称评审仍然按现行制度执行。

（九）本办法施行之前已取得的注册安全工程师执业资格证书、注册助理安全工程师资格证书,分别视同为中级注册安全工程师职业资格证书、助理注册安全工程师职业资格证书。

本办法所称注册安全工程师是指依法取得注册安全工程师职业资格证书,并经注册的专业技术人员。

第三节 《生产经营单位安全培训规定》

一、**工矿商贸生产经营单位（以下简称生产经营单位）从业人员的安全培训,适用本规定。**

二、**生产经营单位负责本单位从业人员安全培训工作。**

三、**生产经营单位应当进行安全培训的从业人员包括主要负责人、安全生产管理人员、特种作业人员和其他从业人员。**

生产经营单位使用被派遣劳动者的,应当将被派遣劳动者纳入本单位从业人员统一管理,对被派遣劳动者进行岗位安全操作规程和安全操作技能的教育和培训。劳务派遣单位应当对被派遣劳动者进行必要的安全生产教育和培训。

生产经营单位接收中等职业学校、高等学校学生实习的,应当对实习学生进行相应的安全生产教育和培训,提供必要的劳动防护用品。学校应当协助生产经营单位对实习学生进行安全生产教育和培训。

生产经营单位从业人员应当接受安全培训,熟悉有关安全生产规章制度和安全操作规程,具备必要的安全生产知识,掌握本岗位的安全操作技能,了解事故应急处理措施,知悉自身在安全生产方面的权利和义务。

未经安全培训合格的从业人员,不得上岗作业。

四、主要负责人和安全生产管理人员的安全培训

(一)生产经营单位主要负责人和安全生产管理人员应当接受安全培训,具备与所从事的生产经营活动相适应的安全生产知识和管理能力。

(二)生产经营单位主要负责人安全培训应当包括下列内容:

1. 国家安全生产方针、政策和有关安全生产的法律、法规、规章及标准;
2. 安全生产管理基本知识、安全生产技术、安全生产专业知识;
3. 重大危险源管理、重大事故防范、应急管理和救援组织以及事故调查处理的有关规定;
4. 职业危害及其预防措施;
5. 国内外先进的安全生产管理经验;
6. 典型事故和应急救援案例分析;
7. 其他需要培训的内容。

(三)生产经营单位安全生产管理人员安全培训应当包括下列内容:

1. 国家安全生产方针、政策和有关安全生产的法律、法规、规章及标准;
2. 安全生产管理、安全生产技术、职业卫生等知识;
3. 伤亡事故统计、报告及职业危害的调查处理方法;
4. 应急管理、应急预案编制以及应急处置的内容和要求;
5. 国内外先进的安全生产管理经验;
6. 典型事故和应急救援案例分析;
7. 其他需要培训的内容。

(四)生产经营单位主要负责人和安全生产管理人员初次安全培训时间不得少于32学时。每年再培训时间不得少于12学时。

煤矿、非煤矿山、危险化学品、烟花爆竹、金属冶炼等生产经营单位主要负责人和安全生产管理人员初次安全培训时间不得少于48学时,每年再培训时间不得少于16学时。

五、其他从业人员的安全培训

（一）煤矿、非煤矿山、危险化学品、烟花爆竹、金属冶炼等生产经营单位必须对新上岗的临时工、合同工、劳务工、轮换工、协议工等进行强制性安全培训，保证其具备本岗位安全操作、自救互救以及应急处置所需的知识和技能后，方能安排上岗作业。

（二）加工、制造业等生产单位的其他从业人员，在上岗前必须经过厂（矿）、车间（工段、区、队）、班组三级安全培训教育。

生产经营单位应当根据工作性质对其他从业人员进行安全培训，保证其具备本岗位安全操作、应急处置等知识和技能。

（三）生产经营单位新上岗的从业人员，岗前安全培训时间不得少于24学时。

煤矿、非煤矿山、危险化学品、烟花爆竹、金属冶炼等生产经营单位新上岗的从业人员安全培训时间不得少于72学时，每年再培训的时间不得少于20学时。

（四）厂（矿）级岗前安全培训内容应当包括：

1. 本单位安全生产情况及安全生产基本知识；
2. 本单位安全生产规章制度和劳动纪律；
3. 从业人员安全生产权利和义务；
4. 有关事故案例等。

煤矿、非煤矿山、危险化学品、烟花爆竹、金属冶炼等生产经营单位厂（矿）级安全培训除包括上述内容外，应当增加事故应急救援、事故应急预案演练及防范措施等内容。

（五）车间（工段、区、队）级岗前安全培训内容应当包括：

1. 工作环境及危险因素；
2. 所从事工种可能遭受的职业伤害和伤亡事故；
3. 所从事工种的安全职责、操作技能及强制性标准；
4. 自救互救、急救方法、疏散和现场紧急情况的处理；
5. 安全设备设施、个人防护用品的使用和维护；
6. 本车间（工段、区、队）安全生产状况及规章制度；
7. 预防事故和职业危害的措施及应注意的安全事项；
8. 有关事故案例；
9. 其他需要培训的内容。

（六）班组级岗前安全培训内容应当包括：

1. 岗位安全操作规程；
2. 岗位之间工作衔接配合的安全与职业卫生事项；
3. 有关事故案例；
4. 其他需要培训的内容。

（七）从业人员在本生产经营单位内调整工作岗位或离岗一年以上重新上岗时，应当重新接受车间（工段、区、队）和班组级的安全培训。

生产经营单位采用新工艺、新技术、新材料或者使用新设备时，应当对有关从业人员重新进行有针对性的安全培训。

（八）生产经营单位的特种作业人员，必须按照国家有关法律、法规的规定接受专门的安全培训，经考核合格，取得特种作业操作资格证书后，方可上岗作业。

六、安全培训的组织实施

（一）生产经营单位从业人员的安全培训工作，由生产经营单位组织实施。

生产经营单位应当坚持以考促学、以讲促学，确保全体从业人员熟练掌握岗位安全生产知识和技能；煤矿、非煤矿山、危险化学品、烟花爆竹、金属冶炼等生产经营单位还应当完善和落实师傅带徒弟制度。

（二）具备安全培训条件的生产经营单位，应当以自主培训为主；可以委托具备安全培训条件的机构，对从业人员进行安全培训。

不具备安全培训条件的生产经营单位，应当委托具备安全培训条件的机构，对从业人员进行安全培训。

生产经营单位委托其他机构进行安全培训的，保证安全培训的责任仍由本单位负责。

（三）生产经营单位应当将安全培训工作纳入本单位年度工作计划。保证本单位安全培训工作所需资金。

生产经营单位的主要负责人负责组织制定并实施本单位安全培训计划。

（四）生产经营单位应当建立健全从业人员安全生产教育和培训档案，由生产经营单位的安全生产管理机构以及安全生产管理人员详细、准确记录培训的时间、内容、参加人员以及考核结果等情况。

（五）生产经营单位安排从业人员进行安全培训期间，应当支付工资和必要的费用。

七、监督管理

煤矿、非煤矿山、危险化学品、烟花爆竹、金属冶炼等生产经营单位主要负责人和安全生产管理人员，自任职之日起6个月内，必须经安全生产监管监察部门对其安全生产知识和管理能力考核合格。

八、生产经营单位主要负责人、安全生产管理人员和其他从业人员的定义

生产经营单位主要负责人是指有限责任公司或者股份有限公司的董事长、总经理，其他生产经营单位的厂长、经理、（矿务局）局长、矿长（含实际控制人）等。

生产经营单位安全生产管理人员是指生产经营单位分管安全生产的负责人、安全生产管理机构负责人及其管理人员，以及未设安全生产管理机构的生产经营单位专、兼职安全生产管理人员等。

生产经营单位其他从业人员是指除主要负责人、安全生产管理人员和特种作业人员以外，该单位从事生产经营活动的所有人员，包括其他负责人、其他管理人员、技术人员和各岗位的工人以及临时聘用的人员。

第四节 《安全生产事故隐患排查治理暂行规定》

一、安全生产事故隐患

安全生产事故隐患（以下简称事故隐患），是指生产经营单位违反安全生产法律、法规、规章、标准、规程和安全生产管理制度的规定，或者因其他因素在生产经营活动中存在可能导致事故发生的物的危险状态、人的不安全行为和管理上的缺陷。

事故隐患分为一般事故隐患和重大事故隐患。一般事故隐患，是指危害和整改难度较小，发现后能够立即整改排除的隐患。重大事故隐患，是指危害和整改难度较大，应当全部或者局部停产停业，并经过一定时间整改治理方能排除的隐患，或者因外部因素影响致使生产经营单位自身难以排除的隐患。

生产经营单位主要负责人对本单位事故隐患排查治理工作全面负责。

二、任何单位和个人发现事故隐患，均有权向安全监管监察部门和有关部门报告。

三、生产经营单位的职责

（一）生产经营单位应当建立健全事故隐患排查治理制度。

（二）生产经营单位应当依照法律、法规、规章、标准和规程的要求从事生产经营活动。严禁非法从事生产经营活动。

（三）生产经营单位是事故隐患排查、治理和防控的责任主体。

生产经营单位应当建立健全事故隐患排查治理和建档监控等制度，逐级建立并落实从主要负责人到每个从业人员的隐患排查治理和监控责任制。

（四）生产经营单位应当保证事故隐患排查治理所需的资金，建立资金使用专项制度。

（五）生产经营单位应当定期组织安全生产管理人员、工程技术人员和其他相关人员排查本单位的事故隐患。对排查出的事故隐患,应当按照事故隐患的等级进行登记,建立事故隐患信息档案,并按照职责分工实施监控治理。

(六)生产经营单位应当建立事故隐患报告和举报奖励制度,鼓励、发动职工发现和排除事故隐患,鼓励社会公众举报。对发现、排除和举报事故隐患的有功人员,应当给予物质奖励和表彰。

(七)生产经营单位将生产经营项目、场所、设备发包、出租的,应当与承包、承租单位签订安全生产管理协议,并在协议中明确各方对事故隐患排查、治理和防控的管理职责。生产经营单位对承包、承租单位的事故隐患排查治理负有统一协调和监督管理的职责。

(八)安全监管监察部门和有关部门的监督检查人员依法履行事故隐患监督检查职责时,生产经营单位应当积极配合,不得拒绝和阻挠。

(九)生产经营单位应当每季、每年对本单位事故隐患排查治理情况进行统计分析,并分别于下一季度15日前和下一年1月31日前向安全监管监察部门和有关部门报送书面统计分析表。统计分析表应当由生产经营单位主要负责人签字。

对于重大事故隐患,生产经营单位除依照前款规定报送外,应当及时向安全监管监察部门和有关部门报告。重大事故隐患报告内容应当包括:

1. 隐患的现状及其产生原因;
2. 隐患的危害程度和整改难易程度分析;
3. 隐患的治理方案。

(十)对于一般事故隐患,由生产经营单位(车间、分厂、区队等)负责人或者有关人员立即组织整改。

对于重大事故隐患,由生产经营单位主要负责人组织制定并实施事故隐患治理方案。重大事故隐患治理方案应当包括以下内容:

1. 治理的目标和任务;
2. 采取的方法和措施;
3. 经费和物资的落实;
4. 负责治理的机构和人员;
5. 治理的时限和要求;
6. 安全措施和应急预案。

(十一)生产经营单位在事故隐患治理过程中,应当采取相应的安全防范措施,防止事故发生。事故隐患排除前或者排除过程中无法保证安全的,应当从危险区域内撤出作业人员,并疏散可能危及的其他人员,设置警戒标志,暂时停产停业或者停止使用;对暂时难以停产或者停止使用的相关生产储存装置、设施、设备,应当加强维护和保养,防止事故发生。

（十二）生产经营单位应当加强对自然灾害的预防。对于因自然灾害可能导致事故灾难的隐患，应当按照有关法律、法规、标准和本规定的要求排查治理，采取可靠的预防措施，制定应急预案。在接到有关自然灾害预报时，应当及时向下属单位发出预警通知；发生自然灾害可能危及生产经营单位和人员安全的情况时，应当采取撤离人员、停止作业、加强监测等安全措施，并及时向当地人民政府及其有关部门报告。

（十三）地方人民政府或者安全监管监察部门及有关部门挂牌督办并责令全部或者局部停产停业治理的重大事故隐患，治理工作结束后，有条件的生产经营单位应当组织本单位的技术人员和专家对重大事故隐患的治理情况进行评估；其他生产经营单位应当委托具备相应资质的安全评价机构对重大事故隐患的治理情况进行评估。

经治理后符合安全生产条件的，生产经营单位应当向安全监管监察部门和有关部门提出恢复生产的书面申请，经安全监管监察部门和有关部门审查同意后，方可恢复生产经营。申请报告应当包括治理方案的内容、项目和安全评价机构出具的评价报告等。

第五节 《生产安全事故应急预案管理办法》

一、总则

（一）生产安全事故应急预案（以下简称应急预案）的编制、评审、公布、备案、实施及监督管理工作，适用本办法。

（二）应急预案的管理实行属地为主、分级负责、分类指导、综合协调、动态管理的原则。

（三）生产经营单位主要负责人负责组织编制和实施本单位的应急预案，并对应急预案的真实性和实用性负责；各分管负责人应当按照职责分工落实应急预案规定的职责。

（四）生产经营单位应急预案分为综合应急预案、专项应急预案和现场处置方案。

综合应急预案，是指生产经营单位为应对各种生产安全事故而制定的综合性工作方案，是本单位应对生产安全事故的总体工作程序、措施和应急预案体系的总纲。

专项应急预案，是指生产经营单位为应对某一种或者多种类型生产安全事故，或者针对重要生产设施、重大危险源、重大活动防止生产安全事故而制定的专项性工作方案。

现场处置方案，是指生产经营单位根据不同生产安全事故类型，针对具体场所、装置或者设施所制定的应急处置措施。

二、应急预案的编制

（一）应急预案的编制应当遵循以人为本、依法依规、符合实际、注重实效的原则，以应急处置为核心，明确应急职责、规范应急程序、细化保障措施。

（二）应急预案的编制应当符合下列基本要求：

1. 有关法律、法规、规章和标准的规定；
2. 本地区、本部门、本单位的安全生产实际情况；
3. 本地区、本部门、本单位的危险性分析情况；
4. 应急组织和人员的职责分工明确，并有具体的落实措施；
5. 有明确、具体的应急程序和处置措施，并与其应急能力相适应；
6. 有明确的应急保障措施，满足本地区、本部门、本单位的应急工作需要；
7. 应急预案基本要素齐全、完整，应急预案附件提供的信息准确；
8. 应急预案内容与相关应急预案相互衔接。

（三）编制应急预案应当成立编制工作小组，由本单位有关负责人任组长，吸收与应急预案有关的职能部门和单位的人员，以及有现场处置经验的人员参加。

（四）编制应急预案前，编制单位应当进行事故风险辨识、评估和应急资源调查。

事故风险辨识、评估，是指针对不同事故种类及特点，识别存在的危险危害因素，分析事故可能产生的直接后果以及次生、衍生后果，评估各种后果的危害程度和影响范围，提出防范和控制事故风险措施的过程。

应急资源调查，是指全面调查本地区、本单位第一时间可以调用的应急资源状况和合作区域内可以请求援助的应急资源状况，并结合事故风险辨识评估结论制定应急措施的过程。

（五）生产经营单位应当根据有关法律、法规、规章和相关标准，结合本单位组织管理体系、生产规模和可能发生的事故特点，与相关预案保持衔接，确立本单位的应急预案体系，编制相应的应急预案，并体现自救互救和先期处置等特点。

（六）生产经营单位风险种类多、可能发生多种类型事故的，应当组织编制综合应急预案。

综合应急预案应当规定应急组织机构及其职责、应急预案体系、事故风险描述、预警及信息报告、应急响应、保障措施、应急预案管理等内容。

（七）对于某一种或者多种类型的事故风险，生产经营单位可以编制相应的专项应急预案，或将专项应急预案并入综合应急预案。

专项应急预案应当规定应急指挥机构与职责、处置程序和措施等内容。

（八）对于危险性较大的场所、装置或者设施，生产经营单位应当编制现场处置方案。

现场处置方案应当规定应急工作职责、应急处置措施和注意事项等内容。

事故风险单一、危险性小的生产经营单位，可以只编制现场处置方案。

（九）生产经营单位应急预案应当包括向上级应急管理机构报告的内容、应急组织机构和人员的联系方式、应急物资储备清单等附件信息。附件信息发生变化时，应当及时更新，确保准确有效。

（十）生产经营单位组织应急预案编制过程中，应当根据法律、法规、规章的规定或者实际需要，征求相关应急救援队伍、公民、法人或者其他组织的意见。

（十一）生产经营单位编制的各类应急预案之间应当相互衔接，并与相关人民政府及其部门、应急救援队伍和涉及的其他单位的应急预案相衔接。

（十二）生产经营单位应当在编制应急预案的基础上，针对工作场所、岗位的特点，编制简明、实用、有效的应急处置卡。

应急处置卡应当规定重点岗位、人员的应急处置程序和措施，以及相关联络人员和联系方式，便于从业人员携带。

三、应急预案的评审、公布和备案

（一）地方各级人民政府应急管理部门应当组织有关专家对本部门编制的部门应急预案进行审定；必要时，可以召开听证会，听取社会有关方面的意见。

（二）矿山、金属冶炼企业和易燃易爆物品、危险化学品的生产、经营（带储存设施的，下同）、储存、运输企业，以及使用危险化学品达到国家规定数量的化工企业、烟花爆竹生产、批发经营企业和中型规模以上的其他生产经营单位，应当对本单位编制的应急预案进行评审，并形成书面评审纪要。

前款规定以外的其他生产经营单位可以根据自身需要，对本单位编制的应急预案进行论证。

（三）参加应急预案评审的人员应当包括有关安全生产及应急管理方面的专家。

评审人员与所评审应急预案的生产经营单位有利害关系的，应当回避。

（四）应急预案的评审或者论证应当注重基本要素的完整性、组织体系的合理性、应急处置程序和措施的针对性、应急保障措施的可行性、应急预案的衔接性等内容。

（五）生产经营单位的应急预案经评审或者论证后，由本单位主要负责人签署，向本单位从业人员公布，并及时发放到本单位有关部门、岗位和相关应急救援队伍。

事故风险可能影响周边其他单位、人员的，生产经营单位应当将有关事故风险的性质、影响范围和应急防范措施告知周边的其他单位和人员。

（六）地方各级人民政府应急管理部门的应急预案，应当报同级人民政府备案，同时抄送上一级人民政府应急管理部门，并依法向社会公布。

地方各级人民政府其他负有安全生产监督管理职责的部门的应急预案，应当抄送同级人民政府应急管理部门。

（七）易燃易爆物品、危险化学品等危险物品的生产、经营、储存、运输单位，矿山、金属冶炼、城市轨道交通运营、建筑施工单位，以及宾馆、商场、娱乐场所、旅游景区等人员密集场所经营单位，应当在应急预案公布之日起20个工作日内，按照分级属地原则，向县级以上人民政府应急管理部门和其他负有安全生产监督管理职责的部门进行备案，并依法向社会公布。

前款所列单位属于中央企业的，其总部（上市公司）的应急预案，报国务院主管的负有安全生产监督管理职责的部门备案，并抄送应急管理部；其所属单位的应急预案报所在地的省、自治区、直辖市或者设区的市级人民政府主管的负有安全生产监督管理职责的部门备案，并抄送同级人民政府应急管理部门。

本条第一款所列单位不属于中央企业的，其中非煤矿山、金属冶炼和危险化学品生产、经营、储存、运输企业，以及使用危险化学品达到国家规定数量的化工企业、烟花爆竹生产、批发经营企业的应急预案，按照隶属关系报所在地县级以上地方人民政府应急管理部门备案；本款前述单位以外的其他生产经营单位应急预案的备案，由省、自治区、直辖市人民政府负有安全生产监督管理职责的部门确定。

油气输送管道运营单位的应急预案，除按照本条第一款、第二款的规定备案外，还应当抄送所经行政区域的县级人民政府应急管理部门。

海洋石油开采企业的应急预案，除按照本条第一款、第二款的规定备案外，还应当抄送所经行政区域的县级人民政府应急管理部门和海洋石油安全监管机构。

煤矿企业的应急预案除按照本条第一款、第二款的规定备案外，还应当抄送所在地的煤矿安全监察机构。

（八）生产经营单位申报应急预案备案，应当提交下列材料：

1. 应急预案备案申报表；
2. 应急预案需要评审的，应当提供应急预案评审意见；
3. 应急预案电子文档；
4. 风险评估结果和应急资源调查清单。

（九）受理备案登记的负有安全生产监督管理职责的部门应当在5个工作日内对应急预案材料进行核对，材料齐全的，应当予以备案并出具应急预案备案登记表；材料不齐全的，不予备案并一次性告知需要补齐的材料。逾期不予备案又不说明理由的，视为已经备案。

对于实行安全生产许可的生产经营单位，已经进行应急预案备案的，在申请安全生产许可证时，可以不提供相应的应急预案，仅提供应急预案备案登记表。

四、应急预案的实施

(一) 宣传教育

各级人民政府应急管理部门、各类生产经营单位应当采取多种形式开展应急预案的宣传教育,普及生产安全事故避险、自救和互救知识,提高从业人员和社会公众的安全意识与应急处置技能。

(二) 培训

1. 各级人民政府应急管理部门应当将本部门应急预案的培训纳入安全生产培训工作计划,并组织实施本行政区域内重点生产经营单位的应急预案培训工作。

2. 生产经营单位应当组织开展本单位的应急预案、应急知识、自救互救和避险逃生技能的培训活动,使有关人员了解应急预案内容,熟悉应急职责、应急处置程序和措施。

应急培训的时间、地点、内容、师资、参加人员和考核结果等情况应当如实记入本单位的安全生产教育和培训档案。

(三) 演练

1. 各级人民政府应急管理部门应当至少每两年组织一次应急预案演练,提高本部门、本地区生产安全事故应急处置能力。

2. 生产经营单位应当制定本单位的应急预案演练计划,根据本单位的事故风险特点,每年至少组织一次综合应急预案演练或者专项应急预案演练,每半年至少组织一次现场处置方案演练。

易燃易爆物品、危险化学品等危险物品的生产、经营、储存、运输单位,矿山、金属冶炼、城市轨道交通运营、建筑施工单位,以及宾馆、商场、娱乐场所、旅游景区等人员密集场所经营单位,应当至少每半年组织一次生产安全事故应急预案演练,并将演练情况报送所在地县级以上地方人民政府负有安全生产监督管理职责的部门。

3. 县级以上地方人民政府负有安全生产监督管理职责的部门应当对本行政区域内前款规定的重点生产经营单位的生产安全事故应急救援预案演练进行抽查。发现演练不符合要求的,应当责令限期改正。

4. 应急预案演练结束后,应急预案演练组织单位应当对应急预案演练效果进行评估,撰写应急预案演练评估报告,分析存在的问题,并对应急预案提出修订意见。

(四) 定期评估制度

1. 应急预案编制单位应当建立应急预案定期评估制度,对预案内容的针对性和实用性进行分析,并对应急预案是否需要修订作出结论。

2. 矿山、金属冶炼、建筑施工企业和易燃易爆物品、危险化学品等危险物品的生产、经营、储存、运输企业、使用危险化学品达到国家规定数量的化工企业、烟花爆竹生产、批发经营企业和中型规模以上的其他生产经营单位,应当每三年进行一次应急预案评估。

3. 应急预案评估可以邀请相关专业机构或者有关专家、有实际应急救援工作经验的人员参加,必要时可以委托安全生产技术服务机构实施。

(五)修订归档

有下列情形之一的,应急预案应当及时修订并归档:

1. 依据的法律、法规、规章、标准及上位预案中的有关规定发生重大变化的;
2. 应急指挥机构及其职责发生调整的;
3. 安全生产面临的风险发生重大变化的;
4. 重要应急资源发生重大变化的;
5. 在应急演练和事故应急救援中发现需要修订预案的重大问题的;
6. 编制单位认为应当修订的其他情况。

(六)重新备案

应急预案修订涉及组织指挥体系与职责、应急处置程序、主要处置措施、应急响应分级等内容变更的,修订工作应当参照本办法规定的应急预案编制程序进行,并按照有关应急预案报备程序重新备案。

(七)应急准备

生产经营单位应当按照应急预案的规定,落实应急指挥体系、应急救援队伍、应急物资及装备,建立应急物资、装备配备及其使用档案,并对应急物资、装备进行定期检测和维护,使其处于适用状态。

(八)应急响应

生产经营单位发生事故时,应当第一时间启动应急响应,组织有关力量进行救援,并按照规定将事故信息及应急响应启动情况报告事故发生地县级以上人民政府应急管理部门和其他负有安全生产监督管理职责的部门。

(九)总结评估

生产安全事故应急处置和应急救援结束后,事故发生单位应当对应急预案实施情况进行总结评估。

第六节 《生产安全事故信息报告和处置办法》

一、总则

(一)事故信息

本办法规定的应当报告和处置的生产安全事故信息(以下简称事故信息),是指已经发生的生产安全事故和较大涉险事故的信息。

（二）事故信息的报告应当及时、准确和完整，信息的处置应当遵循快速高效、协同配合、分级负责的原则。

二、事故信息报告

（一）生产经营单位发生生产安全事故或者较大涉险事故，其单位负责人接到事故信息报告后应当于1小时内报告事故发生地县级安全生产监督管理部门（安全生产监督管理部门现改为应急管理部门，下同）、煤矿安全监察分局。

发生较大以上生产安全事故的，事故发生单位在依照第一款规定报告的同时，应当在1小时内报告省级安全生产监督管理部门、省级煤矿安全监察机构。

发生重大、特别重大生产安全事故的，事故发生单位在依照本条第一款、第二款规定报告的同时，可以立即报告国家安全生产监督管理总局（应急管理部，下同）、国家煤矿安全监察局（国家矿山安全监察局，下同）。

（二）安全生产监督管理部门、煤矿安全监察机构接到事故发生单位的事故信息报告后，应当按照下列规定上报事故情况，同时书面通知同级公安机关、劳动保障部门、工会、人民检察院和有关部门：

1. 一般事故和较大涉险事故逐级上报至设区的市级安全生产监督管理部门、省级煤矿安全监察机构；

2. 较大事故逐级上报至省级安全生产监督管理部门、省级煤矿安全监察机构；

3. 重大事故、特别重大事故逐级上报至国家安全生产监督管理总局、国家煤矿安全监察局。

前款规定的逐级上报，每一级上报时间不得超过2小时。安全生产监督管理部门依照前款规定上报事故情况时，应当同时报告本级人民政府。

（三）发生较大生产安全事故或者社会影响重大的事故的，县级、市级安全生产监督管理部门或者煤矿安全监察分局接到事故报告后，在依照规定逐级上报的同时，应当在1小时内先用电话快报省级安全生产监督管理部门、省级煤矿安全监察机构，随后补报文字报告；乡镇安监站（办）可以根据事故情况越级直接报告省级安全生产监督管理部门、省级煤矿安全监察机构。

（四）发生重大、特别重大生产安全事故或者社会影响恶劣的事故的，县级、市级安全生产监督管理部门或者煤矿安全监察分局接到事故报告后，在依照规定逐级上报的同时，应当在1小时内先用电话快报省级安全生产监督管理部门、省级煤矿安全监察机构，随后补报文字报告；必要时，可以直接用电话报告国家安全生产监督管理总局、国家煤矿安全监察局。

省级安全生产监督管理部门、省级煤矿安全监察机构接到事故报告后，应当在1小时内先用电话快报国家安全生产监督管理总局、国家煤矿安全监察局,随后补报文字报告。

国家安全生产监督管理总局、国家煤矿安全监察局接到事故报告后,应当在1小时内先用电话快报国务院总值班室,随后补报文字报告。

(五)报告事故信息,应当包括下列内容:

1. 事故发生单位的名称、地址、性质、产能等基本情况;

2. 事故发生的时间、地点以及事故现场情况;

3. 事故的简要经过(包括应急救援情况);

4. 事故已经造成或者可能造成的伤亡人数(包括下落不明、涉险的人数)和初步估计的直接经济损失;

5. 已经采取的措施;

6. 其他应当报告的情况。

使用电话快报,应当包括下列内容:

1. 事故发生单位的名称、地址、性质;

2. 事故发生的时间、地点;

3. 事故已经造成或者可能造成的伤亡人数(包括下落不明、涉险的人数)。

(六)事故具体情况暂时不清楚的,负责事故报告的单位可以先报事故概况,随后补报事故全面情况。

事故信息报告后出现新情况的,负责事故报告的单位应当依照本办法规定及时续报。较大涉险事故、一般事故、较大事故每日至少续报1次;重大事故、特别重大事故每日至少续报2次。

自事故发生之日起30日内(道路交通、火灾事故自发生之日起7日内),事故造成的伤亡人数发生变化的,应于当日续报。

(七)安全生产监督管理部门、煤矿安全监察机构接到任何单位或者个人的事故信息举报后,应当立即与事故单位或者下一级安全生产监督管理部门、煤矿安全监察机构联系,并进行调查核实。

下一级安全生产监督管理部门、煤矿安全监察机构接到上级安全生产监督管理部门、煤矿安全监察机构的事故信息举报核查通知后,应当立即组织查证核实,并在2个月内向上一级安全生产监督管理部门、煤矿安全监察机构报告核实结果。

对发生较大涉险事故的,安全生产监督管理部门、煤矿安全监察机构依照本条第二款规定向上一级安全生产监督管理部门、煤矿安全监察机构报告核实结果;对发生生产安全事故的,安全生产监督管理部门、煤矿安全监察机构应当在5日内对事故情况进行初步查证,并将事故初步查证的简要情况报告上一级安全生产监督管理部门、煤矿安全监察机构,详细核实结果在2个月内报告。

（八）事故信息经初步查证后，负责查证的安全生产监督管理部门、煤矿安全监察机构应当立即报告本级人民政府和上一级安全生产监督管理部门、煤矿安全监察机构，并书面通知公安机关、劳动保障部门、工会、人民检察院和有关部门。

三、事故信息处理

（一）安全生产监督管理部门、煤矿安全监察机构应当建立事故信息处置责任制，做好事故信息的核实、跟踪、分析、统计工作。

（二）发生生产安全事故或者较大涉险事故后，安全生产监督管理部门、煤矿安全监察机构应当立即研究、确定并组织实施相关处置措施。安全生产监督管理部门、煤矿安全监察机构负责人按照职责分工负责相关工作。

（三）安全生产监督管理部门、煤矿安全监察机构接到生产安全事故报告后，应当按照下列规定派员立即赶赴事故现场：

1. 发生一般事故的，县级安全生产监督管理部门、煤矿安全监察分局负责人立即赶赴事故现场；

2. 发生较大事故的，设区的市级安全生产监督管理部门、省级煤矿安全监察局负责人应当立即赶赴事故现场；

3. 发生重大事故的，省级安全监督管理部门、省级煤矿安全监察局负责人立即赶赴事故现场；

4. 发生特别重大事故的，国家安全生产监督管理总局、国家煤矿安全监察局负责人立即赶赴事故现场。

上级安全生产监督管理部门、煤矿安全监察机构认为必要的，可以派员赶赴事故现场。

（四）安全生产监督管理部门、煤矿安全监察机构负责人及其有关人员赶赴事故现场后，应当随时保持与本单位的联系。有关事故信息发生重大变化的，应当依照本办法有关规定及时向本单位或者上级安全生产监督管理部门、煤矿安全监察机构报告。

（五）安全生产监督管理部门、煤矿安全监察机构应当依照有关规定定期向社会公布事故信息。

任何单位和个人不得擅自发布事故信息。

（六）安全生产监督管理部门、煤矿安全监察机构应当根据事故信息报告的情况，启动相应的应急救援预案，或者组织有关应急救援队伍协助地方人民政府开展应急救援工作。

（七）安全生产监督管理部门、煤矿安全监察机构按照有关规定组织或者参加事故调查处理工作。

四、较大涉险事故

较大涉险事故是指：

1. 涉险 10 人以上的事故；
2. 造成 3 人以上被困或者下落不明的事故；
3. 紧急疏散人员 500 人以上的事故；
4. 因生产安全事故对环境造成严重污染（人员密集场所、生活水源、农田、河流、水库、湖泊等）的事故；
5. 危及重要场所和设施安全（电站、重要水利设施、危化品库、油气站和车站、码头、港口、机场及其他人员密集场所等）的事故；
6. 其他较大涉险事故。

第七节 《特种作业人员安全技术培训考核管理规定》

一、总则

（一）特种作业及特种作业人员

1. 本规定所称特种作业，是指容易发生事故，对操作者本人、他人的安全健康及设备、设施的安全可能造成重大危害的作业。特种作业的范围由特种作业目录规定。
2. 本规定所称特种作业人员，是指直接从事特种作业的从业人员。

（二）特种作业人员应当符合下列条件：

1. 年满 18 周岁，且不超过国家法定退休年龄；
2. 经社区或者县级以上医疗机构体检健康合格，并无妨碍从事相应特种作业的器质性心脏病、癫痫病、美尼尔氏症、眩晕症、癔病、震颤麻痹症、精神病、痴呆症以及其他疾病和生理缺陷；
3. 具有初中及以上文化程度；
4. 具备必要的安全技术知识与技能；
5. 相应特种作业规定的其他条件。

危险化学品特种作业人员除符合前款第一项、第二项、第四项和第五项规定的条件外，应当具备高中或者相当于高中及以上文化程度。

（三）特种作业人员必须经专门的安全技术培训并考核合格，取得《中华人民共和国特种作业操作证》（以下简称特种作业操作证）后，方可上岗作业。

（四）特种作业人员的安全技术培训、考核、发证、复审工作实行统一监管、分级实施、教考分离的原则。

二、培训

（一）特种作业人员应当接受与其所从事的特种作业相应的安全技术理论培训和实际操作培训。

已经取得职业高中、技工学校及中专以上学历的毕业生从事与其所学专业相应的特种作业，持学历证明经考核发证机关同意，可以免予相关专业的培训。

跨省、自治区、直辖市从业的特种作业人员，可以在户籍所在地或者从业所在地参加培训。

（二）对特种作业人员的安全技术培训，具备安全培训条件的生产经营单位应当以自主培训为主，也可以委托具备安全培训条件的机构进行培训。

不具备安全培训条件的生产经营单位，应当委托具备安全培训条件的机构进行培训。

生产经营单位委托其他机构进行特种作业人员安全技术培训的，保证安全技术培训的责任仍由本单位负责。

（三）从事特种作业人员安全技术培训的机构（以下统称培训机构），应当制定相应的培训计划、教学安排，并按照安全监管总局（现改为应急管理部，下同）、煤矿安监局（现改为矿山安全监察局，下同）制定的特种作业人员培训大纲和煤矿特种作业人员培训大纲进行特种作业人员的安全技术培训。

三、考核发证

（一）特种作业人员的考核包括考试和审核两部分。考试由考核发证机关或其委托的单位负责；审核由考核发证机关负责。

（二）参加特种作业操作资格考试的人员，应当填写考试申请表，由申请人或者申请人的用人单位持学历证明或者培训机构出具的培训证明向申请人户籍所在地或者从业所在地的考核发证机关或其委托的单位提出申请。

考核发证机关或其委托的单位收到申请后，应当在60日内组织考试。

特种作业操作资格考试包括安全技术理论考试和实际操作考试两部分。考试不及格的，允许补考1次。经补考仍不及格的，重新参加相应的安全技术培训。

（三）考核发证机关委托承担特种作业操作资格考试的单位应当具备相应的场所、设施、设备等条件，建立相应的管理制度，并公布收费标准等信息。

（四）考核发证机关或其委托承担特种作业操作资格考试的单位，应当在考试结束后10个工作日内公布考试成绩。

（五）符合规定并经考试合格的特种作业人员，应当向其户籍所在地或者从业所在地的考核发证机关申请办理特种作业操作证，并提交身份证复印件、学历证书复印件、体检证明、考试合格证明等材料。

（六）收到申请的考核发证机关应当在5个工作日内完成对特种作业人员所提交申请材料的审查，作出受理或者不予受理的决定。能够当场作出受理决定的，应当当场作出受理决定；申请材料不齐全或者不符合要求的，应当当场或者在5个工作日内一次告知申请人需要补正的全部内容，逾期不告知的，视为自收到申请材料之日起即已被受理。

（七）对已经受理的申请，考核发证机关应当在20个工作日内完成审核工作。符合条件的，颁发特种作业操作证；不符合条件的，应当说明理由。

（八）特种作业操作证有效期为6年，在全国范围内有效。

（九）特种作业操作证遗失的，应当向原考核发证机关提出书面申请，经原考核发证机关审查同意后，予以补发。

特种作业操作证所记载的信息发生变化或者损毁的，应当向原考核发证机关提出书面申请，经原考核发证机关审查确认后，予以更换或者更新。

四、复审

（一）特种作业操作证每3年复审1次。

特种作业人员在特种作业操作证有效期内，连续从事本工种10年以上，严格遵守有关安全生产法律法规的，经原考核发证机关或者从业所在地考核发证机关同意，特种作业操作证的复审时间可以延长至每6年1次。

（二）特种作业操作证需要复审的，应当在期满前60日内，由申请人或者申请人的用人单位向原考核发证机关或者从业所在地考核发证机关提出申请，并提交下列材料：

1. 社区或者县级以上医疗机构出具的健康证明；
2. 从事特种作业的情况；
3. 安全培训考试合格记录。

特种作业操作证有效期届满需要延期换证的，应当按照前款的规定申请延期复审。

（三）特种作业操作证申请复审或者延期复审前，特种作业人员应当参加必要的安全培训并考试合格。

安全培训时间不少于8个学时，主要培训法律、法规、标准、事故案例和有关新工艺、新技术、新装备等知识。

（四）申请复审的，考核发证机关应当在收到申请之日起20个工作日内完成复审工作。复审合格的，由考核发证机关签章、登记，予以确认；不合格的，说明理由。

申请延期复审的，经复审合格后，由考核发证机关重新颁发特种作业操作证。

（五）特种作业人员有下列情形之一的，复审或者延期复审不予通过：

1. 健康体检不合格的；
2. 违章操作造成严重后果或者有 2 次以上违章行为,并经查证确实的；
3. 有安全生产违法行为,并给予行政处罚的；
4. 拒绝、阻碍安全生产监管监察部门监督检查的；
5. 未按规定参加安全培训,或者考试不合格的；
6. 具有本规定撤销、注销特种作业操作证情形的。

五、监督管理

（一）有下列情形之一的,考核发证机关应当撤销特种作业操作证：

1. 超过特种作业操作证有效期未延期复审的；
2. 特种作业人员的身体条件已不适合继续从事特种作业的；
3. 对发生生产安全事故负有责任的；
4. 特种作业操作证记载虚假信息的；
5. 以欺骗、贿赂等不正当手段取得特种作业操作证的。

特种作业人员违反前款第四项、第五项规定的,3 年内不得再次申请特种作业操作证。

（二）有下列情形之一的,考核发证机关应当注销特种作业操作证：

1. 特种作业人员死亡的；
2. 特种作业人员提出注销申请的；
3. 特种作业操作证被依法撤销的。

（三）离开特种作业岗位 6 个月以上的特种作业人员,应当重新进行实际操作考试,经确认合格后方可上岗作业。

第八节　《煤矿重大事故隐患判定标准》

一、煤矿重大事故隐患包括下列 15 个方面：

1. 超能力、超强度或者超定员组织生产；
2. 瓦斯超限作业；
3. 煤与瓦斯突出矿井,未依照规定实施防突出措施；
4. 高瓦斯矿井未建立瓦斯抽采系统和监控系统,或者系统不能正常运行；
5. 通风系统不完善、不可靠；

6. 有严重水患,未采取有效措施;

7. 超层越界开采;

8. 有冲击地压危险,未采取有效措施;

9. 自然发火严重,未采取有效措施;

10. 使用明令禁止使用或者淘汰的设备、工艺;

11. 煤矿没有双回路供电系统;

12. 新建煤矿边建设边生产,煤矿改扩建期间,在改扩建的区域生产,或者在其他区域的生产超出安全设施设计规定的范围和规模;

13. 煤矿实行整体承包生产经营后,未重新取得或者及时变更安全生产许可证而从事生产,或者承包方再次转包,以及将井下采掘工作面和井巷维修作业进行劳务承包;

14. 煤矿改制期间,未明确安全生产责任人和安全管理机构,或者在完成改制后,未重新取得或者变更采矿许可证、安全生产许可证和营业执照;

15. 其他重大事故隐患。

二、"超能力、超强度或者超定员组织生产"重大事故隐患,是指有下列情形之一的:

1. 煤矿全年原煤产量超过核定(设计)生产能力幅度在10%以上,或者月原煤产量大于核定(设计)生产能力的10%的;

2. 煤矿或其上级公司超过煤矿核定(设计)生产能力下达生产计划或者经营指标的;

3. 煤矿开拓、准备、回采煤量可采期小于国家规定的最短时间,未主动采取限产或者停产措施,仍然组织生产的(衰老煤矿和地方人民政府计划停产关闭煤矿除外);

4. 煤矿井下同时生产的水平超过2个,或者一个采(盘)区内同时作业的采煤、煤(半煤岩)巷掘进工作面个数超过《煤矿安全规程》规定的;

5. 瓦斯抽采不达标组织生产的;

6. 煤矿未制定或者未严格执行井下劳动定员制度,或者采掘作业地点单班作业人数超过国家有关限员规定20%以上的。

三、"瓦斯超限作业"重大事故隐患,是指有下列情形之一的:

1. 瓦斯检查存在漏检、假检情况且进行作业的;

2. 井下瓦斯超限后继续作业或者未按照国家规定处置继续进行作业的;

3. 井下排放积聚瓦斯未按照国家规定制定并实施安全技术措施进行作业的。

四、"煤与瓦斯突出矿井,未依照规定实施防突出措施"重大事故隐患,是指有下列情形之一的:

1. 未设立防突机构并配备相应专业人员的;
2. 未建立地面永久瓦斯抽采系统或者系统不能正常运行的;
3. 未按照国家规定进行区域或者工作面突出危险性预测的(直接认定为突出危险区域或者突出危险工作面的除外);
4. 未按照国家规定采取防治突出措施的;
5. 未按照国家规定进行防突措施效果检验和验证,或者防突措施效果检验和验证不达标仍然组织生产建设,或者防突措施效果检验和验证数据造假的;
6. 未按照国家规定采取安全防护措施的;
7. 使用架线式电机车的。

五、"高瓦斯矿井未建立瓦斯抽采系统和监控系统,或者系统不能正常运行"重大事故隐患,是指有下列情形之一的:

1. 按照《煤矿安全规程》规定应当建立而未建立瓦斯抽采系统或者系统不正常使用的;
2. 未按照国家规定安设、调校甲烷传感器,人为造成甲烷传感器失效,或者瓦斯超限后不能报警、断电或者断电范围不符合国家规定的。

六、"通风系统不完善、不可靠"重大事故隐患,是指有下列情形之一的:

1. 矿井总风量不足或者采掘工作面等主要用风地点风量不足的;
2. 没有备用主要通风机,或者两台主要通风机不具有同等能力的;
3. 违反《煤矿安全规程》规定采用串联通风的;
4. 未按照设计形成通风系统,或者生产水平和采(盘)区未实现分区通风的;
5. 高瓦斯、煤与瓦斯突出矿井的任一采(盘)区,开采容易自燃煤层、低瓦斯矿井开采煤层群和分层开采采用联合布置的采(盘)区,未设置专用回风巷,或者突出煤层工作面没有独立的回风系统的;
6. 进、回风井之间和主要进、回风巷之间联络巷中的风墙、风门不符合《煤矿安全规程》规定,造成风流短路的;
7. 采区进、回风巷未贯穿整个采区,或者虽贯穿整个采区但一段进风、一段回风,或者采用倾斜长壁布置,大巷未超前至少2个区段构成通风系统即开掘其他巷道的;
8. 煤巷、半煤岩巷和有瓦斯涌出的岩巷掘进未按照国家规定装备甲烷电、风电闭锁装置或者有关装置不能正常使用的;

9. 高瓦斯、煤(岩)与瓦斯(二氧化碳)突出矿井的煤巷、半煤岩巷和有瓦斯涌出的岩巷掘进工作面采用局部通风时，不能实现双风机、双电源且自动切换的；

10. 高瓦斯、煤(岩)与瓦斯(二氧化碳)突出建设矿井进入二期工程前，其他建设矿井进入三期工程前，没有形成地面主要通风机供风的全风压通风系统的。

七、"有严重水患，未采取有效措施"重大事故隐患，是指有下列情形之一的：

1. 未查明矿井水文地质条件和井田范围内采空区、废弃老窑积水等情况而组织生产建设的；

2. 水文地质类型复杂、极复杂的矿井未设置专门的防治水机构、未配备专门的探放水作业队伍，或者未配齐专用探放水设备的；

3. 在需要探放水的区域进行采掘作业未按照国家规定进行探放水的；

4. 未按照国家规定留设或者擅自开采(破坏)各种防隔水煤(岩)柱的；

5. 有突(透、溃)水征兆未撤出井下所有受水患威胁地点人员的；

6. 受地表水倒灌威胁的矿井在强降雨天气或其来水上游发生洪水期间未实施停产撤人的；

7. 建设矿井进入三期工程前，未按照设计建成永久排水系统，或者生产矿井延深到设计水平时，未建成防、排水系统而违规开拓掘进的；

8. 矿井主要排水系统水泵排水能力、管路和水仓容量不符合《煤矿安全规程》规定的；

9. 开采地表水体、老空水淹区域或者强含水层下急倾斜煤层，未按照国家规定消除水患威胁的。

八、"超层越界开采"重大事故隐患，是指有下列情形之一的：

1. 超出采矿许可证载明的开采煤层层位或者标高进行开采的；

2. 超出采矿许可证载明的坐标控制范围进行开采的；

3. 擅自开采(破坏)安全煤柱的。

九、"有冲击地压危险，未采取有效措施"重大事故隐患，是指有下列情形之一的：

1. 未按照国家规定进行煤层(岩层)冲击倾向性鉴定，或者开采有冲击倾向性煤层未进行冲击危险性评价，或者开采冲击地压煤层，未进行采区、采掘工作面冲击危险性评价的；

2. 有冲击地压危险的矿井未设置专门的防冲机构、未配备专业人员或者未编制专门设计的；

3. 未进行冲击地压危险性预测，或者未进行防冲措施效果检验以及防冲措施效果检验不达标仍组织生产建设的；

4. 开采冲击地压煤层时，违规开采孤岛煤柱，采掘工作面位置、间距不符合国家规定，或者开采顺序不合理、采掘速度不符合国家规定、违反国家规定布置巷道或者留设煤（岩）柱造成应力集中的；

5. 未制定或者未严格执行冲击地压危险区域人员准入制度的。

十、"自然发火严重，未采取有效措施"重大事故隐患，是指有下列情形之一的：

1. 开采容易自燃和自燃煤层的矿井，未编制防灭火专项设计或者未采取综合防灭火措施的；

2. 高瓦斯矿井采用放顶煤采煤法不能有效防治煤层自然发火的；

3. 有自然发火征兆没有采取相应的安全防范措施继续生产建设的；

4. 违反《煤矿安全规程》规定启封火区的。

十一、"使用明令禁止使用或者淘汰的设备、工艺"重大事故隐患，是指有下列情形之一的：

1. 使用被列入国家禁止井工煤矿使用的设备及工艺目录的产品或者工艺的；

2. 井下电气设备、电缆未取得煤矿矿用产品安全标志的；

3. 井下电气设备选型与矿井瓦斯等级不符，或者采（盘）区内防爆型电气设备存在失爆，或者井下使用非防爆无轨胶轮车的；

4. 未按照矿井瓦斯等级选用相应的煤矿许用炸药和雷管、未使用专用发爆器，或者裸露爆破的；

5. 采煤工作面不能保证 2 个畅通的安全出口的；

6. 高瓦斯矿井、煤与瓦斯突出矿井、开采容易自燃和自燃煤层（薄煤层除外）矿井，采煤工作面采用前进式采煤方法的。

十二、"煤矿没有双回路供电系统"重大事故隐患，是指有下列情形之一的：

1. 单回路供电的；

2. 有两回路电源线路但取自一个区域变电所同一母线段的；

3. 进入二期工程的高瓦斯、煤与瓦斯突出、水文地质类型为复杂和极复杂的建设矿井，以及进入三期工程的其他建设矿井，未形成两回路供电的。

十三、"新建煤矿边建设边生产，煤矿改扩建期间，在改扩建的区域生产，或者在其他区域的生产超出安全设施设计规定的范围和规模"重大事故隐患，是指有下列情形之一的：

1. 建设项目安全设施设计未经审查批准，或者审查批准后作出重大变更未经再次审查批准擅自组织施工的；

2. 新建煤矿在建设期间组织采煤的(经批准的联合试运转除外)；

3. 改扩建矿井在改扩建区域生产的；

4. 改扩建矿井在非改扩建区域超出设计规定范围和规模生产的。

十四、"煤矿实行整体承包生产经营后,未重新取得或者及时变更安全生产许可证而从事生产,或者承包方再次转包,以及将井下采掘工作面和井巷维修作业进行劳务承包"重大事故隐患,是指有下列情形之一的：

1. 煤矿未采取整体承包形式进行发包,或者将煤矿整体发包给不具有法人资格或者未取得合法有效营业执照的单位或者个人的；

2. 实行整体承包的煤矿,未签订安全生产管理协议,或者未按照国家规定约定双方安全生产管理职责而进行生产的；

3. 实行整体承包的煤矿,未重新取得或者变更安全生产许可证进行生产的；

4. 实行整体承包的煤矿,承包方再次将煤矿转包给其他单位或者个人的；

5. 井工煤矿将井下采掘作业或者井巷维修作业(井筒及井下新水平延深的井底车场、主运输、主通风、主排水、主要机电硐室开拓工程除外)作为独立工程发包给其他企业或者个人的,以及转包井下新水平延深开拓工程的。

十五、"煤矿改制期间,未明确安全生产责任人和安全管理机构,或者在完成改制后,未重新取得或者变更采矿许可证、安全生产许可证和营业执照"重大事故隐患,是指有下列情形之一的：

1. 改制期间,未明确安全生产责任人进行生产建设的；

2. 改制期间,未健全安全生产管理机构和配备安全管理人员进行生产建设的；

3. 完成改制后,未重新取得或者变更采矿许可证、安全生产许可证、营业执照而进行生产建设的。

十六、"其他重大事故隐患",是指有下列情形之一的：

1. 未分别配备专职的矿长、总工程师和分管安全、生产、机电的副矿长,以及负责采煤、掘进、机电运输、通风、地测、防治水工作的专业技术人员的；

2. 未按照国家规定足额提取或者未按照国家规定范围使用安全生产费用的；

3. 未按照国家规定进行瓦斯等级鉴定,或者瓦斯等级鉴定弄虚作假的；

4. 出现瓦斯动力现象,或者相邻矿井开采的同一煤层发生了突出事故,或者被鉴定、认定为突出煤层,以及煤层瓦斯压力达到或者超过 0.74 MPa 的非突出矿井,未立即按照突出煤层管理并在国家规定期限内进行突出危险性鉴定的(直接认定为突出矿井的除外)；

5. 图纸作假、隐瞒采掘工作面,提供虚假信息、隐瞒下井人数,或者矿长、总工程师(技术负责人)履行安全生产岗位责任制及管理制度时伪造记录,弄虚作假的;

6. 矿井未安装安全监控系统、人员位置监测系统或者系统不能正常运行,以及对系统数据进行修改、删除及屏蔽,或者煤与瓦斯突出矿井存在第七条第二项情形的;

7. 提升(运送)人员的提升机未按照《煤矿安全规程》规定安装保护装置,或者保护装置失效,或者超员运行的;

8. 带式输送机的输送带入井前未经过第三方阻燃和抗静电性能试验,或者试验不合格入井,或者输送带防打滑、跑偏、堆煤等保护装置或者温度、烟雾监测装置失效的;

9. 掘进工作面后部巷道或者独头巷道维修(着火点、高温点处理)时,维修(处理)点以里继续掘进或者有人员进入,或者采掘工作面未按照国家规定安设压风、供水、通信线路及装置的;

10. 露天煤矿边坡角大于设计最大值,或者边坡发生严重变形未及时采取措施进行治理的;

11. 国家矿山安全监察机构认定的其他重大事故隐患。

第九节 《金属非金属矿山重大事故隐患判定标准》

一、金属非金属地下矿山重大事故隐患

(一)安全出口存在下列情形之一的:

1. 矿井直达地面的独立安全出口少于2个,或者与设计不一致;

2. 矿井只有两个独立直达地面的安全出口且安全出口的间距小于30米,或者矿体一翼走向长度超过1 000米且未在此翼设置安全出口;

3. 矿井的全部安全出口均为竖井且竖井内均未设置梯子间,或者作为主要安全出口的罐笼提升井只有1套提升系统且未设梯子间;

4. 主要生产中段(水平)、单个采区、盘区或者矿块的安全出口少于2个,或者未与通往地面的安全出口相通;

5. 安全出口出现堵塞或者其梯子、踏步等设施不能正常使用,导致安全出口不畅通。

(二)使用国家明令禁止使用的设备、材料或者工艺。

(三)不同矿权主体的相邻矿山井巷相互贯通,或者同一矿权主体相邻独立生产系统的井巷擅自贯通。

(四)地下矿山现状图纸存在下列情形之一的:

1. 未保存《金属非金属矿山安全规程》(GB 16423—2020)第 4.1.10 条规定的图纸,或者生产矿山每 3 个月、基建矿山每 1 个月未更新上述图纸;

2. 岩体移动范围内的地面建构筑物、运输道路及沟谷河流与实际不符;

3. 开拓工程和采准工程的井巷或者井下采区与实际不符;

4. 相邻矿山采区位置关系与实际不符;

5. 采空区和废弃井巷的位置、处理方式、现状,以及地表塌陷区的位置与实际不符。

(五)露天转地下开采存在下列情形之一的:

1. 未按设计采取防排水措施;

2. 露天与地下联合开采时,回采顺序与设计不符;

3. 未按设计采取留设安全顶柱或者岩石垫层等防护措施。

(六)矿区及其附近的地表水或者大气降水危及井下安全时,未按设计采取防治水措施。

(七)井下主要排水系统存在下列情形之一的:

1. 排水泵数量少于 3 台,或者工作水泵、备用水泵的额定排水能力低于设计要求;

2. 井巷中未按设计设置工作和备用排水管路,或者排水管路与水泵未有效连接;

3. 井下最低中段的主水泵房通往中段巷道的出口未装设防水门,或者另外一个出口未高于水泵房地面 7 米以上;

4. 利用采空区或者其他废弃巷道作为水仓。

(八)井口标高未达到当地历史最高洪水位 1 米以上,且未按设计采取相应防护措施。

(九)水文地质类型为中等或者复杂的矿井,存在下列情形之一的:

1. 未配备防治水专业技术人员;

2. 未设置防治水机构,或者未建立探放水队伍;

3. 未配齐专用探放水设备,或者未按设计进行探放水作业。

(十)水文地质类型复杂的矿山存在下列情形之一的:

1. 关键巷道防水门设置与设计不符;

2. 主要排水系统的水仓与水泵房之间的隔墙或者配水阀未按设计设置。

(十一)在突水威胁区域或者可疑区域进行采掘作业,存在下列情形之一的:

1. 未编制防治水技术方案,或者未在施工前制定专门的施工安全技术措施;

2. 未超前探放水,或者超前钻孔的数量、深度低于设计要求,或者超前钻孔方位不符合设计要求。

(十二)受地表水倒灌威胁的矿井在强降雨天气或者其来水上游发生洪水期间,未实施停产撤人。

(十三)有自然发火危险的矿山,存在下列情形之一的:

1. 未安装井下环境监测系统,实现自动监测与报警;

2. 未按设计或者国家标准、行业标准采取防灭火措施;

3. 发现自然发火预兆,未采取有效处理措施。

(十四)相邻矿山开采岩体移动范围存在交叉重叠等相互影响时,未按设计留设保安矿(岩)柱或者采取其他措施。

(十五)地表设施设置存在下列情形之一,未按设计采取有效安全措施的:

1. 岩体移动范围内存在居民村庄或者重要设备设施;

2. 主要开拓工程出入口易受地表滑坡、滚石、泥石流等地质灾害影响。

(十六)保安矿(岩)柱或者采场矿柱存在下列情形之一的:

1. 未按设计留设矿(岩)柱;

2. 未按设计回采矿柱;

3. 擅自开采、损毁矿(岩)柱。

(十七)未按设计要求的处理方式或者时间对采空区进行处理。

(十八)工程地质类型复杂、有严重地压活动的矿山存在下列情形之一的:

1. 未设置专门机构、配备专门人员负责地压防治工作;

2. 未制定防治地压灾害的专门技术措施;

3. 发现大面积地压活动预兆,未立即停止作业、撤出人员。

(十九)巷道或者采场顶板未按设计采取支护措施。

(二十)矿井未采用机械通风,或者采用机械通风的矿井存在下列情形之一的:

1. 在正常生产情况下,主通风机未连续运转;

2. 主通风机发生故障或者停机检查时,未立即向调度室和企业主要负责人报告,或者未采取必要安全措施;

3. 主通风机未按规定配备备用电动机,或者未配备能迅速调换电动机的设备及工具;

4. 作业工作面风速、风量、风质不符合国家标准或者行业标准要求;

5. 未设置通风系统在线监测系统的矿井,未按国家标准规定每年对通风系统进行1次检测;

6. 主通风设施不能在10分钟之内实现矿井反风,或者反风试验周期超过1年。

(二十一)未配齐或者随身携带具有矿用产品安全标志的便携式气体检测报警仪和自救器,或者从业人员不能正确使用自救器。

(二十二)担负提升人员的提升系统,存在下列情形之一的:

1. 提升机、防坠器、钢丝绳、连接装置、提升容器未按国家规定进行定期检测检验,或者提升设备的安全保护装置失效;

2. 竖井井口和井下各中段马头门设置的安全门或者摇台与提升机未实现联锁;

3. 竖井提升系统过卷段未按国家规定设置过卷缓冲装置、楔形罐道、过卷挡梁或者不能正常使用,或者提升人员的罐笼提升系统未按国家规定在井架或者井塔的过卷段内设置罐笼防坠装置;

4. 斜井串车提升系统未按国家规定设置常闭式防跑车装置、阻车器、挡车栏,或者连接链、连接插销不符合国家规定;

5. 斜井提升信号系统与提升机之间未实现闭锁。

(二十三)井下无轨运人车辆存在下列情形之一的:

1. 未取得金属非金属矿山矿用产品安全标志;

2. 载人数量超过 25 人或者超过核载人数;

3. 制动系统采用干式制动器,或者未同时配备行车制动系统、驻车制动系统和应急制动系统;

4. 未按国家规定对车辆进行检测检验。

(二十四)一级负荷未采用双重电源供电,或者双重电源中的任一电源不能满足全部一级负荷需要。

(二十五)向井下采场供电的 6~35 kV 系统的中性点采用直接接地。

(二十六)工程地质或者水文地质类型复杂的矿山,井巷工程施工未进行施工组织设计,或者未按施工组织设计落实安全措施。

(二十七)新建、改扩建矿山建设项目有下列行为之一的:

1. 安全设施设计未经批准,或者批准后出现重大变更未经再次批准擅自组织施工;

2. 在竣工验收前组织生产,经批准的联合试运转除外。

(二十八)矿山企业违反国家有关工程项目发包规定,有下列行为之一的:

1. 将工程项目发包给不具有法定资质和条件的单位,或者承包单位数量超过国家规定的数量;

2. 承包单位项目部的负责人、安全生产管理人员、专业技术人员、特种作业人员不符合国家规定的数量、条件或者不属于承包单位正式职工。

(二十九)井下或者井口动火作业未按国家规定落实审批制度或者安全措施。

(三十)矿山年产量超过矿山设计年生产能力幅度在 20% 及以上,或者月产量大于矿山设计年生产能力的 20%及以上。

(三十一)矿井未建立安全监测监控系统、人员定位系统、通信联络系统,或者已经建立的系统不符合国家有关规定,或者系统运行不正常未及时修复,或者关闭、破坏该系统,或者篡改、隐瞒、销毁其相关数据、信息。

(三十二)未配备具有矿山相关专业的专职矿长、总工程师以及分管安全、生产、机电的副矿长,或者未配备具有采矿、地质、测量、机电等专业的技术人员。

二、金属非金属露天矿山重大事故隐患

（一）地下开采转露天开采前,未探明采空区和溶洞,或者未按设计处理对露天开采安全有威胁的采空区和溶洞。

（二）使用国家明令禁止使用的设备、材料或者工艺。

（三）未采用自上而下的开采顺序分台阶或者分层开采。

（四）工作帮坡角大于设计工作帮坡角,或者最终边坡台阶高度超过设计高度。

（五）开采或者破坏设计要求保留的矿（岩）柱或者挂帮矿体。

（六）未按有关国家标准或者行业标准对采场边坡、排土场边坡进行稳定性分析。

（七）边坡存在下列情形之一的：

1. 高度200米及以上的采场边坡未进行在线监测；
2. 高度200米及以上的排土场边坡未建立边坡稳定监测系统；
3. 关闭、破坏监测系统或者隐瞒、篡改、销毁其相关数据、信息。

（八）边坡出现滑移现象,存在下列情形之一的：

1. 边坡出现横向及纵向放射状裂缝；
2. 坡体前缘坡脚处出现上隆（凸起）现象,后缘的裂缝急剧扩展；
3. 位移观测资料显示的水平位移量或者垂直位移量出现加速变化的趋势。

（九）运输道路坡度大于设计坡度10%以上。

（十）凹陷露天矿山未按设计建设防洪、排洪设施。

（十一）排土场存在下列情形之一的：

1. 在平均坡度大于1∶5的地基上顺坡排土,未按设计采取安全措施；
2. 排土场总堆置高度2倍范围以内有人员密集场所,未按设计采取安全措施；
3. 山坡排土场周围未按设计修筑截、排水设施。

（十二）露天采场未按设计设置安全平台和清扫平台。

（十三）擅自对在用排土场进行回采作业。

三、尾矿库重大事故隐患

（一）库区或者尾矿坝上存在未按设计进行开采、挖掘、爆破等危及尾矿库安全的活动。

（二）坝体存在下列情形之一的：

1. 坝体出现严重的管涌、流土变形等现象；
2. 坝体出现贯穿性裂缝、坍塌、滑动迹象；
3. 坝体出现大面积纵向裂缝,且出现较大范围渗透水高位出逸或者大面积沼泽化。

（三）坝体的平均外坡比或者堆积子坝的外坡比陡于设计坡比。

（四）坝体高度超过设计总坝高，或者尾矿库超过设计库容贮存尾矿。

（五）尾矿堆积坝上升速率大于设计堆积上升速率。

（六）采用尾矿堆坝的尾矿库，未按《尾矿库安全规程》(GB 39496—2020)第 6.1.9 条规定对尾矿坝做全面的安全性复核。

（七）浸润线埋深小于控制浸润线埋深。

（八）汛前未按国家有关规定对尾矿库进行调洪演算，或者湿式尾矿库防洪高度和干滩长度小于设计值，或者干式尾矿库防洪高度和防洪宽度小于设计值。

（九）排洪系统存在下列情形之一的：

1. 排水井、排水斜槽、排水管、排水隧洞、拱板、盖板等排洪建构筑物混凝土厚度、强度或者型式不满足设计要求；

2. 排洪设施部分堵塞或者坍塌、排水井有所倾斜，排水能力有所降低，达不到设计要求；

3. 排洪构筑物终止使用时，封堵措施不满足设计要求。

（十）设计以外的尾矿、废料或者废水进库。

（十一）多种矿石性质不同的尾砂混合排放时，未按设计进行排放。

（十二）冬季未按设计要求的冰下放矿方式进行放矿作业。

（十三）安全监测系统存在下列情形之一的：

1. 未按设计设置安全监测系统；

2. 安全监测系统运行不正常未及时修复；

3. 关闭、破坏安全监测系统，或者篡改、隐瞒、销毁其相关数据、信息。

（十四）干式尾矿库存在下列情形之一的：

1. 入库尾矿的含水率大于设计值，无法进行正常碾压且未设置可靠的防范措施；

2. 堆存推进方向与设计不一致；

3. 分层厚度或者台阶高度大于设计值；

4. 未按设计要求进行碾压。

（十五）经验算，坝体抗滑稳定最小安全系数小于国家标准规定值的 0.98 倍。

（十六）三等及以上尾矿库及"头顶库"未按设计设置通往坝顶、排洪系统附近的应急道路，或者应急道路无法满足应急抢险时通行和运送应急物资的需求。

（十七）尾矿库回采存在下列情形之一的：

1. 未经批准擅自回采；

2. 回采方式、顺序、单层开采高度、台阶坡面角不符合设计要求；

3. 同时进行回采和排放。

（十八）用以贮存独立选矿厂进行矿石选别后排出尾矿的场所，未按尾矿库实施安全管理的。

（十九）未按国家规定配备专职安全生产管理人员、专业技术人员和特种作业人员。

第十节 《化工和危险化学品生产经营单位重大生产安全事故隐患判定标准》

依据有关法律法规、部门规章和国家标准，以下情形应当判定为重大事故隐患：

（一）危险化学品生产、经营单位主要负责人和安全生产管理人员未依法经考核合格。

（二）特种作业人员未持证上岗。

（三）涉及"两重点一重大"的生产装置、储存设施外部安全防护距离不符合国家标准要求。

（四）涉及重点监管危险化工工艺的装置未实现自动化控制，系统未实现紧急停车功能，装备的自动化控制系统、紧急停车系统未投入使用。

（五）构成一级、二级重大危险源的危险化学品罐区未实现紧急切断功能；涉及毒性气体、液化气体、剧毒液体的一级、二级重大危险源的危险化学品罐区未配备独立的安全仪表系统。

（六）全压力式液化烃储罐未按国家标准设置注水措施。

（七）液化烃、液氨、液氯等易燃易爆、有毒有害液化气体的充装未使用万向管道充装系统。

（八）光气、氯气等剧毒气体及硫化氢气体管道穿越除厂区（包括化工园区、工业园区）外的公共区域。

（九）地区架空电力线路穿越生产区且不符合国家标准要求。

（十）在役化工装置未经正规设计且未进行安全设计诊断。

（十一）使用淘汰落后安全技术工艺、设备目录列出的工艺、设备。

（十二）涉及可燃和有毒有害气体泄漏的场所未按国家标准设置检测报警装置，爆炸危险场所未按国家标准安装使用防爆电气设备。

（十三）控制室或机柜间面向具有火灾、爆炸危险性装置一侧不满足国家标准关于防火防爆的要求。

（十四）化工生产装置未按国家标准要求设置双重电源供电，自动化控制系统未设置不间断电源。

（十五）安全阀、爆破片等安全附件未正常投用。

（十六）未建立与岗位相匹配的全员安全生产责任制或者未制定实施生产安全事故隐患排查治理制度。

（十七）未制定操作规程和工艺控制指标。

（十八）未按照国家标准制定动火、进入受限空间等特殊作业管理制度，或者制度未有效执行。

（十九）新开发的危险化学品生产工艺未经小试、中试、工业化试验直接进行工业化生产；国内首次使用的化工工艺未经过省级人民政府有关部门组织的安全可靠性论证；新建装置未制定试生产方案投料开车；精细化工企业未按规范性文件要求开展反应安全风险评估。

（二十）未按国家标准分区分类储存危险化学品，超量、超品种储存危险化学品，相互禁配物质混放混存。

第十一节 《烟花爆竹生产经营单位重大生产安全事故隐患判定标准》

依据有关法律法规、部门规章和国家标准，以下情形应当判定为重大事故隐患：

（一）主要负责人、安全生产管理人员未依法经考核合格。

（二）特种作业人员未持证上岗，作业人员带药检维修设备设施。

（三）职工自行携带工器具、机器设备进厂进行涉药作业。

（四）工(库)房实际作业人员数量超过核定人数。

（五）工(库)房实际滞留、存储药量超过核定药量。

（六）工(库)房内、外部安全距离不足，防护屏障缺失或者不符合要求。

（七）防静电、防火、防雷设备设施缺失或者失效。

（八）擅自改变工(库)房用途或者违规私搭乱建。

（九）工厂围墙缺失或者分区设置不符合国家标准。

（十）将氧化剂、还原剂同库储存、违规预混或者在同一工房内粉碎、称量。

（十一）在用涉药机械设备未经安全性论证或者擅自更改、改变用途。

（十二）中转库、药物总库和成品总库的存储能力与设计产能不匹配。

（十三）未建立与岗位相匹配的全员安全生产责任制或者未制定实施生产安全事故隐患排查治理制度。

（十四）出租、出借、转让、买卖、冒用或者伪造许可证。

（十五）生产经营的产品种类、危险等级超许可范围或者生产使用违禁药物。

（十六）分包转包生产线、工房、库房组织生产经营。

（十七）一证多厂或者多股东各自独立组织生产经营。

（十八）许可证过期、整顿改造、恶劣天气等停产停业期间组织生产经营。

(十九)烟花爆竹仓库存放其他爆炸物等危险物品或者生产经营违禁超标产品。

(二十)零售点与居民居住场所设置在同一建筑物内或者在零售场所使用明火。

第十二节 《工贸企业重大生产安全事故隐患判定标准》

一、本标准适用于判定冶金、有色、建材、机械、轻工、纺织、烟草、商贸等工贸企业重大事故隐患。工贸企业内涉及危险化学品、消防(火灾)、燃气、特种设备等方面的重大事故隐患判定另有规定的,适用其规定。

二、工贸企业有下列情形之一的,应当判定为重大事故隐患:

1. 未对承包单位、承租单位的安全生产工作统一协调、管理,或者未定期进行安全检查的;

2. 特种作业人员未按照规定经专门的安全作业培训并取得相应资格,上岗作业的;

3. 金属冶炼企业主要负责人、安全生产管理人员未按照规定经考核合格的。

三、冶金企业有下列情形之一的,应当判定为重大事故隐患:

1. 会议室、活动室、休息室、操作室、交接班室、更衣室(含澡堂)等6类人员聚集场所,以及钢铁水罐冷(热)修工位设置在铁水、钢水、液渣吊运跨的地坪区域内的;

2. 生产期间冶炼、精炼和铸造生产区域的事故坑、炉下渣坑,以及熔融金属泄漏和喷溅影响范围内的炉前平台、炉基区域、厂房内吊运和地面运输通道等6类区域存在积水的;

3. 炼钢连铸流程未设置事故钢水罐、中间罐漏钢坑(槽)、中间罐溢流坑(槽)、漏钢回转溜槽,或者模铸流程未设置事故钢水罐(坑、槽)的;

4. 转炉、电弧炉、AOD炉、LF炉、RH炉、VOD炉等炼钢炉的水冷元件未设置出水温度、进出水流量差等监测报警装置,或者监测报警装置未与炉体倾动、氧(副)枪自动提升、电极自动断电和升起装置联锁的;

5. 高炉生产期间炉顶工作压力设定值超过设计文件规定的最高工作压力,或者炉顶工作压力监测装置未与炉顶放散阀联锁,或者炉顶放散阀的联锁放散压力设定值超过设备设计压力值的;

6. 煤气生产、回收净化、加压混合、储存、使用设施附近的会议室、活动室、休息室、操作室、交接班室、更衣室等6类人员聚集场所，以及可能发生煤气泄漏、积聚的场所和部位未设置固定式一氧化碳浓度监测报警装置，或者监测数据未接入24小时有人值守场所的；

7. 加热炉、煤气柜、除尘器、加压机、烘烤器等设施，以及进入车间前的煤气管道未安装隔断装置的；

8. 正压煤气输配管线水封式排水器的最高封堵煤气压力小于30 kPa，或者同一煤气管道隔断装置的两侧共用一个排水器，或者不同煤气管道排水器上部的排水管连通，或者不同介质的煤气管道共用一个排水器的。

四、有色企业有下列情形之一的，应当判定为重大事故隐患：

1. 会议室、活动室、休息室、操作室、交接班室、更衣室（含澡堂）等6类人员聚集场所设置在熔融金属吊运跨的地坪区域内的；

2. 生产期间冶炼、精炼、铸造生产区域的事故坑、炉下渣坑，以及熔融金属泄漏、喷溅影响范围内的炉前平台、炉基区域、厂房内吊运和地面运输通道等6类区域存在非生产性积水的；

3. 熔融金属铸造环节未设置紧急排放和应急储存设施的（倾动式熔炼炉、倾动式保温炉、倾动式熔保一体炉、带保温炉的固定式熔炼炉除外）；

4. 采用水冷冷却的冶炼炉窑、铸造机（铝加工深井铸造工艺的结晶器除外）、加热炉未设置应急水源的；

5. 熔融金属冶炼炉窑的闭路循环水冷元件未设置出水温度、进出水流量差监测报警装置，或者开路水冷元件未设置进水流量、压力监测报警装置，或者未监测开路水冷元件出水温度的；

6. 铝加工深井铸造工艺的结晶器冷却水系统未设置进水压力、进水流量监测报警装置，或者监测报警装置未与快速切断阀、紧急排放阀、流槽断开装置联锁，或者监测报警装置未与倾动式浇铸炉控制系统联锁的；

7. 铝加工深井铸造工艺的浇铸炉铝液出口流槽、流槽与模盘（分配流槽）入口连接处未设置液位监测报警装置，或者固定式浇铸炉的铝液出口未设置机械锁紧装置的；

8. 铝加工深井铸造工艺的固定式浇铸炉的铝液流槽未设置紧急排放阀，或者流槽与模盘（分配流槽）入口连接处未设置快速切断阀（断开装置），或者流槽与模盘（分配流槽）入口连接处的液位监测报警装置未与快速切断阀（断开装置）、紧急排放阀联锁的；

9. 铝加工深井铸造工艺的倾动式浇铸炉流槽与模盘（分配流槽）入口连接处未设置快速切断阀（断开装置），或者流槽与模盘（分配流槽）入口连接处的液位监测报警装置

未与浇铸炉倾动控制系统、快速切断阀(断开装置)联锁的;

10. 铝加工深井铸造机钢丝卷扬系统选用非钢芯钢丝绳,或者未落实钢丝绳定期检查、更换制度的;

11. 可能发生一氧化碳、砷化氢、氯气、硫化氢等 4 种有毒气体泄漏、积聚的场所和部位未设置固定式气体浓度监测报警装置,或者监测数据未接入 24 小时有人值守场所,或者未对可能有砷化氢气体的场所和部位采取同等效果的检测措施的;

12. 使用煤气(天然气)并强制送风的燃烧装置的燃气总管未设置压力监测报警装置,或者监测报警装置未与紧急自动切断装置联锁的;

13. 正压煤气输配管线水封式排水器的最高封堵煤气压力小于 30 kPa,或者同一煤气管道隔断装置的两侧共用一个排水器,或者不同煤气管道排水器上部的排水管连通,或者不同介质的煤气管道共用一个排水器的。

五、建材企业有下列情形之一的,应当判定为重大事故隐患:

1. 煤磨袋式收尘器、煤粉仓未设置温度和固定式一氧化碳浓度监测报警装置,或者未设置气体灭火装置的;

2. 筒型储库人工清库作业未落实清库方案中防止高处坠落、坍塌等安全措施的;

3. 水泥企业电石渣原料筒型储库未设置固定式可燃气体浓度监测报警装置,或者监测报警装置未与事故通风装置联锁的;

4. 进入筒型储库、焙烧窑、预热器旋风筒、分解炉、竖炉、篦冷机、磨机、破碎机前,未对可能意外启动的设备和涌入的物料、高温气体、有毒有害气体等采取隔离措施,或者未落实防止高处坠落、坍塌等安全措施的;

5. 采用预混燃烧方式的燃气窑炉(热发生炉煤气窑炉除外)的燃气总管未设置管道压力监测报警装置,或者监测报警装置未与紧急自动切断装置联锁的;

6. 制氢站、氮氢保护气体配气间、燃气配气间等 3 类场所未设置固定式可燃气体浓度监测报警装置的;

7. 电熔制品电炉的水冷设备失效的;

8. 玻璃窑炉、玻璃锡槽等设备未设置水冷和风冷保护系统的监测报警装置的。

六、机械企业有下列情形之一的,应当判定为重大事故隐患:

1. 会议室、活动室、休息室、更衣室、交接班室等 5 类人员聚集场所设置在熔融金属吊运跨或者浇注跨的地坪区域内的;

2. 铸造用熔炼炉、精炼炉、保温炉未设置紧急排放和应急储存设施的;

3. 生产期间铸造用熔炼炉、精炼炉、保温炉的炉底、炉坑和事故坑,以及熔融金属泄漏、喷溅影响范围内的炉前平台、炉基区域、造型地坑、浇注作业坑和熔融金属转运通道

等 8 类区域存在积水的;

4. 铸造用熔炼炉、精炼炉、压铸机、氧枪的冷却水系统未设置出水温度、进出水流量差监测报警装置,或者监测报警装置未与熔融金属加热、输送控制系统联锁的;

5. 使用煤气(天然气)的燃烧装置的燃气总管未设置管道压力监测报警装置,或者监测报警装置未与紧急自动切断装置联锁,或者燃烧装置未设置火焰监测和熄火保护系统的;

6. 使用可燃性有机溶剂清洗设备设施、工装器具、地面时,未采取防止可燃气体在周边密闭或者半密闭空间内积聚措施的;

7. 使用非水性漆的调漆间、喷漆室未设置固定式可燃气体浓度监测报警装置或者通风设施的。

七、轻工企业有下列情形之一的,应当判定为重大事故隐患:

1. 食品制造企业烘制、油炸设备未设置防过热自动切断装置的;

2. 白酒勾兑、灌装场所和酒库未设置固定式乙醇蒸气浓度监测报警装置,或者监测报警装置未与通风设施联锁的;

3. 纸浆制造、造纸企业使用蒸气、明火直接加热钢瓶汽化液氯的;

4. 日用玻璃、陶瓷制造企业采用预混燃烧方式的燃气窑炉(热发生炉煤气窑炉除外)的燃气总管未设置管道压力监测报警装置,或者监测报警装置未与紧急自动切断装置联锁的;

5. 日用玻璃制造企业玻璃窑炉的冷却保护系统未设置监测报警装置的;

6. 使用非水性漆的调漆间、喷漆室未设置固定式可燃气体浓度监测报警装置或者通风设施的;

7. 锂离子电池储存仓库未对故障电池采取有效物理隔离措施的。

八、纺织企业有下列情形之一的,应当判定为重大事故隐患:

1. 纱、线、织物加工的烧毛、开幅、烘干等热定型工艺的汽化室、燃气贮罐、储油罐、热媒炉,未与生产加工等人员聚集场所隔开或者单独设置的;

2. 保险粉、双氧水、次氯酸钠、亚氯酸钠、雕白粉(吊白块)与禁忌物料混合储存,或者保险粉储存场所未采取防水防潮措施的。

九、烟草企业有下列情形之一的,应当判定为重大事故隐患:

1. 熏蒸作业场所未配备磷化氢气体浓度监测报警仪器,或者未配备防毒面具,或者熏蒸杀虫作业前未确认无关人员全部撤离熏蒸作业场所的;

2. 使用液态二氧化碳制造膨胀烟丝的生产线和场所未设置固定式二氧化碳浓度监

测报警装置,或者监测报警装置未与事故通风设施联锁的。

十、存在粉尘爆炸危险的工贸企业有下列情形之一的,应当判定为重大事故隐患:

1. 粉尘爆炸危险场所设置在非框架结构的多层建(构)筑物内,或者粉尘爆炸危险场所内设有员工宿舍、会议室、办公室、休息室等人员聚集场所的;

2. 不同类别的可燃性粉尘、可燃性粉尘与可燃气体等易加剧爆炸危险的介质共用一套除尘系统,或者不同建(构)筑物、不同防火分区共用一套除尘系统、除尘系统互联互通的;

3. 干式除尘系统未采取泄爆、惰化、抑爆等任一种爆炸防控措施的;

4. 铝镁等金属粉尘除尘系统采用正压除尘方式,或者其他可燃性粉尘除尘系统采用正压吹送粉尘时,未采取火花探测消除等防范点燃源措施的;

5. 除尘系统采用重力沉降室除尘,或者采用干式巷道式构筑物作为除尘风道的;

6. 铝镁等金属粉尘、木质粉尘的干式除尘系统未设置锁气卸灰装置的;

7. 除尘器、收尘仓等划分为20区的粉尘爆炸危险场所电气设备不符合防爆要求的;

8. 粉碎、研磨、造粒等易产生机械点燃源的工艺设备前,未设置铁、石等杂物去除装置,或者木制品加工企业与砂光机连接的风管未设置火花探测消除装置的;

9. 遇湿自燃金属粉尘收集、堆放、储存场所未采取通风等防止氢气积聚措施,或者干式收集、堆放、储存场所未采取防水、防潮措施;

10. 未落实粉尘清理制度,造成作业现场积尘严重的。

十一、使用液氨制冷的工贸企业有下列情形之一的,应当判定为重大事故隐患:

1. 包装、分割、产品整理场所的空调系统采用氨直接蒸发制冷的;

2. 快速冻结装置未设置在单独的作业间内,或者快速冻结装置作业间内作业人员数量超过9人的。

十二、存在硫化氢、一氧化碳等中毒风险的有限空间作业的工贸企业有下列情形之一的,应当判定为重大事故隐患:

1. 未对有限空间进行辨识、建立安全管理台账,并且未设置明显的安全警示标志的;

2. 未落实有限空间作业审批,或者未执行"先通风、再检测、后作业"要求,或者作业现场未设置监护人员的。

十三、本标准所列情形中直接关系生产安全的监控、报警、防护等设施、设备、装置,应当保证正常运行、使用,失效或者无效均判定为重大事故隐患。

第十三节　淘汰落后安全技术工艺、设备目录

一、淘汰落后安全技术装备目录(2015 年第一批)

序号	淘汰的落后技术装备名称	淘汰原因	建议淘汰类型	建议限制范围	代替的技术装备名称
(一)煤矿领域(7 项)					
1	煤矿井下油浸变压器和油开关等油浸电气设备	绝缘水平和分断能力低,可靠性差,运转费用高,维护量大,绝缘油存在燃烧的危险,且机电硐室内的油浸设备已淘汰	禁止		干式变压器和真空(或空气)断路器
2	S7 动力变压器	安全可靠性差,且原材料消耗量和能耗大	限制	新产品不使用	S9 及以上动力变压器
3	继电器式过流保护装置(6 kV 及以上开关柜使用)	故障率高,整定繁琐,误差大,动作时间长	限制	新产品不使用	微机保护
4	电磁式继电保护装置	保护性能差,运行过程中发生误动、拒动的可能性大	限制	新产品不使用	微机保护综合自动化装置
5	矿井提升机制动系统十字弹簧控制压力的液压站	结构落后,受加工精度影响大,压力调节不稳定,调整难度大,不易于维护,故障率较高	限制	新产品不使用	采用电磁比例阀或先导结构比例溢流阀控制压力的液压站,变频电机控制压力的液压站
6	阀式避雷器	保护设备的绝缘水平和通流容量较低,耐污性能较差	限制	新产品不使用	氧化锌避雷器
7	水力采煤	采区工作面不能形成完善、可靠的通风系统,且工作面顶板无法得到有效支护	限制	执行《煤矿安全规程》的规定	
(二)危险化学品领域和烟花爆竹行业(14 项)					
1	合成氨半水煤气氨水液相脱硫工艺	没有配套硫磺回收装置,工艺过程控制复杂,危险有害因素及不可预见性危险多,自动化控制程度低,安全性差,易发生泄漏、中毒、爆炸、火灾等安全生产事故	禁止		配套有硫磺回收装置的栲胶湿式脱硫工艺
2	合成氨固定层间歇式煤气化装置	没有配套建设吹风气余热回收、造气炉渣综合利用装置,自动化控制程度低,安全性差,易发生泄漏、中毒、爆炸、火灾等安全生产事故	禁止		配套有吹风气余热回收、造气炉渣综合利用装置的煤气化装置

续表

序号	淘汰的落后技术装备名称	淘汰原因	建议淘汰类型	建议限制范围	代替的技术装备名称
3	焦油加工工艺中的硫酸分解工艺	分解过程中硫酸对设备及管道的腐蚀性强,造成泵、管道、分解器等设备损坏率升高,安全性差	禁止		二氧化碳或二氧化碳和硫酸法复合分解工艺
4	合成氨一氧化碳常压变换及全中温变换(高温变换)工艺	自动化控制程度低,安全性差,易发生泄漏、中毒、爆炸、火灾等安全生产事故	禁止		中中低低变换工艺
5	合成氨 L 型 HN 气压缩机	静动密封点多,易泄漏,从二段以后的各段分离设备均为小体积压力容器,检测难度大,安全隐患多且排查治理难度大。润滑点多,润滑油脂易带入后工序的气体内,使介质受到污染而影响工艺生产的稳定,进而影响安全生产。单机能力低,自动化控制程度低,安全性差,操作人员的劳动强度大	禁止		M 型或 MH 型 HN 气压缩机
6	硫酸间接法生产仲丁醇	生产过程中产生大量低浓度废硫酸,对设备腐蚀严重,安全性差	禁止		丁烯直接水合法生产仲丁醇
7	液氯釜式汽化工艺	釜式汽化器中三氯化氮易积累,到一定程度后会产生自爆	禁止		液氯全汽化工艺,套管式、列管式加热液氯汽化工艺
8	液氯压料包装工艺	液氯储槽加压时,整个储液氯的设备承受压力,一旦操作失误或设备承压能力受限设备失效时,整罐的液氯有失控的危险;如果空气含有水分,则对相关设备造成较大腐蚀;釜式汽化使三氯化氮积累有爆炸危险	禁止		液下泵充装工艺
9	5-氯-2-甲基苯胺铁粉还原工艺设备	生产环境较差,容易导致工人中毒等职业病危害	禁止		5-氯-2-甲基苯胺加氢还原工艺设备
10	釜式夹套加热液氯汽化工艺	釜式夹套加热技术流速低,三氯化氮容易积累,易有爆炸危险	禁止		套管式、列管式加热液氯汽化工艺
11	液氯钢瓶手动充装设备	手动充装易误操作导致泄漏或钢瓶爆炸	禁止		液氯钢瓶自动安全充装控制系统成套设备
12	三足式离心机	开放式操作设备,易产生震动、挤压、物料喷溅等危险,安全系数较低	禁止		压滤机或全自动离心机

续表

序号	淘汰的落后技术装备名称	淘汰原因	建议淘汰类型	建议限制范围	代替的技术装备名称
13	爆竹生产的带药插引	人与药物直接接触,现场存药量大,极易发生燃烧和爆炸,造成人员伤亡	禁止		无药插引
14	爆竹生产的手工混装药	人与药物直接接触,现场存药量大,极易发生燃烧和爆炸,造成人员伤亡	禁止		机械化混装药
(三)冶金领域(4项)					
1	热处理工艺井式热处理电炉	电炉在"固溶—淬火—回火"转换期间,需要人工将产品用行车吊出放入另一个炉中,安全性差	禁止		热处理工艺、燃气连续热处理炉
2	3.8 m及以下的捣固焦炉	3.8 m及以下焦炉站点面积大、能耗大,安全性差	禁止		5.5 m及以上侧装煤捣固焦炉
3	制氧作业区板式工艺流程;制氧1#、2#机组	空分碳氢化合物清除不彻底,主冷总碳易超标,存在严重的安全隐患。板式流程操作繁琐,自动化改造困难,工艺复杂,操作难度大。附属设备多,安全隐患多	禁止		分子筛工艺流程;现代空分工艺设备
4	铝合金盐浴槽淬火工艺	生产过程中所用的亚硝酸盐遇水或者高温时可能发生爆炸,造成生产安全事故	限制	军工及航空航天产品允许使用该工艺	气垫炉
(四)职业健康领域(4项)					
1	不带除尘的砂轮机	在抛光、机械加工企业,在打磨作业过程中会造成大量的粉尘,如打磨铝、镁等物品会产生大量的可燃爆粉尘。在原有设备上加装除尘设备进行改造,可能会造成设备存在安全隐患,达不到安全技术要求	禁止		带除尘功能的砂轮机
2	无密闭无除尘的干法石棉选矿工艺	作业过程中会产生大量高毒粉尘,对作业人员身体健康产生严重损害	禁止		湿法石棉洗选工艺或有密闭除尘的干法石棉选矿工艺
3	石英砂干法加工工艺	各级破碎环节容易产生大量粉尘,而石英砂粉尘中游离二氧化硅含量极高,对人体危害很大	限制	五年内逐步淘汰	石英砂湿法加工工艺
4	未单独设置喷漆间的木质家具制造喷漆工艺	喷漆环节产生的化学毒物容易对其他工艺作业人员产生危害	禁止		设置独立的喷漆间

续表

序号	淘汰的落后技术装备名称	淘汰原因	建议淘汰类型	建议限制范围	代替的技术装备名称
（五）应急救援领域(1项)					
1	负压氧气呼吸器	使用过程中呼吸器整个系统内的压力是正负交替进行，呼气时系统内的压力高于外界的大气压，而在吸气时系统内的压力又会低于外界的大气压，一旦口鼻具松动或脱落，容易造成人员受有害气体伤害，安全性较低	禁止		正压氧气呼吸器

二、淘汰落后安全技术工艺、设备目录（2016年）

序号	工艺(设备)名称	淘汰原因	建议淘汰类型	建议淘汰范围	可代替的技术装备
（一）煤矿安全					
1	皮带机皮带钉扣人力夯砸工艺	操作安全性差，连接可靠性低，安全隐患大，容易造成事故	禁止	1年后禁止使用	专用皮带机皮带钉扣机
2	钢丝绳牵引耙装机	安全装载能力不足，效率不高，隐患较大，不符合《煤矿安全规程》	限制	高瓦斯、煤与瓦斯突出和有粉尘爆炸危险矿井的煤巷、半煤巷和石门揭煤工作面禁止使用	钻装锚一体机及履带挖掘装载机
3	煤矿井下用煤电钻	电缆及其连接插销容易产生电源短路、电缆绝缘破损等问题，电气失爆产生电火花，易造成瓦斯爆炸等事故	限制	煤与瓦斯突出矿井禁止使用（煤芯取样不受此限）	气动风钻及液压钻
4	井下活塞式移动空压机	噪声大，发热量高，稳定性差，安全性能差	禁止	2年后禁止使用	井下螺杆式移动空压机
5	井下照明白炽灯	耗电量大，开灯瞬间电流大，局部温度过高易造成灯丝烧断。属于落后设备，不能做到本质安全	禁止	2年后禁止使用	井下照明LED灯
6	串电阻调速提升机电控装置	启动、换挡时产生较大冲击电流，自动化程度较低。电阻系统运行中易发热，减速与低速爬行中工作闸瓦的磨损比较严重，需经常更换。存在控制方式繁	禁止	大型新建矿井禁止新使用	四象限变频调速提升电控装置

续表

序号	工艺(设备)名称	淘汰原因	建议淘汰类型	建议淘汰范围	可代替的技术装备
		琐、可靠性低、调速性能差、安全隐患大等问题			
7	老虎口式主井箕斗装载设备	无法定重装载,测量结果准确性差,易造成箕斗过量装载,导致煤大量外溢事故,影响提升效率。不符合《煤矿安全规程》要求	禁止	1年后禁止使用	给煤机式主井箕斗定重装载自动化系统
8	普通轨斜井人车	存在跑车、掉道及侧翻等安全隐患,事故率较高,车体重,制动可靠性较低	禁止	普通轨叉爪式人车3年后禁止使用,普通轨抱轨式人车5年后禁止使用	架空乘人装置或单轨吊
(二) 危险化学品					
9	间歇焦炭法二硫化碳工艺	20世纪80年代国外已淘汰该工艺及设备。存在高污染、高环境危害等问题,同时易发生泄漏、中毒、爆炸等生产安全事故,安全隐患突出	限制	新建二硫化碳生产项目禁止使用	天然气法二硫化碳工艺
(三) 工贸企业					
10	金属打磨工艺的砖槽式通风道	容易造成粉尘沉降,导致静电累积,安全隐患大,易发生粉尘爆炸事故	禁止	1年后禁止使用	金属通风管道
(四)职业健康					
11	鞋和箱包制造领域有害物质超标的胶粘工艺	胶粘剂中苯、正己烷、1,2-二氯乙烷等有害物质超标,职业病危害严重,不符合《鞋和箱包用胶粘剂》(GB19340)标准规定	限制	1年后禁止使用	鞋和箱包制造领域低毒或毒物质未超标的胶粘工艺

备注:"可代替的技术装备"列举的技术装备仅为推荐使用。

三、淘汰落后危险化学品安全生产工艺技术设备目录(第一批)(2020)

序号	淘汰落后工艺技术装备名称	淘汰原因	淘汰类型	限制范围	代替的技术或装备名称	依据
(一)淘汰落后的工艺技术							
1	采用氨冷冻盐水的氯气液化工艺	氨漏入盐水中形成氨盐,再漏入液氯中,形成三氯化氮,易发生爆炸	限制	两年内改造完毕	环保型冷冻剂	《安全生产法》第三十五条
2	用火直接加热的涂料用树脂生产工艺	安全风险大	禁止			列入国家发展改革委《产业结构调整指导目录(2019年本)》"淘汰类"
3	常压固定床间歇煤气化工艺	自动化程度相对较低,人工加煤、下灰时易发生火灾、爆炸、灼烫等事故	限制	新、扩建项目禁止采用	新型煤气化技术	《安全生产法》第三十五条
4	常压中和法硝酸铵生产工艺	常压反应釜内物料量大,反应速度慢且不均匀,尾气逸出量大,安全风险大	禁止	三聚氰胺尾气综合利用项目除外	加压中和法或管式反应器法硝酸铵生产工艺	《安全生产法》第三十五条
(二)淘汰落后的设备							
1	敞开式离心机	缺乏有效密封,工作过程中物料及蒸气逸出带来的安全风险高	限制	涉及易燃、有毒物料禁用	密闭式离心机	《安全生产法》第三十五条
2	多节钟罩的氯乙烯气柜	气柜导轨容易发生卡涩,使物料泄漏	限制	新、扩建项目禁止,现有多节气柜按照单节气柜改造运行	单节钟罩气柜	《安全生产法》第三十五条
3	煤制甲醇装置气体净化工序三元换热器	在此环境下,易发生腐蚀造成泄漏	禁止		常规列管换热器、板式换热器等	《安全生产法》第三十五条
4	未设置密闭及自动吸收系统的液氯储存仓库	安全风险高,易发生中毒事故	限制	一年内改造完毕	仓库密闭,并设置与报警联锁的自动吸收装置	《危险化学品企业安全隐患排查治理导则》

续表

序号	淘汰落后工艺技术装备名称	淘汰原因	淘汰类型	限制范围	代替的技术或装备名称	依据
5	采用明火高温加热方式生产石油制品的釜式蒸馏装置	安全风险高,易发生火灾爆炸事故	禁止		常减压蒸馏塔	列入国家发展改革委《产业结构调整指导目录（2019年本）》"淘汰类"
6	开放式（又称敞开式）、内燃式（又称半密闭式或半开放式）电石炉	安全风险高,易发生火灾、爆炸、灼烫事故	禁止		密闭式电石炉	电石行业产业政策
7	无火焰监测和熄火保护系统的燃气加热炉、导热油炉	燃气加热炉、导热油炉缺乏火焰监测和熄火保护系统的,容易导致炉膛爆炸	限制	一年内改造完毕,科研实验用炉不受限制	带有火焰监测和熄火保护系统的燃气加热炉、导热油炉	《安全生产法》第三十五条
8	液化烃、液氯、液氨管道用软管	缺乏检测要求,安全可靠性低	禁止	码头使用的金属软管和电子级产品使用的软管除外	金属制压力管道或万向充装系统	《石油化工企业设计防火规范》（GB 50160—2008）（2018版）

四、淘汰落后危险化学品安全生产工艺技术设备目录（第二批）（2024）

序号	淘汰落后工艺技术设备名称	淘汰原因	淘汰类型	限制范围	代替的技术或设备名称	依据
1	酸碱交替的固定床过氧化氢生产工艺	过氧化氢溶液或含有过氧化氢的工作液误入碱性环境中,或者碱性物料窜入含有过氧化氢的环境中,均会导致过氧化氢急剧分解甚至爆炸,安全风险高	禁止	新（扩）建项目禁用,现有项目五年内改造完毕	流化床、全酸性固定床或其他先进的过氧化氢生产工艺,新（扩）建项目应采用流化床工艺,现有工艺的替代技术应优先采用流化床工艺	安全生产法第三十八条
2	有机硅浆渣人工扒渣卸料技术和敞开式浆渣水解技术	人工扒渣过程中,有机硅浆渣中的氯硅烷与空气中的水分发生反应生成腐蚀性盐酸酸雾,且浆渣遇空气可能发生自燃。敞开式	禁止	新（扩）建项目禁用,现有项目二年内改造完毕	有机硅浆渣自动化密闭式卸料技术及密闭式浆渣水解技术,或者连续运行的回转窑浆渣焚烧处理工艺,或者其他	安全生产法第三十八条

续表

序号	淘汰落后工艺技术设备名称	淘汰原因	淘汰类型	限制范围	代替的技术或设备名称	依据
		浆渣水解工艺中,浆渣与碱性水发生反应会释放出氯化氢气体和氢气,氯化氢气体在空气中会形成腐蚀性盐酸酸雾,氢气易积聚引发火灾爆炸事故,安全风险高			先进的密闭式固液分离工艺	
3	间歇碳化法碳酸锶、碳酸钡生产工艺(使用硫化氢湿式气柜的)	间歇碳化法碳酸锶、碳酸钡生产工艺采用湿式气柜储存硫化氢,易造成气柜腐蚀、卡顿,因密封失效引发硫化氢泄漏中毒事故	禁止	新(扩)建项目禁用,现有碳酸锶间歇碳化法生产工艺一年内改造完毕,现有碳酸钡间歇碳化法生产工艺二年内改造完毕	碳酸锶、碳酸钡连续碳化法生产工艺或多塔碳化工艺,取消硫化氢湿式气柜	安全生产法第三十八条
4	间歇或半间歇釜式硝化工艺	间歇和半间歇釜式硝化生产工艺机械化自动化程度低,反应釜内危险物料数量多,一旦反应失控发生火灾爆炸事故,易造成重大人员伤亡	限制	硝基苯等27种化学品(清单见表后注释)禁用,二年内改造完毕	微通道反应器、管式反应器或连续釜式硝化生产工艺	安全生产法第三十八条
5	无冷却措施的内注导热油式电加热反应釜(油浴反应釜、油浴锅)	靠自然冷却降温无法满足紧急降温需求,一旦反应釜超温,易发生火灾爆炸事故	限制	涉及重点监管危险化工工艺的反应釜禁用,在役设备一年内更换完毕	具备冷热媒切换功能等满足紧急降温需求的反应釜	安全生产法第三十八条
6	油库的内浮顶储罐采用浅盘式或敞口隔舱式内浮顶	浅盘式或敞口隔舱式内浮顶安全性能差,易沉盘,引发火灾爆炸事故	禁止	取得危险化学品经营许可证的油库禁用,在役设备二年内改造完毕	钢制内浮顶和装配式不锈钢全接液内浮顶	《石油库设计规范》(GB 50074—2014)第6.1.7条

续表

序号	淘汰落后工艺技术设备名称	淘汰原因	淘汰类型	限制范围	代替的技术或设备名称	依据
7	单端面机械密封离心泵和填料密封离心泵（液下泵除外）	单端面机械密封离心泵和填料密封离心泵可靠性低，易因密封失效而发生泄漏，造成火灾爆炸、中毒事故	禁止	甲A类、极度危害、高度危害和操作温度超过自燃点的危险化学品禁用，在役设备三年内更换完毕	双端面机械密封离心泵，串联机械密封、干气密封离心泵或者屏蔽泵、磁力泵、隔膜泵等无泄漏泵	《国家安全监管总局关于加强化工企业泄漏管理的指导意见》（安监总管三〔2014〕94号）

注：生产过程涉及硝化工艺的27种化学品包括：硝基苯、二硝基苯、硝基甲苯、二硝基甲苯、硝基氯苯、二硝基氯苯、乙氧氟草醚、O-甲基-N-硝基异脲、唑草酮、2,5-二氯硝基苯、3-硝基邻苯二甲酸、2,4-二氯-5-氟苯乙酮、硝基胍、5-氯-2-硝基苯胺、2,4-二氯硝基苯、2,4-二氟硝基苯、芬苯达唑、阿苯达唑、二甲戊灵、甲磺草胺、氟磺胺草醚、4-氯-2,5-二甲氧基硝基苯、2-硝基-4-乙酰氨基苯甲醚、3,4-二氟硝基苯、1-氨基-8-萘酚-3,6-二磺酸（H酸）、2-硝基-4-甲砜基苯甲酸、6-硝基-1,2-重氮氧基萘-4-磺酸（6-硝体）。

第十四节 《建设工程消防设计审查验收管理暂行规定》

一、总则

（一）特殊建设工程的消防设计审查、消防验收，以及其他建设工程的消防验收备案（以下简称备案）、抽查，适用本规定。

（二）国务院住房和城乡建设主管部门负责指导监督全国建设工程消防设计审查验收工作。

县级以上地方人民政府住房和城乡建设主管部门（以下简称消防设计审查验收主管部门）依职责承担本行政区域内建设工程的消防设计审查、消防验收、备案和抽查工作。

跨行政区域建设工程的消防设计审查、消防验收、备案和抽查工作，由该建设工程所在行政区域消防设计审查验收主管部门共同的上一级主管部门指定负责。

（三）从事建设工程消防设计审查验收的工作人员，以及建设、设计、施工、工程监理、技术服务等单位的从业人员，应当具备相应的专业技术能力，定期参加职业培训。

二、有关单位的消防设计、施工质量责任与义务

（一）建设单位依法对建设工程消防设计、施工质量负首要责任。设计、施工、工程监理、技术服务等单位依法对建设工程消防设计、施工质量负主体责任。建设、设计、施

工、工程监理、技术服务等单位的从业人员依法对建设工程消防设计、施工质量承担相应的个人责任。

（二）建设单位应当履行下列消防设计、施工质量责任和义务：

1. 不得明示或者暗示设计、施工、工程监理、技术服务等单位及其从业人员违反建设工程法律法规和国家工程建设消防技术标准，降低建设工程消防设计、施工质量；

2. 依法申请建设工程消防设计审查、消防验收，办理备案并接受抽查；

3. 实行工程监理的建设工程，依法将消防施工质量委托监理；

4. 委托具有相应资质的设计、施工、工程监理单位；

5. 按照工程消防设计要求和合同约定，选用合格的消防产品和满足防火性能要求的建筑材料、建筑构配件和设备；

6. 组织有关单位进行建设工程竣工验收时，对建设工程是否符合消防要求进行查验；

7. 依法及时向档案管理机构移交建设工程消防有关档案。

（三）设计单位应当履行下列消防设计、施工质量责任和义务：

1. 按照建设工程法律法规和国家工程建设消防技术标准进行设计，编制符合要求的消防设计文件，不得违反国家工程建设消防技术标准强制性条文；

2. 在设计文件中选用的消防产品和具有防火性能要求的建筑材料、建筑构配件和设备，应当注明规格、性能等技术指标，符合国家规定的标准；

3. 参加建设单位组织的建设工程竣工验收，对建设工程消防设计实施情况签章确认，并对建设工程消防设计质量负责。

（四）施工单位应当履行下列消防设计、施工质量责任和义务：

1. 按照建设工程法律法规、国家工程建设消防技术标准，以及经消防设计审查合格或者满足工程需要的消防设计文件组织施工，不得擅自改变消防设计进行施工，降低消防施工质量；

2. 按照消防设计要求、施工技术标准和合同约定检验消防产品和具有防火性能要求的建筑材料、建筑构配件和设备的质量，使用合格产品，保证消防施工质量；

3. 参加建设单位组织的建设工程竣工验收，对建设工程消防施工质量签章确认，并对建设工程消防施工质量负责。

（五）工程监理单位应当履行下列消防设计、施工质量责任和义务：

1. 按照建设工程法律法规、国家工程建设消防技术标准，以及经消防设计审查合格或者满足工程需要的消防设计文件实施工程监理；

2. 在消防产品和具有防火性能要求的建筑材料、建筑构配件和设备使用、安装前，核查产品质量证明文件，不得同意使用或者安装不合格的消防产品和防火性能不符合要求的建筑材料、建筑构配件和设备；

3. 参加建设单位组织的建设工程竣工验收，对建设工程消防施工质量签章确认，并对建设工程消防施工质量承担监理责任。

（六）提供建设工程消防设计图纸技术审查、消防设施检测或者建设工程消防验收现场评定等服务的技术服务机构，应当按照建设工程法律法规、国家工程建设消防技术标准和国家有关规定提供服务，并对出具的意见或者报告负责。

三、特殊建设工程的消防设计审查

（一）具有下列情形之一的建设工程是特殊建设工程：

1. 总建筑面积大于二万平方米的体育场馆、会堂，公共展览馆、博物馆的展示厅；

2. 总建筑面积大于一万五千平方米的民用机场航站楼、客运车站候车室、客运码头候船厅；

3. 总建筑面积大于一万平方米的宾馆、饭店、商场、市场；

4. 总建筑面积大于二千五百平方米的影剧院，公共图书馆的阅览室，营业性室内健身、休闲场馆，医院的门诊楼，大学的教学楼、图书馆、食堂，劳动密集型企业的生产加工车间，寺庙、教堂；

5. 总建筑面积大于一千平方米的托儿所、幼儿园的儿童用房，儿童游乐厅等室内儿童活动场所，养老院、福利院，医院、疗养院的病房楼，中小学校的教学楼、图书馆、食堂，学校的集体宿舍，劳动密集型企业的员工集体宿舍；

6. 总建筑面积大于五百平方米的歌舞厅、录像厅、放映厅、卡拉OK厅、夜总会、游艺厅、桑拿浴室、网吧、酒吧，具有娱乐功能的餐馆、茶馆、咖啡厅；

7. 国家工程建设消防技术标准规定的一类高层住宅建筑；

8. 城市轨道交通、隧道工程，大型发电、变配电工程；

9. 生产、储存、装卸易燃易爆危险物品的工厂、仓库和专用车站、码头，易燃易爆气体和液体的充装站、供应站、调压站；

10. 国家机关办公楼、电力调度楼、电信楼、邮政楼、防灾指挥调度楼、广播电视楼、档案楼；

11. 设有本条第一项至第六项所列情形的建设工程；

12. 本条第十项、第十一项规定以外的单体建筑面积大于四万平方米或者建筑高度超过五十米的公共建筑。

（二）对特殊建设工程实行消防设计审查制度。

特殊建设工程的建设单位应当向消防设计审查验收主管部门申请消防设计审查，消防设计审查验收主管部门依法对审查的结果负责。

特殊建设工程未经消防设计审查或者审查不合格的，建设单位、施工单位不得施工。

（三）建设单位申请消防设计审查，应当提交下列材料：

1. 消防设计审查申请表；
2. 消防设计文件；
3. 依法需要办理建设工程规划许可的,应当提交建设工程规划许可文件；
4. 依法需要批准的临时性建筑,应当提交批准文件。

(四)特殊建设工程具有下列情形之一的,建设单位除提交本规定第十六条所列材料外,还应当同时提交特殊消防设计技术资料:

1. 国家工程建设消防技术标准没有规定,必须采用国际标准或者境外工程建设消防技术标准的；
2. 消防设计文件拟采用的新技术、新工艺、新材料不符合国家工程建设消防技术标准规定的。

前款所称特殊消防设计技术资料,应当包括特殊消防设计文件,设计采用的国际标准、境外工程建设消防技术标准的中文文本,以及有关的应用实例、产品说明等资料。

(五)省、自治区、直辖市人民政府住房和城乡建设主管部门应当在收到申请材料之日起十个工作日内组织召开专家评审会,对建设单位提交的特殊消防设计技术资料进行评审。

评审专家从专家库随机抽取,对于技术复杂、专业性强或者国家有特殊要求的项目,可以直接邀请相应专业的中国科学院院士、中国工程院院士、全国工程勘察设计大师以及境外具有相应资历的专家参加评审；与特殊建设工程设计单位有利害关系的专家不得参加评审。

评审专家应当符合相关专业要求,总数不得少于七人,且独立出具评审意见。特殊消防设计技术资料经四分之三以上评审专家同意即为评审通过,评审专家有不同意见的,应当注明。

(六)消防设计审查验收主管部门应当自受理消防设计审查申请之日起十五个工作日内出具书面审查意见。依照本规定需要组织专家评审的,专家评审时间不超过二十个工作日。

四、特殊建设工程的消防验收

(一)对特殊建设工程实行消防验收制度。

特殊建设工程竣工验收后,建设单位应当向消防设计审查验收主管部门申请消防验收；未经消防验收或者消防验收不合格的,禁止投入使用。

(二)建设单位组织竣工验收时,应当对建设工程是否符合下列要求进行查验:

1. 完成工程消防设计和合同约定的消防各项内容；
2. 有完整的工程消防技术档案和施工管理资料(含涉及消防的建筑材料、建筑构配件和设备的进场试验报告)；

3. 建设单位对工程涉及消防的各分部分项工程验收合格；施工、设计、工程监理、技术服务等单位确认工程消防质量符合有关标准；

4. 消防设施性能、系统功能联调联试等内容检测合格。

经查验不符合前款规定的建设工程，建设单位不得编制工程竣工验收报告。

（三）消防设计审查验收主管部门受理消防验收申请后，应当按照国家有关规定，对特殊建设工程进行现场评定。现场评定包括对建筑物防(灭)火设施的外观进行现场抽样查看；通过专业仪器设备对涉及距离、高度、宽度、长度、面积、厚度等可测量的指标进行现场抽样测量；对消防设施的功能进行抽样测试、联调联试消防设施的系统功能等内容。

（四）消防设计审查验收主管部门应当自受理消防验收申请之日起十五日内出具消防验收意见。对符合下列条件的，应当出具消防验收合格意见：

1. 申请材料齐全、符合法定形式；

2. 工程竣工验收报告内容完备；

3. 涉及消防的建设工程竣工图纸与经审查合格的消防设计文件相符；

4. 现场评定结论合格。

对不符合前款规定条件的，消防设计审查验收主管部门应当出具消防验收不合格意见，并说明理由。

五、其他建设工程的消防设计、备案与抽查

（一）其他建设工程，建设单位申请施工许可或者申请批准开工报告时，应当提供满足施工需要的消防设计图纸及技术资料。

未提供满足施工需要的消防设计图纸及技术资料的，有关部门不得发放施工许可证或者批准开工报告。

（二）对其他建设工程实行备案抽查制度。

其他建设工程经依法抽查不合格的，应当停止使用。

（三）其他建设工程竣工验收合格之日起五个工作日内，建设单位应当报消防设计审查验收主管部门备案。

建设单位办理备案，应当提交下列材料：

1. 消防验收备案表；

2. 工程竣工验收报告；

3. 涉及消防的建设工程竣工图纸。

（四）消防设计审查验收主管部门收到建设单位备案材料后，对备案材料齐全的，应当出具备案凭证；备案材料不齐全的，应当一次性告知需要补正的全部内容。

（五）消防设计审查验收主管部门应当对备案的其他建设工程进行抽查。抽查工作推行"双随机、一公开"制度,随机抽取检查对象,随机选派检查人员。抽取比例由省、自治区、直辖市人民政府住房和城乡建设主管部门,结合辖区内消防设计、施工质量情况确定,并向社会公示。

消防设计审查验收主管部门应当自其他建设工程被确定为检查对象之日起十五个工作日内,按照建设工程消防验收有关规定完成检查,制作检查记录。检查结果应当通知建设单位,并向社会公示。

(六)建设单位收到检查不合格整改通知后,应当停止使用建设工程,并组织整改,整改完成后,向消防设计审查验收主管部门申请复查。

消防设计审查验收主管部门应当自收到书面申请之日起七个工作日内进行复查,并出具复查意见。复查合格后方可使用建设工程。

第四章 地方法规与规章

第一节 《江苏省安全生产条例》

一、总则

（一）关于江苏省安全生产条例适用范围和调整事项的规定

在本省行政区域内从事生产经营活动的单位（以下统称生产经营单位）的安全生产及其相关监督管理，适用本条例。有关法律、法规对消防安全和道路交通安全、铁路交通安全、水上交通安全、民用航空安全以及核与辐射安全、特种设备安全等另有规定的，适用其规定。

（二）关于生产经营单位主要负责人和其他负责人责任的规定

生产经营单位是安全生产的责任主体。

生产经营单位的主要负责人是本单位安全生产第一责任人，对本单位的安全生产工作全面负责，其他负责人在各自职责范围内履行安全生产职责。生产经营单位的主要负责人包括法定代表人、实际控制人以及对本单位生产经营负有最高管理权、决策权的其他人员。

生产经营单位的从业人员有依法获得安全生产保障的权利和履行安全生产职责的义务。

（三）关于县级以上地方人民政府安全生产委员会职责的规定

县级以上地方人民政府的安全生产委员会负责研究部署、统筹协调本地区安全生产工作，提出安全生产工作的政策措施，定期分析研判安全生产形势，及时协调、解决安全生产监督管理中的重大问题。安全生产委员会办公室设在同级应急管理部门，承担安全生产委员会日常工作。

安全生产委员会可以根据本地区重点行业、领域特点，设立安全生产专业委员会，负责指导协调重点行业、领域安全生产工作。

（四）关于县级以上地方人民政府应急管理部门以及有关部门安全生产职责的规定

县级以上地方人民政府应急管理部门依法对本行政区域内安全生产工作实施综合监督管理。

省应急、教育、工业和信息化、公安、生态环境、住房城乡建设、交通运输、水利、农业农村、文化和旅游、市场监管、粮食物资储备、人防、铁路、通信、邮政等行业、领域的主管部门在各自职责范围内,依法对安全生产工作实施监督管理。

省发展改革、科技、民政、人力资源社会保障、自然资源、商务、卫生健康、国资等其他行业、领域的主管部门在各自职责范围内,从行业规划、产业政策、法规标准、行政许可等方面加强安全生产工作,履行相关行业、领域安全生产管理职责。财政、司法行政、广播电视等其他有关部门在各自职责范围内为安全生产工作提供支持保障,共同推进安全发展。

设区的市、县(市、区)人民政府应当根据本地实际,明确对有关行业、领域的安全生产工作实施监督管理的部门,以及其他履行安全生产管理、保障职责的部门。

新兴行业、领域中涉及的安全生产监督管理职责不明确的,由县级以上地方人民政府按照业务相近的原则确定监督管理部门。

应急管理部门和对有关行业、领域的安全生产工作实施监督管理的部门,统称负有安全生产监督管理职责的部门。

县级以上地方人民政府应当组织制定有关部门安全生产工作职责任务清单,将履行安全生产工作职责情况纳入年度综合考核内容。

(五)关于地方各级人民政府和有关部门的主要负责人、分管安全生产的负责人和其他负责人安全生产职责的规定

地方各级人民政府和有关部门的主要负责人对本地区、本部门主管行业、领域的安全生产工作负全面领导责任;分管安全生产的负责人对安全生产工作负综合监管领导责任;其他负责人对各自分管工作范围内的安全生产工作负直接领导责任。

地方各级人民政府应当制定主要负责人、分管安全生产的负责人和其他负责人年度安全生产重点工作任务清单,将履行安全生产工作职责情况纳入年度述职内容,并定期组织安全生产教育和培训。

(六)关于安全文化建设的规定

地方各级人民政府和有关部门、生产经营单位应当加强安全文化建设,开展安全生产法律、法规和安全生产知识的宣传,进行安全生产警示教育,组织群众性安全文化活动,增强全社会的安全生产意识。设区的市应当设立安全生产教育实践基地,创新安全生产教育形式。

省教育、人力资源社会保障等部门应当将安全生产知识普及纳入国民教育,建立完善学校安全教育和高危行业职业安全教育体系,将安全生产纳入相关技能考核和就业培训内容。

地方行政学院应当将安全生产教育和培训纳入教学计划。鼓励、支持高等学校和中等职业学校等加强安全生产科学技术研究,设置安全生产管理相关专业或者培训项目,

培养安全生产相关专业人才。

广播、电视、报刊、网站等各类媒体应当开展安全生产公益性宣传,及时报道安全生产情况,加强对安全生产工作和安全生产违法行为的舆论监督。

二、生产经营单位的安全生产保障

(一)关于生产经营单位安全生产基本义务的规定

生产经营单位应当建立健全全员安全生产责任制,明确主要负责人、其他负责人、职能部门负责人、生产车间(区队)负责人、生产班组负责人、岗位从业人员等全体从业人员的责任内容和考核标准,对全员安全生产责任制落实情况开展监督、考核、奖惩,保证全员安全生产责任制的落实。全员安全生产责任制及考核情况向全体从业人员公示。

生产经营单位应当建立安全生产的投入保障、宣传教育和培训、安全风险分级管控、事故隐患排查治理、应急救援、危险作业管理、变更管理、发包(出租)管理等安全生产规章制度,存在安全风险程度高的重大危险源、重要设施设备、重点生产经营场所的,还应当制定专项管理制度。

小型、微型企业等规模较小的生产经营单位可以针对本单位生产经营特点制定包括前款规定内容的综合性安全生产规章制度。

(二)关于生产经营单位主要负责人安全生产职责的补充规定

生产经营单位的主要负责人除履行《中华人民共和国安全生产法》规定的安全生产职责外,还应当履行下列职责:

1. 每季度至少组织并参与一次安全生产全面检查,研究分析和解决安全生产存在问题;

2. 每年至少组织并参与一次生产安全事故应急救援演练;

3. 每年至少组织一次全面的安全风险辨识,制定完善管控措施;

4. 发生生产安全事故时迅速组织抢救,并按照规定及时、如实向负有安全生产监督管理职责的部门报告事故情况,做好善后处理工作,配合调查处理;

5. 每年通过职工大会或者职工代表大会、信息公示栏等,向从业人员报告或者通报安全生产工作以及个人履行安全生产职责的情况,接受从业人员监督。

(三)关于生产经营单位设置安全生产管理机构或者配备专职安全生产管理人员的规定

矿山、金属冶炼、建筑施工、船舶修造、船舶拆解、运输单位和危险物品的生产、经营、储存、装卸单位,应当按照下列规定设置安全生产管理机构、配备专职安全生产管理人员:

1. 从业人员不足三十人的,配备一名以上专职安全生产管理人员;

2. 从业人员三十人以上不足一百人的,设置专门的安全生产管理机构,并配备两名以上专职安全生产管理人员；

3. 从业人员一百人以上不足三百人的，设置专门的安全生产管理机构，并配备三名以上专职安全生产管理人员；

4. 从业人员三百人以上的，设置专门的安全生产管理机构，并按照不低于从业人员百分之一的比例配备专职安全生产管理人员。

前款规定以外的其他生产经营单位，从业人员超过一百人的，应当设置安全生产管理机构或者配备专职安全生产管理人员；从业人员一百人以下的，应当配备专职或者兼职的安全生产管理人员。从业人员二十人以下且位置相邻、行业相近、业态相似的生产经营单位，可以采取组建安全生产管理互助帮扶联合体、委托相关机构提供安全生产管理服务等方式开展安全生产管理工作，但是保证安全生产的责任仍由本单位负责。

生产经营单位使用被派遣劳动者的，被派遣劳动者数量计入生产经营单位从业人员总数。

国家对建筑施工等劳动密集型行业在设立安全生产管理机构或者配备专职安全生产管理人员方面另有规定的，按照其规定执行。

（四）关于生产经营单位的安全生产管理机构以及安全生产管理人员安全生产职责的补充规定

生产经营单位的安全生产管理机构以及安全生产管理人员除履行《中华人民共和国安全生产法》规定的安全生产职责外，还应当履行下列职责：

1. 每月至少组织并参与一次安全生产全面检查；组织或者参与安全风险辨识评估，并督促各部门、各岗位落实分级管控措施；

2. 督促各部门、各岗位履行安全生产职责，组织或者参与全员安全生产责任制考核，并提出奖惩意见；

3. 对在本单位区域内作业的承包、承租单位的安全生产资质、条件进行监督检查；

4. 监督劳动防护用品的采购、发放、使用和管理。

（五）关于按照规定配备注册安全工程师从事安全生产管理工作的规定

危险物品的生产、储存、装卸单位以及矿山、金属冶炼单位，应当按照国家有关规定配备相关专业的注册安全工程师从事安全生产管理工作。

（六）关于设置安全总监或者其他专职安全生产分管负责人的规定

从业人员一百人以上的矿山、金属冶炼、建筑施工、船舶修造、船舶拆解、道路运输和危险物品的生产、经营、储存、装卸单位，以及涉爆粉尘、涉氨制冷等行业、领域生产经营单位，应当设置安全总监或者其他专职安全生产分管负责人，协助主要负责人履行安全生产职责。鼓励其他行业、领域生产经营单位设置安全总监或者其他专职安全生产分管负责人。

安全总监或者其他专职安全生产分管负责人应当具有工程师以上相关专业的技术职称或者取得相关专业的注册安全工程师资格,熟悉安全生产法律、法规、标准和规范。

（七）关于生产经营单位的决策机构、主要负责人或者个人经营的投资人必须保证安全生产资金投入的规定

生产经营单位的决策机构、主要负责人或者个人经营的投资人应当保证安全生产条件所必需的资金投入,并纳入年度生产经营计划和财务预算,重点用于安全风险管控、事故隐患治理、安全设施设备维护、安全生产教育和培训、劳动防护用品配备、应急救援演练和设备物资配备等方面的支出。

有关生产经营单位应当按照国家规定提取和使用安全生产费用,专项用于保障和改善安全生产条件。

安全生产费用等用于安全生产的资金投入,在生产经营单位成本中列支。

（八）关于生产经营单位对从业人员上岗前进行安全教育和培训的规定

生产经营单位应当依法对下列人员在上岗前进行安全操作规程和安全操作技能的教育和培训,并做好记录和考核;未经安全生产教育和培训合格的,不得上岗作业:

1. 新进从业人员;

2. 离岗六个月以上或者换岗的从业人员;

3. 涉及采用新工艺、新技术、新材料或者使用新设备的从业人员。

生产经营单位可以自主组织培训,也可以委托具备安全生产培训条件的机构进行培训。生产经营单位委托培训的,应当对培训工作进行监督,保证培训质量。

从业人员应当按照要求接受安全生产教育和培训,掌握本职工作所需的安全生产知识,提高安全操作技能,增强事故预防和应急处理能力。

（九）关于对特定企业的主要负责人和安全生产管理人员安全生产知识和管理能力进行考核的规定

矿山、金属冶炼、建筑施工、船舶修造、船舶拆解、运输单位和危险物品的生产、经营、储存、装卸单位的主要负责人和安全生产管理人员,应当由主管的负有安全生产监督管理职责的部门对其安全生产知识和管理能力考核合格。

前款规定的生产经营单位的主要负责人和安全生产管理人员,新任职的应当自任职之日起六个月内通过安全生产知识和管理能力考核;已经考核合格的,应当按照有关规定进行安全生产知识再培训;发生生产安全事故造成人员死亡的,应当重新参加安全生产知识培训并考核合格。

生产经营单位的特种作业人员,应当按照国家有关规定接受专门的安全作业培训,经考核合格取得相应资格,方可上岗作业。

（十）关于对特定企业建立并实施安全生产班前会制度的规定

矿山、金属冶炼、建筑施工、船舶修造、船舶拆解和危险物品的生产、经营、储存、装卸

单位,以及涉爆粉尘、涉氨制冷等行业、领域生产经营单位,应当建立并实施安全生产班前会制度,由班组长或者交班人员在班前会上向当班作业人员提示安全风险、讲解岗位安全操作要点等。

(十一)关于生产经营单位从业人员进行岗位安全生产检查的规定

生产经营单位的从业人员每天工作前,应当进行本岗位安全生产检查,确认安全后方可进行操作。岗位安全生产检查主要包括下列事项:

1. 设施设备、工具和原材料的安全状态良好,安全防护装置有效;
2. 作业场地以及物品堆放符合安全规范;
3. 劳动防护用品、用具齐全完好,并正确佩戴、使用。

(十二)关于生产经营单位加强安全生产标准化建设的规定

生产经营单位应当加强安全生产标准化建设,建立健全安全生产管理体系,全面管控生产经营活动各环节的安全风险,促进安全管理系统化、岗位操作行为规范化、设施设备本质安全化、作业环境器具定置化,提高安全生产管理水平。

负有安全生产监督管理职责的部门应当推动生产经营单位开展安全生产标准化建设。有关部门和单位对开展安全生产标准化建设的生产经营单位按照有关规定给予评先选优、金融保险等激励支持。

(十三)关于生产经营单位落实安全风险分级管控制度的规定

生产经营单位应当落实安全风险分级管控制度,定期组织本单位安全生产管理、工程技术、岗位操作等相关人员,对生产工艺、设施设备、作业环境、人员行为和管理体系等方面存在的安全风险进行全面、系统辨识评估,确定安全风险等级,从组织、技术、管理、应急等方面逐项制定管控措施,编制安全风险管控清单,按照安全风险等级实施分级管控。

生产经营单位对存在的重大安全风险,应当制定专项管控方案,通过隔离安全风险源、采取技术手段、实施个体防护、设置监控预警设备等针对性措施加强管控。

(十四)关于生产经营单位建立完善重大危险源监测监控系统的规定

生产经营单位应当建立完善重大危险源监测监控系统,与负有安全生产监督管理职责的部门监控设备联网,并经常维护,保证系统正常运行。

(十五)关于生产经营单位落实事故隐患排查治理制度的规定

生产经营单位应当落实事故隐患排查治理制度,定期组织安全生产管理、工程技术和其他相关人员排查并及时消除本单位的事故隐患。在事故隐患治理过程中,应当采取相应的安全防范措施,防止事故发生。

对排查出的重大事故隐患,生产经营单位应当制定和落实治理方案及时排除,并根据需要停用相关设施设备或者停产停业。重大事故隐患排查治理情况应当向负有安全生产监督管理职责的部门和职工大会或者职工代表大会报告。

生产经营单位应当建立事故隐患报告奖励制度,公开本单位有关负责人和安全生产管理机构的联系方式,受理从业人员报告的安全生产问题,对报告事故隐患的从业人员给予表扬、奖励。

(十六)关于生产经营单位执行有关危险作业管理制度的规定

生产经营单位进行爆破、吊装、高处作业、有限(受限)空间作业、临近油气输送管道作业、临近高压输电线路作业、建筑物和构筑物拆除、大型检修以及涉及危险物品的场所动火和临时用电等危险作业,应当执行有关危险作业管理制度,并遵守下列规定:

1. 对作业安全风险进行评估,确认现场作业条件符合安全作业要求;

2. 根据安全风险明确安全防范措施和现场应急处置措施;

3. 确认作业人员的上岗资格以及劳动防护用品的配备、使用符合安全作业要求;

4. 配备相应的安全设施和应急救援器材,设置作业现场的安全区域,确定专人现场统一指挥和监督;

5. 在危险作业前向作业人员告知危险因素、作业安全要求和现场应急处置措施,并经双方现场签字确认;

6. 发现直接危及人身安全的紧急情况时,按照现场应急处置措施停止作业、撤出人员。

生产经营单位委托其他单位进行危险作业的,应当在作业前与受托方签订安全生产管理协议,明确并落实前款规定,对受托方安全生产工作统一协调、管理,并加强监督检查。生产经营单位不得将危险作业委托给不具备安全生产条件或者相应资质的单位或者个人。

(十七)关于生产经营单位将生产经营项目、场所、设备发包或者出租,应当履行安全生产职责的规定

生产经营单位将生产经营项目、场所、设备发包或者出租的,应当履行下列安全生产职责:

1. 签订专门的安全生产管理协议,或者在承包、租赁合同中明确各自安全生产职责;

2. 向承包方、承租方书面告知发包项目、出租场所以及相关设备的基本情况、安全生产要求;

3. 协调解决承包方、承租方提出的安全生产问题;

4. 对承包方、承租方进行安全生产检查,并如实记录检查情况,发现安全生产问题的,及时督促整改;发现安全生产违法行为的,及时向负有安全生产监督管理职责的部门报告。

承包方、承租方应当服从发包方、出租方对其安全生产工作的统一协调、管理,并依法负责本单位安全生产工作;发生生产安全事故时,应当按照有关规定及时报告属地应急管理部门和有关部门,并通知发包方、出租方。

（十八）关于生产经营单位对派遣劳动者、灵活用工人员履行安全生产保障责任的规定

生产经营单位应当将接受其作业指令的被派遣劳动者、灵活用工人员纳入本单位对从业人员安全生产的统一管理，履行安全生产保障责任，不得将安全生产保障责任转移给劳务派遣单位或者被派遣劳动者、灵活用工人员。鼓励生产经营单位为灵活用工人员提供购置相关保险等保障。

劳务派遣单位应当对被派遣劳动者进行必要的安全生产教育和培训。

（十九）关于生产经营单位为从业人员提供劳动防护用品的规定

生产经营单位应当为从业人员提供符合国家标准或者行业标准的劳动防护用品，并教育、督促从业人员正确佩戴、使用。生产经营单位不得以发放货币或者其他物品替代提供劳动防护用品。

生产经营单位应当依法加强对女职工、未成年工等的劳动保护。

（二十）关于生产经营单位对从业人员的健康检查、心理疏导、精神慰藉的规定

生产经营单位应当关注从业人员的身体、心理状况和行为习惯，加强对从业人员的健康检查、心理疏导、精神慰藉，防范从业人员异常行为导致生产安全事故发生。

（二十一）关于共同场所的生产经营单位安全使用建筑物的规定

宾馆、饭店、商场、集贸市场、客运车站、客运码头、民用机场、体育场馆、公共娱乐场所、旅游景区等场所的生产经营单位，应当按照国家规定安全使用建筑物。

建筑物在使用过程中需要改变使用功能、显著增加荷载、增加层数、变动建筑物主体承重结构等，可能影响建筑物安全的，建筑物的所有权人或者生产经营单位应当在施工前委托具备国家规定资质的设计单位出具意见，或者按照有关规定进行房屋安全鉴定。

大型群众性活动的举办者需要设置临时性建筑物、构筑物及设施设备的，应当对其安全性进行检测、检验，保障建筑物、构筑物及设施设备的安全。

（二十二）关于学校、科研院所、医疗卫生机构等使用危险物品安全管理的规定

学校、科研院所、医疗卫生机构等使用危险物品的，应当建立健全危险物品安全管理制度，开展安全风险辨识评估，落实安全风险管控措施，严格危险物品使用管理。

（二十三）关于生产经营单位应用"四新"和高危企业实现生产过程智能化控制和安全风险监测预警的规定

生产经营单位应当加快应用有利于改善安全生产条件的新工艺、新技术、新材料、新设备，及时更新改造超过使用年限的设施设备，淘汰国家和省规定的危及生产安全的工艺、设备。

危险物品的生产、储存、运输单位，矿山、金属冶炼、建筑施工以及客运、重载货运等生产经营单位，应当运用现代科学技术实现生产过程智能化控制和安全风险监测预警，提高本质安全水平。

（二十四）关于高危企业报送安全生产数据的规定

危险物品的生产、储存单位和矿山、金属冶炼、建筑施工，以及涉爆粉尘、涉氨制冷等行业、领域生产经营单位，应当加强安全生产的信息化管理，运用数字化技术开展安全风险管控、事故隐患排查治理、重大危险源监测监控等工作，按照规定通过相关信息系统向负有安全生产监督管理职责的部门准确、完整地报送下列安全生产数据：

1. 安全生产基础情况数据；
2. 安全风险管控和事故隐患排查治理数据；
3. 重大危险源监测监控数据；
4. 其他需要报送的数据。

（二十五）关于高危行业、领域生产经营单位投保安全生产责任保险的规定

高危行业、领域生产经营单位应当按照有关规定投保安全生产责任保险。鼓励其他生产经营单位投保安全生产责任保险。具体实施办法由省应急管理部门会同有关部门按照国家规定制定。

（二十六）关于安全生产技术服务机构执业活动的规定

依法应当开展的安全评价、认证、检测、检验事项，由具备国家规定资质条件的安全生产技术服务机构承担。

安全生产技术服务机构按照相关标准和规范开展执业活动，建立并实施服务公开和报告公开制度，作出的安全评价、认证、检测、检验的结果应当客观、真实。

（二十七）关于有关协会提供安全生产服务的规定

有关协会组织依照法律、法规和章程加强行业自律，配合开展相关行业、领域安全风险辨识评估和监测，协助推动相关行业、领域的安全生产标准化建设，提供安全生产方面的信息、培训、技术咨询等服务，开展本质安全和安全生产技术难点研究和成果推广，促进生产经营单位加强安全生产工作。

三、生产安全事故应急救援和调查处理

（一）矿山、金属冶炼、建筑施工、船舶修造、船舶拆解、城市轨道交通运营单位和危险物品的生产、经营、储存、运输单位以及宾馆、商场、娱乐场所、旅游景区等人员密集场所经营单位，应当依法建立应急救援队伍；小型、微型企业等规模较小的生产经营单位可以不建立应急救援队伍，但应当指定兼职的应急救援人员，并且可以与邻近的应急救援队伍签订应急救援协议。开发区、工业园区等产业聚集区域内的生产经营单位可以联合建立应急救援队伍。

鼓励生产经营单位和其他社会力量提供社会化应急救援服务。对受政府委托开展应急救援活动的，应当按照有关规定提供应急物资、道路通行、资金补助等方面的支持。

（二）生产经营单位应当制定本单位生产安全事故应急救援预案，在重点岗位编制

应急处置卡,组织开展应急救援预案、应急知识、自救互救和避险逃生技能的培训。生产安全事故应急救援预案向本单位从业人员公布。

各级各类生产安全事故应急救援预案应当按照有关规定及时修订、相互衔接,并且定期组织演练。

(三) 生产经营单位应当根据有关规定配备必要的应急救援器材、设备和物资,并进行经常性维护、保养,保证正常使用。

四、法律责任

(一) 关于生产经营单位的主要负责人未履行《江苏省安全生产条例》规定的职责的处罚规定

生产经营单位的主要负责人未履行《江苏省安全生产条例》规定的安全生产职责的,责令限期改正,处一万元以上五万元以下的罚款;逾期未改正的,处五万元以上十万元以下的罚款,并责令生产经营单位停产停业整顿。

(二) 关于生产经营单位未落实《江苏省安全生产条例》的处罚规定

生产经营单位违反《江苏省安全生产条例》的规定,未按照规定设置安全生产管理机构或者配备安全生产管理人员、注册安全工程师的,责令限期改正,处一万元以上十万元以下的罚款;逾期未改正的,责令停产停业整顿,并处十万元以上二十万元以下的罚款,对其直接负责的主管人员和其他直接责任人员处二万元以上五万元以下的罚款。

(三) 关于生产经营单位的安全生产管理人员未履行安全生产职责的处罚规定

生产经营单位的安全生产管理人员违反《江苏省安全生产条例》的规定,未履行安全生产职责的,责令限期改正,处一万元以上三万元以下的罚款;导致发生生产安全事故的,暂停或者吊销其与安全生产有关的资格,并处上一年年收入百分之二十以上百分之五十以下的罚款。

(四) 关于生产经营单位未对有关从业人员进行安全生产教育和培训的处罚规定

生产经营单位违反《江苏省安全生产条例》的规定,未对有关从业人员进行安全生产教育和培训的,责令限期改正,处一万元以上十万元以下的罚款;逾期未改正的,责令停产停业整顿,并处十万元以上二十万元以下的罚款,对其直接负责的主管人员和其他直接责任人员处二万元以上五万元以下的罚款。

(五) 关于高危企业主要负责人或者安全生产管理人员未按照规定经考核合格或者未按照规定参加安全生产知识再培训的处罚规定

矿山、金属冶炼、建筑施工、船舶修造、船舶拆解、运输单位和危险物品的生产、经营、储存、装卸单位违反《江苏省安全生产条例》的规定,主要负责人或者安全生产管理人员未按照规定经考核合格或者未按照规定参加安全生产知识再培训的,责令限期改正,处一万元以上十万元以下的罚款;逾期未改正的,责令停产停业整顿,并处十万元以上二十万元以下的罚款,对其直接负责的主管人员和其他直接责任人员处二万元以上五万元以下的罚款。

(六)关于生产经营单位未对安全风险进行辨识评估及分级管控的处罚规定

生产经营单位违反《江苏省安全生产条例》的规定,有下列情形之一的,责令限期改正,处一万元以上十万元以下的罚款;逾期未改正的,责令停产停业整顿,并处十万元以上二十万元以下的罚款,对其直接负责的主管人员和其他直接责任人员处二万元以上五万元以下的罚款:

1. 未组织对安全风险进行辨识评估,确定安全风险等级的;
2. 对安全风险未逐项制定管控措施,编制安全风险管控清单的;
3. 未按照安全风险等级实施分级管控的;
4. 未对重大安全风险制定专项管控方案的。

(七)关于生产经营项目、场所、设备发包或者出租,未履行相关安全生产职责的处罚规定

生产经营单位违反《江苏省安全生产条例》的规定,将生产经营项目、场所、设备发包或者出租,未履行相关安全生产职责的,责令限期改正,处五千元以上五万元以下的罚款,对其直接负责的主管人员和其他直接责任人员处一千元以上一万元以下的罚款;逾期未改正的,责令停产停业整顿。

第二节 《江苏省道路交通安全条例》

一、适用范围

(一)在本省行政区域内的车辆驾驶人、行人、乘车人以及与道路交通活动有关的单位和个人,应当遵守《江苏省道路交通安全条例》。

(二)车辆,是指机动车和非机动车。机动车,是指以动力装置驱动或者牵引,上道路行驶的供人员乘用或者用于运送物品以及进行工程专项作业的轮式车辆。非机动车,是指以人力或者畜力驱动,上道路行驶的交通工具,以及虽有动力装置驱动但设计最高时速、空车质量、外形尺寸符合有关国家标准的残疾人机动(道路型电动)轮椅车、电动自行车等交通工具。

二、道路交通安全责任

(一)车辆所有单位应当加强本单位道路交通安全管理,落实道路交通安全责任,消

除交通安全隐患,防范和减少道路交通事故,并遵守下列规定:

1. 对本单位人员开展经常性的道路交通安全教育,督促其遵守道路交通安全法律、法规;

2. 机动车驾驶人应当具备相应的驾驶资格;

3. 做好机动车维护、保养和安全检查工作,建立健全相关制度和档案,及时检验、报废车辆,保持车辆安全技术状况良好,安全隐患未消除的不得安排上道路行驶;

4. 配合公安机关交通管理部门及时处理道路交通安全违法行为和道路交通事故;

5. 法律、法规、规章的其他规定。

(二)道路旅客和货物运输企业等道路运输经营者应当建立健全本单位道路交通安全管理制度,确定道路交通安全管理人员,保障道路交通安全投入。

道路运输经营者应当关注驾驶人的身体、心理状况和行为习惯,定期开展健康检查、心理疏导;发现驾驶人身体条件、心理状况、行为习惯等不适合安全行车要求的,不得安排其驾驶运输车辆。

提供校车服务的道路运输经营者除遵守前两款规定外,还应当遵守校车安全管理法律、法规。

(三)网络预约出租汽车经营者、道路旅客运输企业、道路危险货物运输企业以及拥有重型载货汽车或者牵引车的其他道路货物运输企业,应当按照国家和省有关规定对驾驶人和营运车辆运行过程进行实时监控和管理,及时提醒驾驶人纠正超速行驶、疲劳驾驶等违法行为。

(四)邮政、快递、外卖等配送单位使用的配送车辆应当符合机动车国家安全技术标准和非机动车强制性国家标准。

邮政、快递、外卖等配送单位和提供代驾平台服务的单位,应当加强对配送人员、代驾人的交通安全教育和出行管理,督促其遵守道路交通安全法律、法规,安全、文明驾驶车辆。

(五)道路以及道路交通安全设施的养护、管理单位应当按照有关技术规范等规定实施养护、管理,保证道路处于良好技术状态;发现道路损毁或者道路交通安全设施损毁、灭失影响安全通行的,应当及时设置警示标志,采取相应的防护措施,组织抢修或者排除险情,并报告道路主管部门、公安机关交通管理部门。

(六)机动车维修经营者应当按照国家有关技术规范对机动车进行维修,不得使用假冒伪劣配件维修机动车,不得承修已报废的机动车。承修外观损坏车辆的,应当登记送修人身份证件和车辆牌号、发动机号码、车架号码,记录外观损坏部位和损坏程度;登记资料至少保存六个月。发现有道路交通事故后逃逸嫌疑车辆的,应当立即报告并配合公安机关交通管理部门调查。

(七)报废机动车回收企业应当依法取得报废机动车回收企业资质认定,按照国家和省有关规定从事报废机动车回收拆解活动,在回收报废机动车时依法登记相关信息,及时向公安机关交通管理部门办理注销登记,并向当事人出具报废机动车回收证明、转交注销证明。

达到机动车强制报废标准车辆或者提前报废车辆,应当依法交售给报废机动车回收企业。报废机动车回收企业无正当理由不得拒收报废机动车。

报废机动车回收企业应当在公安机关交通管理部门的监督下,对报废的大型客、货车及其他营运车辆以及校车进行解体。

(八)机动车驾驶员培训机构应当按照国家有关规定开展驾驶培训,保证培训质量,不得缩短培训时间、减少培训内容,并如实向交通运输部门提供培训记录。

(九)道路运输站(场)经营者应当健全和落实安全管理制度,不得允许无号牌或者无车辆行驶证、车辆营运证(依法不需要办理车辆营运证的除外)的车辆进站(场)运输旅客或者装载配载货物,并采取措施防止超限超载车辆或者未经安全检查的车辆出站。

三、车辆、驾驶人和乘车人

(一)机动车经公安机关交通管理部门登记后,方可上道路行驶。尚未登记的机动车,需要临时上道路行驶的,应当取得临时通行牌证。

上道路行驶的机动车应当按照规定进行机动车安全技术检验;未经检验合格的,不得上道路行驶。

(二)上道路行驶的机动车应当符合下列规定:

1. 不得安装或者使用强光灯、高音喇叭、大功率音响、可变式号牌或者其他影响交通管理设施功能、影响通行安全的装置;

2. 不得违反规定安装搭载人员的设备;

3. 不得在前后窗粘贴遮挡驾驶视线的文字、图案,不得在车内前后窗台放置遮挡驾驶视线的物品,不得使用镜面反光遮阳膜,不得在汽车外车身放置、粘贴影响交通安全的物品;

4. 号牌按照规定安装固封,保持清晰、完整,不得遮挡、倒置;取得临时号牌上道路行驶的,按照规定粘贴临时号牌;号牌变形、残缺、褪色或者字迹模糊的,及时申请换领。

营运载客汽车、校车、重型货车、半挂牵引车、危险货物运输车,应当依法落实安全生产和道路运输等法律、法规、规章中有关安全管理、智能化管理的要求。

(三)下列非机动车应当经所有人居住地设区的市、县(市)公安机关交通管理部门注册登记,领取牌证后,方可上道路行驶:

1. 电动自行车;

2. 残疾人机动(道路型电动)轮椅车;

3. 省人民政府规定应当登记的其他种类的非机动车。

不符合国家标准的电动两轮车、残疾人机动(道路型电动)轮椅车等车辆,不予登记。

除电动自行车、残疾人机动(道路型电动)轮椅车外,其他非机动车不得安装动力装置。

(四)有下列情形之一的,不得驾驶机动车:

1. 机动车驾驶证超过有效期、被注销或者被公告停止使用;

2. 机动车驾驶证被吊销或者暂扣;

3. 机动车驾驶证记分达到十二分;

4. 机动车驾驶证被扣留;

5. 饮酒,服用国家管制的精神药品或者麻醉药品,患有妨碍安全驾驶机动车的疾病,或者过度疲劳影响安全驾驶;

6. 吸食、注射毒品;

7. 法律、行政法规规定不得驾驶机动车的其他情形。

机动车驾驶人不得驾驶与机动车驾驶证载明的准驾车型不相符合的机动车。

(五)机动车驾驶人、乘车人应当按照规定使用安全带。驾驶、乘坐摩托车、电动自行车,驾驶残疾人机动(道路型电动)轮椅车,应当按照规定佩戴安全头盔。使用安全带、佩戴安全头盔,应当符合使用规范。

安排未满四周岁的未成年人乘坐家庭乘用车,应当使用符合国家标准的儿童安全座椅。安排四周岁以上身高不足一百四十厘米的未成年人乘坐家庭乘用车的,鼓励使用符合国家标准的儿童安全座椅等约束系统或者使用增高垫。

未满十二周岁或者身高不足一百四十厘米的未成年人乘车,不得乘坐副驾驶座位。

(六)在道路上驾驶自行车应当年满十二周岁,驾驶电动自行车应当年满十六周岁。

未成年人驾驶自行车、电动自行车,不得搭载人员。成年人驾驶自行车、电动自行车可以搭载一名十六周岁以下的未成年人;搭载六周岁以下的未成年人的,应当使用安全座椅。

(七)机动车所有人或者管理人应当依法投保机动车交通事故责任强制保险,鼓励购买第三者责任险等商业保险。

四、道路通行条件

(一)新建、改建、扩建道路,应当按照有关标准和规定同步配套建设道路交通安全设施。道路交通安全设施未经验收或者验收不合格的,道路不得投入使用。

(二)学校、幼儿园、医院、养老院、儿童福利机构、未成年人救助机构门前,以及商业街区、车站、码头周边等道路交叉路口和行人横过道路较为集中的路段,应当按照有关标准设置行人过街设施或者施划人行横道线,设置规范的警示标志、让行标志、减速设施等道路交通安全设施。施划人行横道线的,应当设置人行横道信号灯或者提示标志。

盲道、人行道应当保持安全、畅通。任何单位和个人不得擅自改变盲道等无障碍设施的用途,不得非法占用、损毁盲道等无障碍设施,不得非法占用、损毁人行道。

(三)因工程建设需要占用、挖掘道路,或者跨越、穿越道路架设、增设管线设施,应当事先征得道路主管部门的同意;影响交通安全的,还应当征得公安机关交通管理部门的同意。

(四)利用立交桥、人行过街天桥悬挂、张贴物品或者横跨道路设置横幅等,应当符合设置的有关规定,不得遮挡交通标志、交通信号灯、交通监控设施,不得妨碍安全通行。

道路两侧及隔离带上种植的树木或者其他植物,设置的广告牌、管线等,应当与道路交通安全设施保持必要的距离,不得遮挡路灯、交通信号灯、交通标志,不得妨碍安全视距,不得影响通行;遮挡道路交通安全设施或者妨碍交通安全视距的,其所有人、管理人应当及时采取措施排除妨碍。

(五)在道路上进行施工、绿化、养护、环卫等作业时,应当遵守下列规定:

1. 作业车辆持续开启示警灯和危险报警闪光灯;

2. 在车行道停车作业时,白天在来车方向不少于五十米、夜间不少于一百米的地点设置反光的安全警示标志;

3. 作业人员按照规定穿戴反光服饰,横穿车行道时直行通过,注意避让来往车辆;

4. 除应急、抢修等特殊情形外,作业时间避开交通流量高峰期。

五、道路通行规定

(一)下列车辆、工具不得在道路上通行:

1. 叉车、场地观光游览车、滑板车、独轮车、平衡车等非道路车辆;

2. 滑板、旱冰鞋等滑行工具;

3. 法律、法规规定的其他不得在道路上通行的车辆、工具等。

(二)车辆、行人应当各行其道。

没有划分机动车道、非机动车道、人行道的道路,机动车在道路中间通行,非机动车应当靠道路右侧通行,行人在道路两侧通行。

非机动车在道路上行驶超越前方非机动车、行人时,应当在确认有充足的安全距离后超越。

(三)车辆进出道路,应当让在道路内正常行驶的车辆、行人优先通行。机动车进出非机动车道、人行道,不得妨碍非机动车、行人正常通行。

车辆进出停车场(库)或者道路停车泊位,不得妨碍其他车辆、行人正常通行。

(四)车辆借道通行或者变更车道,应当遵守下列规定:

1. 让所借道路内行驶的车辆、行人优先通行;

2. 不得妨碍其他车辆、行人正常通行;

3. 依次按照顺序行驶,不得频繁变更车道,不得一次连续变更两条以上机动车道；

4. 左右两侧车道的车辆向同一车道变更时,左侧车道的车辆让右侧车道的车辆先行；

5. 法律、法规关于车辆借道通行或者变更车道的其他规定。

邮政、快递专用电动三轮摩托车在城市道路通行时,应当借用非机动车道行驶；在城市道路以外的道路通行的,可以借用非机动车道行驶；没有划分机动车道、非机动车道、人行道的,应当靠右通行。邮政、快递专用电动三轮摩托车借用非机动车道通行的,应当减速慢行,最高时速不超过二十公里。

（五）车辆行经交通信号灯控制的交叉路口时,应当按照交通信号灯指示依次有序通过,不得无故停滞、缓行,妨碍后方车辆的正常通行；先于本放行信号放行的车辆和行人仍在路口的,应当让其先行。遇有交通警察现场指挥时,应当按照交通警察的指挥通行。

（六）机动车在狭窄道路上会车时,有条件让行的车辆应当避让没有条件让行的车辆,后进入该路段的车辆应当避让先进入的车辆。

机动车在夜间照明状况良好路段,距同向行驶的前方机动车间距不超过一百米,或者与对向行驶的车辆、行人交汇时,不得使用远光灯。

机动车遇施工、绿化、养护、环卫等车辆和作业人员在道路上进行作业时,应当注意避让。

（七）公交专用道在规定时段内供公共汽车专用行驶,其他车辆不得驶入；但是,下列车辆可以借用公交专用道行驶：

1. 执行紧急任务的特种车辆；

2. 实施清障施救作业的车辆；

3. 载有学生的校车；

4. 载有乘客的核定载客人数二十人以上的载客汽车；

5. 根据交通信号指示允许借用公交专用道的车辆。

公共汽车在公交专用道内行驶,遇到转弯或者遇有障碍时,可以临时借用其他车道行驶,转弯或者超越障碍后应当及时驶回公交专用道。

公共汽车在高速公路上行驶时,乘坐人数不得超过座位数,乘车人不得站立。

（八）国道、省道行车道标明允许通行的车型和最高、最低行驶速度的,机动车应当根据自身车型和行驶速度使用相应的行车道,重型、中型货车靠右通行。

同方向有两条行车道的,高速公路左侧行车道只允许客车通行,货车可以临时借用左侧行车道超越前车；高速公路以外的国道、省道,左侧行车道允许客车和轻型货车通行,重型、中型货车可以临时借用左侧行车道超越前车。同方向有三条以上行车道的,左侧第一条行车道只允许小型客车通行,货车只允许在右侧第一条、第二条行车道通行。

（九）机动车不得在禁止停车或者妨碍交通的路段、地点停放。

（十）非机动车应当在规定地点停放。未设停放地点的，非机动车的停放不得妨碍其他车辆和行人通行。

（十一）有条件自动驾驶汽车、高度自动驾驶汽车上道路行驶应当配备驾驶人。

六、道路交通事故处理

（一）有下列情形之一的，由道路交通事故社会救助基金先行垫付道路交通事故受害人人身伤亡的抢救、丧葬等费用，道路交通事故社会救助基金管理机构有权向道路交通事故责任人追偿：

1. 抢救费用超过机动车交通事故责任强制保险责任限额的；

2. 肇事机动车未参加机动车交通事故责任强制保险的；

3. 机动车肇事后逃逸的；

4. 省人民政府规定的其他情形。

因道路交通事故造成受害人或者受害人家庭生活困难的，可以向道路交通事故社会救助基金管理机构提出救助申请；符合相关条件的，道路交通事故社会救助基金管理机构应当按照规定予以救助。

道路交通事故社会救助基金的筹集、使用和管理，按照省人民政府有关规定执行。

（二）机动车驾驶人发生道路交通事故后逃逸，乘车人、单位负责人、车辆所有人或者管理人等知情的，应当立即报告公安机关交通管理部门。

（三）发生道路交通事故造成车辆损坏或者在道路上散落物品，妨碍其他车辆正常通行的，当事人应当及时清除障碍；无法及时清除的，公安机关交通管理部门、道路主管部门可以通知清障单位予以清除，清障单位接到通知后，应当及时到达现场清障，清障费用依法由当事人承担。

（四）发生道路交通事故，仅造成轻微财产损失，并且基本事实清楚的，当事人应当先撤离现场再进行协商处理；伤势轻微，车辆能够移动，当事人对事实和成因无争议的，可以在确保安全的原则下，固定证据后立即撤离现场，将车辆移至不妨碍交通的地点后自行协商处理。

（五）机动车发生道路交通事故造成人身伤亡、财产损失的，由保险公司在机动车交通事故责任强制保险责任限额范围内予以赔偿；未参加机动车交通事故责任强制保险的，由机动车一方在机动车交通事故责任强制保险责任限额范围内予以赔偿；对超过责任限额的部分，按照下列规定承担赔偿责任：

1. 机动车之间发生道路交通事故的，由有过错的一方承担赔偿责任；双方都有过错的，按照各自过错的比例分担责任。

2. 机动车与非机动车驾驶人、行人之间发生道路交通事故，非机动车驾驶人、行人没

有过错的,由机动车一方承担赔偿责任;有证据证明非机动车驾驶人、行人有过错的,按照下列规定减轻机动车一方的赔偿责任:

(1) 非机动车驾驶人、行人负事故全部责任的,减轻百分之九十以上;

(2) 非机动车驾驶人、行人负事故主要责任的,减轻百分之六十至百分之七十;

(3) 非机动车驾驶人、行人负事故同等责任的,减轻百分之三十至百分之四十;

(4) 非机动车驾驶人、行人负事故次要责任的,减轻百分之二十至百分之三十。

道路交通事故的损失是由非机动车驾驶人、行人故意碰撞机动车造成的,由非机动车驾驶人、行人依法承担责任,机动车一方不承担赔偿责任。

七、专有名词定义

1. 道路交通安全设施,包括交通信号灯、交通标志、交通标线、交通监控设施、交通隔离设施、减速设施、行人过街设施和专用供电设施;

2. 有条件自动驾驶汽车,是指自动驾驶系统可以在设计运行条件下完成动态驾驶任务,在自动驾驶系统提出动态驾驶任务接管请求时,驾驶人应当响应该请求并立即接管车辆的汽车;

3. 高度自动驾驶汽车,是指自动驾驶系统可以在设计运行条件下完成所有动态驾驶任务,在特定环境下自动驾驶系统提出动态驾驶任务接管请求时,驾驶人应当响应该请求并立即接管车辆的汽车;

4. 完全自动驾驶汽车,是指自动驾驶系统可以完成驾驶人能够完成的所有道路环境下的动态驾驶任务,不需要人工操作的汽车。

第三节 《江苏省消防条例》

一、总则

(一) 本省行政区域内的火灾预防、扑救和相关应急救援工作,适用本条例。

(二) 消防工作贯彻预防为主、防消结合的方针,坚持人民至上、生命至上,按照政府统一领导、部门依法监管、单位全面负责、公民积极参与的原则,实行消防安全责任制,建立健全社会化的消防工作网络。

(三) 地方各级人民政府负责本行政区域内的消防工作。县级以上地方人民政府有关部门按照各自职责做好消防工作。

(四) 维护消防安全是全社会的共同责任。任何单位和个人都应当学习消防知识,预防火灾,保护消防设施,及时报告火警,提高自救互救能力。

消防行业协会依照法律、法规和协会章程,开展消防学术交流和消防宣传教育,推广先进消防技术,加强消防行业自律管理。

(五)每年11月为本省消防安全月,11月9日为消防日。

二、消防安全责任

(一)地方各级人民政府、街道办事处应当成立消防安全委员会,负责指导本地区消防工作,研究和协调解决消防工作重大问题,督促落实消防工作职责。

县级以上地方人民政府消防安全委员会办公室设在消防救援机构,乡镇人民政府、街道办事处应当明确人员承担消防安全委员会的日常工作。

地方各级消防安全委员会办公室具体承担下列工作任务:

1. 贯彻落实本级消防安全委员会工作部署,提出消防安全管理工作措施建议;
2. 开展消防安全形势分析评估,组织实施消防安全联合检查和专项治理;
3. 协调指导本级人民政府有关部门和下级人民政府的消防工作,推动落实消防工作职责;
4. 组织开展消防工作预警提示、督办、约谈、督查、考核等工作;
5. 消防安全委员会交办的其他消防工作任务。

(二)县级以上地方人民政府消防救援机构应当履行下列工作职责:

1. 负责所属国家综合性消防救援队伍建设、管理和指挥调度;
2. 按照规定负责政府专职消防救援队伍人员管理、力量调度、现场指挥和执勤训练,对单位专职消防队和志愿消防队进行业务指导;
3. 组织开展城乡综合性消防救援,按照规定参与森林、内河火灾扑救和抢险救援、特种灾害事故救援;
4. 承担消防监督管理职责,组织开展火灾预防、消防监督执法、消防宣传教育以及火灾事故调查处理相关工作;
5. 法律、法规、规章规定的其他工作职责。

(三)机关、团体、企业、事业等单位除依法履行《中华人民共和国消防法》规定的单位消防安全职责外,还应当履行下列职责:

1. 建立健全全员消防安全责任制,明确负责消防安全工作的机构,配备专职或者兼职消防安全人员;
2. 保障消防安全工作经费投入;
3. 实行消防安全标准化管理,加强消防宣传教育,提高检查消除火灾隐患、组织扑救初起火灾和人员疏散逃生的能力;
4. 法律、法规、规章规定的其他消防安全职责。

机关、团体、企业、事业等单位的主要负责人是本单位的消防安全责任人,对本单位的消防工作全面负责。消防安全责任人、消防安全管理人和其他消防安全管理人员应当参加培训,具备与本单位相适应的消防安全知识和管理能力。

(四)消防设施维护保养检测、消防安全评估等消防技术服务机构及其从业人员,应当依法开展社会消防技术服务活动,接受消防救援机构的监督管理。

建设工程消防设计文件技术审查、竣工验收消防查验、消防验收现场评定等消防审验技术服务机构及其从业人员,应当依法开展消防审验技术服务活动,接受住房和城乡建设主管部门的监督管理。

(五)个人应当履行下列消防安全义务:

1. 遵守消防法律、法规、规章规定;
2. 安全用火、用电、用油、用气;
3. 学习消防安全知识,掌握相应的火灾预防、报警、灭火和逃生自救方法;
4. 按照规定接受消防安全教育,参加消防演练。

监护人应当对被监护人进行消防安全教育,采取必要的消防安全措施。

鼓励住宅户内配备火灾报警、灭火器、避难逃生等消防产品。

三、消防组织

(一)县级以上地方人民政府应当按照国家和省有关规定建立消防救援队,并按照相关标准配备消防装备和相关设施。

下列未建立国家综合性消防救援队的地方,应当建立政府专职消防救援队:

1. 建成区面积超过五平方公里或者居住人口五万以上的镇;
2. 易燃易爆危险品生产经营单位、劳动密集型企业集中的乡镇;
3. 全国和省级重点镇、历史文化名镇;
4. 省级以上的经济开发区、旅游度假区、高新技术开发区,国家级风景名胜区。

沿海、沿江、沿大型湖泊以及其他水上消防任务较重的地区应当建立水上消防队(站)。

森林防灭火任务较重的地区应当建立森林专职消防队(站);一、二级火险县级单位应当根据需要,依托国家综合性消防救援队或者政府专职消防救援队建立森林火灾扑救专业队。建设省级森林灭火机动力量,参与重大森林火灾扑救。

(二)高速公路经营管理单位应当根据路网分布、交通流量及消防和应急救援的需要,会同省消防救援机构建立高速公路消防救援队,配备相适应的装备器材、灭火药剂。高速公路经营管理单位负责队站建设,消防救援机构负责日常管理、执勤训练和调度指挥。

高速公路消防救援队实行符合高速公路消防和应急救援需要的执勤战备秩序,保持二十四小时驻勤备战。

（三）机关、团体、企业、事业等单位以及村民委员会、居民委员会根据需要，建立志愿消防队或者微型消防站等多种形式的消防组织，加强培训演练，开展群众性自防自救工作。

其他设有消防控制室的消防安全重点单位和城乡居民社区，应当按照规定配备必要的消防器材，建立微型消防站，积极开展防火巡查和初起火灾扑救等火灾防控工作。合用消防控制室的消防安全重点单位，可以联合建立微型消防站。

建立志愿消防队的单位或者村民委员会、居民委员会，应当为志愿消防队员购买人身意外伤害保险，为参加火灾扑救或者应急救援的志愿消防队员提供交通、食宿等必要的保障。

四、火灾预防

（一）建设工程的建设、设计、施工、工程监理等单位及其从业人员，应当严格执行消防法律、法规、规章等规定和国家工程建设消防技术标准，依法对建设工程消防安全质量负责。

（二）建设单位组织建设工程竣工验收时，应当对建设工程是否符合消防要求进行查验，工程竣工验收报告内容应当包括消防查验情况。

在申请办理消防验收、备案时依法尚未组织工程竣工验收的专业建设工程，以及依法不需要办理施工许可的房屋建筑和市政基础设施工程，在申请办理消防验收、备案时应当提交消防查验情况报告。

（三）建设工程施工现场的消防安全由施工单位负责。

施工单位应当明确施工现场消防安全责任，落实消防安全管理制度，设置符合规定的临时消防给水设施，配备必要的灭火器材，设置消防车通道并保持畅通，规范用火用电，消除火灾隐患。

建筑施工搭建的临时建筑物、构筑物，应当符合消防技术标准和管理规定。

（四）特殊建设工程消防设计审查应当依据法律、法规、规章和法律、行政法规强制要求的工程建设消防技术标准开展。

特殊建设工程未经消防设计审查或者审查不合格的，建设单位和施工单位不得施工。

特殊建设工程消防验收应当依据法律、法规、规章和经审查合格的消防设计文件开展。

特殊建设工程以外的其他建设工程消防验收备案现场检查，应当依据法律、法规、规章和法律、行政法规强制要求的工程建设消防技术标准开展。对依法不需要取得施工许可的其他建设工程，在消防验收备案时可以适当优化程序和要求。

（五）既有建筑改造利用，应当执行现行国家工程建设消防技术标准。存在空间、结构等客观条件限制的,应当符合省住房和城乡建设主管部门会同有关部门制定的消防技术要点,并采取人防、技防、物防等加强性措施,提升火灾预防和处置能力。

历史文化街区、名镇、名村核心保护范围内的改造利用,设区的市、县(市、区)人民政府应当按照管理权限组织编制防火安全保障方案,作为管理的依据。

(六)生产消防产品和有防火性能要求的建筑构件、建筑材料、室内装修装饰材料的企业,应当具有相应的生产技术条件和质量保证体系。消防产品和有防火性能要求的建筑构件、建筑材料、室内装修装饰材料出厂前应当经检验合格。

建设、施工、工程监理等有关单位应当按照各自职责对施工现场消防产品和有防火性能要求的建筑构件、建筑材料、室内装修装饰材料查验合格证明,属于强制性认证的消防产品应当查验强制性产品认证证书,有国家标准、行业标准的消防产品应当查验型式检验报告,新研制的尚未制定国家标准、行业标准的消防产品应当查验技术鉴定报告,必要时应当按照消防技术标准的规定实施见证取样并送具有相应资质的检测单位进行检测,不得使用不合格的消防产品、国家明令淘汰的消防产品和防火性能不符合消防安全要求的建筑构件、建筑材料、室内装修装饰材料。

(七)机关、团体、企业、事业等单位应当定期组织对消防设施、器材进行维护保养和检测,对建筑消防设施每年至少进行一次全面检测,确保消防设施、器材完好有效。单位自身不具备维护保养检测能力的,应当委托符合从业条件的消防技术服务机构或者具有相应资质的消防设施施工单位对消防设施进行维护保养和检测。

设置消防控制室的单位应当落实消防控制室管理制度,确保及时发现和正确处置火灾报警,将消防设施运行状态信息接入消防设施联网监测系统并实时传输。

设置消防(员)电梯的单位应当组织对消防(员)电梯进行月度检查维护和年度全面测试,保证消防(员)电梯安全可靠运行。

(八)住宅区的物业服务企业应当对管理区域内的疏散通道、安全出口、建筑消防设施和消防车通道进行维护管理,提供消防安全防范服务;未委托物业服务企业对住宅区物业进行管理的,村民委员会、居民委员会应当组织业主、物业使用人签订防火协议,明确消防安全管理责任,对疏散通道、安全出口、建筑消防设施和消防车通道进行维护管理。

前款规定以外的其他由两个以上单位管理或者使用的建筑物,管理或者使用单位应当明确各方的消防安全责任,并明确统一的机构或者委托物业服务企业对共用的疏散通道、安全出口、建筑消防设施和消防车通道进行管理。

住宅区以及其他由两个以上单位管理或者使用的建筑物的消防车通道、消防车登高操作场地应当设置标志,加强日常管理,保持畅通。

(九)禁止在楼梯间、楼道等疏散通道、安全出口、消防车通道及其两侧影响通行的区域堆放物品、停放车辆。

住宅区的物业服务企业对管理区域内的消防安全违法行为应当及时采取合理措施予以制止、向有关部门报告并协助处理。

（十）建筑物的出租人和承租人应当按照有关规定在租赁合同中明确双方的消防安全责任。承租人应当在其使用范围内按照法律、法规、规章和合同约定履行消防安全职责。出租人应当对承租人履行消防安全职责的情况进行监督。

（十一）建筑物外立面装修、装饰、设置广告，应当符合消防安全规定，不得妨害防火、逃生和灭火救援。

外墙外保温系统采用可燃、易燃保温材料的建筑，管理单位应当在主入口以及周边相关显著位置设置提示性和警示性标识，标示外墙外保温材料的燃烧性能和防火要求。鼓励将外墙外保温系统更改为不燃、难燃材料。对既有建筑的外墙外保温系统实施改造时，应当符合现行国家工程建设消防技术标准。

人员密集场所、高层和地下公共建筑的排油烟管道等排油烟设施，应当按照国家和省有关规定设置，并在与竖向排风管连接处、穿越防火分区处设置防火阀；与可燃物之间应当采取隔热或者散热等防火措施；每季度至少进行一次检查、清洗和保养，并做好记录。

（十二）人员密集场所应当在建筑消防设施、消防器材、疏散设施的醒目位置设置消防安全标识，告知维护、使用消防设施、器材以及紧急情况下逃生自救的方法、要求。人员密集场所的疏散通道、楼梯间及前室的门，属常闭式防火门的应当保持常闭；设置保持开启状态的防火门的，应当保证火灾时能自动关闭。高层建筑、地下工程和人员密集场所应当按照有关规定配备自救器材和辅助逃生设施。

生产、经营、储存易燃易爆危险品的消防安全重点单位，应当指定掌握工艺流程、具备应急处置能力的有关人员兼职承担专业处置工作，设置辅助应急救援指挥决策的专用资料箱，根据需要配备专用灭火器材、储备专用灭火药剂并保持完好有效；发生事故时，应当立即启动应急救援预案，调派专业处置人员及时开展和参与相应处置。

鼓励大型商业综合体和生产、经营、储存易燃易爆危险品场所的集中区域，建立区域联防互助组织，共同开展消防安全检查、火灾隐患整改、初起火灾处置。

（十三）禁止在生产、经营、储存易燃易爆危险品的场所和存放可燃、易燃物资的仓库、露天堆场等具有火灾、爆炸危险的场所吸烟、使用明火。

禁止在人员密集场所燃放烟花爆竹或者使用其他产生烟火的物品。

具有火灾、爆炸危险的场所，建设工程施工现场，正在生产、营业、使用的人员密集场所，因施工等原因需要明火作业的，应当按照单位的用火管理制度事先办理手续，落实现场消防安全措施。

使用易燃易爆危险品的学校、科研机构、医院以及其他单位，其使用条件、工艺、场所应当符合法律、法规和技术标准的要求，并根据所使用的易燃易爆危险品的种类、危险特性以及使用量和使用方式,建立健全消防安全管理规章制度和操作规程,配备相适应的灭火器材、灭火药剂,保证易燃易爆危险品的安全使用。

(十四)古建筑、近代现代代表性建筑以及其他保护建筑的管理单位,应当加强用火用电用气的消防安全管理,依法履行消防安全职责,并根据建筑结构、文物性质等特点,采取针对性的消防安全措施。

(十五)具有合法的固定经营场所,使用面积一百平方米以下,设置在地上一、二层,具有销售、服务性质的商店、饮食店、洗衣店、美容美发店等小型经营场所,应当明确专职或者兼职消防安全员,落实消防安全措施,配备灭火器,设置电气线路断路器,使用合格的电气设备、燃气设施,及时消除火灾隐患,发生火灾时组织引导人员疏散,扑救初起火灾。

利用村民自建住宅从事家庭生产加工、民宿、农家乐等生产经营活动的,应当落实防火分隔、安全疏散等消防安全措施,配备必要的消防设施、器材。

(十六)公共汽车、轨道列车、渡轮等公共交通工具和其他中型以上客车,应当按照有关规定配备消防器材和安全疏散设施,设置明显标识,并保持完好有效。

前款所列交通工具的运营、使用单位应当对工作人员进行消防安全培训;发生火灾等突发事件时,现场工作人员应当迅速引导、协助乘客疏散、逃生。

隧道、大型桥梁应当规划、建设公共消防设施;其经营管理单位应当根据隧道、大型桥梁火灾特点和应急处置需要,建立专职消防队或者志愿消防队,配置灭火救援装备、器材,明确负责消防安全工作的人员。

利用船舶或者水上浮动设施开设的餐饮、娱乐场所、水上加油点,应当符合相应的消防技术标准和管理规定。

(十七)城市轨道交通的运营单位应当建立健全重点部位消防安全管理制度,配备相适应的灭火救援装备、器材,建立专业应急救援队伍,完善应急值守和报告制度,定期组织全要素演练。

城市轨道交通车站站台层、站厅付费区、乘客疏散区以及疏散通道不得设置商铺,运营设施和广告设施应当采用不燃、难燃材料。

地下车站与周边地下空间的连通部位、车站与站内商业等非轨道交通功能的场所、车辆基地与上盖综合开发建筑,产权方或者管理方之间应当相互协商,建立消防协调联动机制,明确相应的消防安全责任。

(十八)电器产品的安装、使用及其线路的设计、敷设、维护保养、检测,应当符合消防技术标准和有关管理规定。

人员密集场所,易燃易爆危险品生产、经营、储存场所,以及存放可燃、易燃物资的仓库,应当定期对其使用的电器产品和线路进行消防安全检查,并按照国家有关规定委托有资质的单位对导除静电和防雷设施进行安全技术检测。

供电企业应当对供电设施、线路定期检测,及时更换、改造老化供电设施和线路,加强用电管理,开展电气消防安全检查,对违反用电安全的行为及时予以制止,对电气火灾隐患及时督促整改。

(十九)人员密集场所应当根据需要配套设置电动自行车集中停放区域、建设集中充电设施。

新建、改建住宅小区,建设单位应当同步建设充电设施或者预留充电设施建设条件,推动电动自行车集中停放、充电。

(二十)单位和个人研制易燃易爆的新材料、新产品或者有火灾危险性的新设备、新工艺的,在交付生产、使用或者技术转让时,应当注明火灾危险性、预防火灾和紧急处置措施。

(二十一)自动消防系统的操作人员应当依法取得相应的资格,方可上岗作业。

对消防设施操作人员,电焊、气焊以及其他从事具有火灾、爆炸危险的特殊工种人员进行职业资格培训或者上岗培训时,应当将消防知识纳入培训的内容。

(二十二)学校及其他教育机构应当定期组织师生参观消防科普教育场馆,开展应急疏散演练。

消防安全重点单位应当每半年至少组织开展一次灭火和应急疏散演练。

五、灭火救援

(一)灭火救援应当贯彻救人第一、科学施救的原则。

(二)水域、山岳、森林和隧道、大型桥梁、高层建筑、地下工程、大型商业综合体、大跨度建筑,易燃易爆危险品生产、经营、储存场所以及新能源生产储存企业、特高压变电站等比较集中的地区,应当按照规定配置特种装备。

(三)消防安全重点单位、单位专职消防队以及社会应急救援队伍,应当设有与当地消防应急救援调度指挥中心联系的有线或者无线通信设备。

(四)任何单位和个人发现火灾,应当迅速报警;起火单位应当组织扑救初起火灾。

人员密集场所发生火灾,该场所的现场工作人员应当立即组织、引导在场人员疏散。

有关单位和个人应当为火灾报警、灭火和应急救援提供便利。

(五)消防救援机构统一组织和指挥火灾现场扑救。

国家综合性消防救援队、政府专职消防救援队参加火灾以外的其他重大灾害事故的应急救援工作,由县级以上地方人民政府统一指挥。

社会应急救援队伍参与灭火和应急救援行动时,应当服从统一调度指挥。

(六)为阻止火灾蔓延,避免重大损失,火场总指挥有权决定使用各种水源,划定警戒区,在火场周围实施交通管制,截断电力、可燃气体和可燃液体的输送,限制用火用电,利用临近建筑物和有关设施,拆除或者破损毗邻建筑物、构筑物或者设施等,调动交通运输、生态环境、气象、市政、供水、供电、供气、通信、医疗救护等部门和单位协助灭火救援。造成有关单位和个人合法权益受到损害的,当地人民政府按照规定予以补偿。

单位专职消防队、志愿消防队参加扑救外单位火灾,以及有关单位协助灭火救援所损耗的物资,由火灾发生地人民政府给予补偿。

六、消防监督

(一)公众聚集场所投入使用、营业前消防安全检查实行告知承诺管理。公众聚集场所在投入使用、营业前,建设单位或者使用单位应当在消防验收合格或者消防验收备案通过后,向县级以上地方人民政府消防救援机构提出投入使用、营业前消防安全检查申请,作出场所符合消防安全管理规定的承诺,提交规定的材料,并对其承诺和材料的真实性负责。消防救援机构应当对申请人提交的材料进行审查,申请材料齐全、符合法定形式的,应当予以许可并及时对作出承诺的公众聚集场所进行核查。

申请人选择不采用告知承诺方式办理的,消防救援机构应当对该场所进行检查;经检查符合要求的,应当予以许可。

(二)实行消防严重失信主体名单制度。有下列行为的,依法列入严重失信主体名单:

1. 公众聚集场所建设单位或者使用单位作出虚假消防安全承诺,且场所存在重大火灾隐患的;

2. 拒不执行停止施工、停止使用、停产停业决定,经催告无正当理由逾期仍不执行的;

3. 存在重大火灾隐患,拒不整改的;

4. 技术服务机构及其从业人员伪造或者出具严重虚假、失实文件的;

5. 注册消防工程师变造、倒卖、出租、出借或者以其他形式转让资格证书、注册证、执业印章,情节严重的;

6. 严重扰乱火灾现场秩序、影响灭火救援的;

7. 故意破坏或者伪造火灾现场的;

8. 法律、法规或者党中央、国务院政策文件规定的其他消防严重失信行为。

七、法律责任

(一)违反本条例规定,法律、行政法规已有处罚规定的,从其规定。

(二)机关、团体、企业、事业等单位未按照规定履行消防安全职责,发生火灾事故的,由消防救援机构处一万元以上十万元以下罚款,并对直接负责的主管人员和其他直接责任人员处一千元以上三千元以下罚款。

(三)消防审验技术服务机构出具虚假文件的,由住房和城乡建设主管部门责令改正,处五万元以上十万元以下罚款,并对直接负责的主管人员和其他直接责任人员处一万元以上五万元以下罚款;有违法所得的,没收违法所得;给他人造成损失的,依法承担赔偿责任。

消防审验技术服务机构不按照国家工程建设消防技术标准开展消防审验技术服务活动的,由住房和城乡建设主管部门责令改正,处一万元以上五万元以下罚款,并对直接负责的主管人员和其他直接责任人员处二千元以上一万元以下罚款;有违法所得的,没收违法所得;给他人造成损失的,依法承担赔偿责任。

(四)未依法建立单位专职消防队或者建立的专职消防队不符合标准的,由消防救援机构责令限期改正;逾期不改正的,处一万元以上十万元以下罚款。

(五)建设工程有关单位违反本条例规定使用不合格消防产品、国家明令淘汰的消防产品或者防火性能不符合消防安全要求的建筑构件、建筑材料、室内装修装饰材料的,由相关监督管理部门根据职责责令限期改正;逾期不改正的,责令停止施工、停止使用,对单位处五千元以上五万元以下罚款,并对直接负责的主管人员和其他直接责任人员处五百元以上二千元以下罚款。

(六)机关、团体、企业、事业等单位未按照规定对消防设施进行维护保养和检测的,由消防救援机构责令限期改正,可以处一千元以上五千元以下罚款。

设置消防控制室的单位未按照规定落实消防控制室管理制度的,由消防救援机构责令改正,可以处一千元以上五千元以下罚款。

(七)建筑物外立面装修、装饰、设置广告妨害防火、逃生和灭火救援的,由消防救援机构责令限期改正;逾期不改正的,处五千元以上五万元以下罚款。

(八)人员密集场所未按照规定设置消防安全标识的,由消防救援机构责令限期改正;逾期不改正的,处一千元以上五千元以下罚款。

人员密集场所的疏散通道、楼梯间及前室的门,未按照规定保持常闭,或者不能保证在火灾时自动关闭的,由消防救援机构责令改正,处警告或者一千元以上二千元以下罚款。

生产、经营、储存易燃易爆危险品的消防安全重点单位,未按照规定指定专业处置人员,设置专用资料箱,配备专用灭火器材、储备专用灭火药剂,或者未保持专用灭火器材和灭火药剂完好有效的,由消防救援机构责令限期改正;逾期不改正的,处五千元以上三万元以下罚款。

生产、经营、储存易燃易爆危险品的消防安全重点单位发生事故时,未启动应急救援预案,调派专业处置人员开展和参与相应处置,造成严重后果的,由消防救援机构对单位处五万元以上十万元以下罚款,并对直接负责的主管人员和其他直接责任人员处一千元以上三千元以下罚款。

(九)违反规定使用产生烟火的物品的,由消防救援机构对单位处三千元以上三万元以下罚款;对个人处警告或者五百元以下罚款。

（十）利用船舶或者水上浮动设施开设餐饮、娱乐场所、水上加油点,不符合相应的消防技术标准和管理规定的,责令限期改正;逾期不改正的,责令停止使用,处五千元以上五万元以下罚款。餐饮、娱乐场所由消防救援机构实施处罚,水上加油点由县级以上地方人民政府确定的管理部门实施处罚。

（十一）城市轨道交通运营单位未按照规定配备灭火救援装备、器材的,由消防救援机构责令限期改正;逾期不改正的,处五千元以上五万元以下罚款。

（十二）自动消防系统的操作人员未按照规定取得相应资格上岗作业的,由消防救援机构责令用人单位改正;拒不改正的,对用人单位处二千元以上一万元以下罚款。

（十三）机关、团体、企业、事业等单位无正当理由拒不配合、协助开展熟悉演练活动或者提供资料的,由消防救援机构责令限期改正;逾期不改正的,处五百元以上五千元以下罚款。

（十四）火灾扑灭后,违反规定擅自进入火灾封闭现场或者擅自清理、移动火灾现场物品的,由消防救援机构责令停止违法行为,处警告或者五百元以上一千元以下罚款。

（十五）有下列情形之一,对经济和社会生活影响较大,责令停产停业、停止使用、停止施工的,报请本级人民政府依法决定：

1. 涉及本地区经济发展的重大项目、重点单位的；
2. 涉及单位、场所、人员数量众多,可能影响社会稳定的；
3. 涉及城市公用事业的；
4. 其他对经济和社会生活影响较大的情形。

住房和城乡建设主管部门、消防救援机构可以委托符合法定条件的组织,对有关违反消防安全管理的行为依法实施行政处罚。

第四节　《江苏省交通建设工程质量和安全生产监督管理条例》

一、总则

（一）适用范围

本省行政区域内交通建设工程质量、安全生产以及对其实施监督管理,适用本条例。

（二）交通建设工程定义

交通建设工程是指经依法审批、核准或者备案的公路、水运基础设施的新建、改建、扩建等建设项目,以及按照国家规定由本省负责工程质量和安全生产监督管理的地方铁路建设项目。

地方铁路建设项目的安全生产监督管理,按照安全生产、铁路安全管理等有关法律、法规执行。

(三)交通建设工程质量和安全生产监督管理坚持质量为本、安全第一、预防为主、分级负责的原则。

(四)交通建设工程实行质量和安全生产责任制。

交通建设工程的建设、勘察、设计、施工、监理、试验检测等单位(以下统称从业单位),应当执行国家规定的基本建设程序,建立健全交通建设工程质量和安全生产管理制度,保证交通建设工程质量和生产安全。

二、从业单位责任和义务

(一)从业单位及其从业人员应当遵守交通建设工程质量和安全生产法律、法规、规章等规定,履行交通建设工程质量和安全生产义务,执行工程建设强制性标准和相关技术规范。

从业单位应当建立健全工程质量和安全生产保证体系,落实工程质量和安全生产管理措施,完善工程质量和安全生产目标保障机制,依法对工程质量负责并承担工程安全生产责任。

从业单位应当推进工程质量和安全生产标准化、信息化建设,加强从业人员培训、教育和管理,构建质量和安全生产风险分级管控和隐患排查治理双重预防机制,预防、减少工程质量问题和生产安全事故。

(二)交通建设工程项目依法实行法人负责制。项目法人或者项目投资主体应当组建或者明确项目建设单位,也可以委托具备条件的单位代建并按照委托合同实施建设管理。

(三)建设单位应当依法组织办理项目招标、质量监督、开工、交工、竣工等手续,按照国家和省有关规定对其他从业单位进行合同履约和质量、安全生产管理,对设计单位出具的安全风险评估报告进行评审,对施工单位的安全生产条件进行审查,并向交通建设工程监督机构提交项目安全生产资料。

(四)勘察单位应当按照工程建设强制性标准和相关技术规范等进行实地勘察、测量,开展水文、地质调查;针对不良地质、特殊性岩土、有毒有害物质等不良环境或者其他可能引发工程质量和生产安全事故的情形,在勘察文件中加以说明并提出防治建议,必要时组织专家论证。

勘察文件应当真实、准确,满足交通建设工程规划、选址、设计、岩土治理、施工和安全生产的需要。

(五)设计单位应当按照工程建设强制性标准、相关技术规范以及勘察文件等进行设计,并加强总体设计,满足交通建设工程使用功能、质量、安全、环保、节约等基本要求。

设计单位应当按照国家和省有关规定,在工程可行性研究阶段或者初步设计阶段,对桥梁、隧道、高边坡、深基坑、通航建筑物、大型临时围堰等危险性较大的工程进行设计安全风险评估,编制安全风险评估报告。

设计单位应当对存在重大工程质量和安全生产风险的部位进行专项设计,提出应对措施;对涉及施工质量和安全生产的工程重点部位和环节,在设计文件中注明,并对防范工程质量和生产安全事故提出指导意见;对采用新结构、新材料、新工艺的工程和特殊结构的工程,提出保障工程质量和安全生产的相应措施和建议。

(六)施工单位应当依法设立安全生产管理机构、配备专职安全生产管理人员,按照合同约定设立质量管理机构、配备具有相应管理能力的人员。

施工单位应当推进施工班组标准化、施工现场安全标准化建设,做好施工场地安全布置、施工现场安全防护、施工工艺操作、施工安全管理活动记录,对工程项目重大危险源、危险部位进行公示并设置明显的安全警示标志。

施工单位应当按照国家有关规定和技术规范,对危险性较大的分部分项工程进行施工安全风险评估,依据风险评估结论对风险等级较高的分部分项工程编制专项施工方案并实行项目负责人带班生产制度。

(七)施工单位应当向作业人员提供安全防护用具和安全防护服装,并书面告知危险岗位的操作规程和违章操作的危害。

施工单位应当配备专人管理施工现场的安全防护用具、机械设备、施工机具及配件,定期进行检查、维修和保养,建立相应的资料档案,并按照国家有关规定及时报废。

(八)公路、水运建设工程施工单位应当对缺陷责任期内因其施工原因造成的质量问题进行处理,并依法承担相应的工程返工和维修费用。缺陷责任期自工程通过交工验收之日起计算,具体期限由建设单位与施工单位按照国家和省有关规定在合同中约定。由于非施工单位原因导致无法按期进行交工验收的,缺陷责任期自施工单位提交交工验收报告满九十日起计算。

(九)施工单位不得将其承包的工程转包给他人,不得将其承包的全部工程支解以后以分包的名义分别转包给他人。工程分包应当符合有关法律、法规规定和合同约定。

不得分包的专项工程,建设单位应当在招标文件中予以明确。施工单位应当在投标文件中对拟分包的专项工程及其规模予以明确;未在投标文件中明确的,不得分包。但是,因工程变更增加有特殊技术要求、特殊工艺或者涉及专利保护的专项工程,或者因非施工单位原因发生原施工组织计划不能满足工期要求的情形,且按照规定不需要再招标的,施工单位书面提出申请并经建设单位书面同意后,可以分包。

(十)施工单位以及承担分包专项工程的单位在实施项目时,项目负责人、技术负责人、质量管理人员、安全生产管理人员等主要管理人员应当为本单位工作人员,并符合相关要求和合同约定。

（十一）监理单位对所监理的工程承担监理责任，应当审查施工组织设计和专项施工方案、审核施工项目安全生产条件，对施工单位的专项施工方案执行情况、质量和安全生产保障措施落实情况进行检查，对危险性较大的分部分项工程编制专项监理细则并组织实施。

监理单位应当按照监理规范实施旁站监理，及时、真实、完整地做好监理记录。

（十二）建设、施工、监理单位应当根据工程质量和安全生产管理需要或者按照合同约定，依法自行或者委托具备相应资质和能力的试验检测机构设立工地试验室，承担试验检测工作；设立工地试验室的，应当向交通建设工程监督机构书面报告。

对投资规模小、等级低、建设时限短的项目，建设、施工、监理单位可以不设立工地试验室，将试验检测工作委托具备相应资质和能力的试验检测机构承担。

试验检测机构在项目的同一合同标段中不得同时接受建设和施工、施工和监理单位的试验检测委托。

试验检测机构应当对其出具的试验检测数据和报告的合法性、真实性负责，数据出现异常时应当及时向委托方报告。

（十三）建设、勘察、设计、施工、监理、试验检测等单位委托咨询服务单位提供质量和安全生产技术、管理等咨询服务的，咨询服务单位对出具的咨询服务成果承担相应责任。

（十四）两个以上从业单位组成联合体共同勘察、设计、施工、监理的，联合体各方应当签订协议，确定牵头单位，明确各方应当承担的质量和安全生产责任，未明确的责任由牵头单位承担。

（十五）交通建设工程招标文件应当依法明确质量和安全生产条件、信用状况、保障措施等要求。

施工招标文件还应当明确安全生产费用计提标准，计提标准不得低于国家规定的标准；安全风险高的交通建设工程应当按照省有关规定提高安全生产费用计提标准。

施工单位在工程投标报价中应当包含安全生产费用并单独计提，不得将安全生产费用作为竞争性报价。

（十六）任何单位和个人不得任意压缩国家和省规定的工程勘察、设计周期，不得任意压缩初步设计批复确定或者合同约定的工期。

通过改善工艺、增加机械设备和劳动力、加大投入等方式缩短批复确定或者合同约定的工期的，应当组织专家论证，并经建设、施工、监理等单位协商一致，提出保障工程质量和安全生产的相应措施。

（十七）交通建设工程合同中列明的施工、监理单位主要管理人员，应当按照规定要求和合同约定在岗履职，在合同工期内不得擅自调整或者在其他项目兼职。主要管理人员确需调整或者在其他项目兼职的，应当符合国家和省有关规定并征得建设单位书面同意。调整后的主要管理人员,其资格条件应当符合合同约定的要求。

(十八)从业单位应当加强交通建设工程资料的收集、整理和保管,保证其真实、准确和完整。禁止篡改、伪造工程资料。

施工、监理单位应当对主体工程的隐蔽部位,以及地质条件、结构复杂的工程重点部位等,采取现场影像记录等信息化手段记录施工过程,并建档保存。

(十九)鼓励采用工程担保、工程保险等方式对工程投标、工程履约、工程质量保修等提供保证;采用上述方式提供保证的,建设单位不得再预留保证金。

从业单位应当依法参加工伤保险和安全生产责任保险,不得无故延迟续保、退保。安全生产责任保险的保费可以在企业依法提取的安全生产费用中列支。

(二十)交通建设工程发生质量和生产安全事故,从业单位应当按照国家有关规定向交通运输主管部门或者交通建设工程监督机构报告;生产安全事故应当同时向事故发生地应急管理部门报告。不得瞒报、谎报、漏报或者迟报。

工程质量事故的调查处理,生产安全事故的应急救援和调查处理,按照国家有关规定执行。

三、监督管理

(一)交通运输主管部门应当建立健全交通建设工程质量和安全生产监督管理制度,加强对交通建设工程招标投标、发包分包等活动的监督管理,依法查处工程质量和安全生产违法行为。

(二)国家和省有关部门审批、核准或者备案,并列入省交通建设投资计划的下列公路、水运建设工程,其质量和安全生产监督管理由省交通建设工程监督机构根据职责负责:

1. 省本级直接实施建设管理的高速公路、跨越长江的公路桥梁(隧道);
2. 跨设区的市的三级以上内河航道工程(含船闸、航道、桥梁等);
3. 国家发展改革或者交通运输部门审批初步设计文件的沿江沿海港口项目,国家或者省公共财政资金投入的防波堤、港口公用航道等沿海港口公用基础设施项目。

前款规定以外的公路、水运建设工程的质量和安全生产监督管理,由工程所在地设区的市、县(市、区)交通建设工程监督机构根据职责负责,具体监督管理职责划分由设区的市交通运输主管部门确定。

省交通运输主管部门对监督管理职责存在争议的跨设区的市的独立桥梁、隧道工程,应当指定交通建设工程监督机构;对工程技术难度大的特定公路、水运建设工程,可以指定交通建设工程监督机构。

(三)地方铁路建设工程的质量监督管理,由省交通运输主管部门确定的交通建设工程监督机构根据职责负责,程序和标准按照国家和省有关规定执行。

(四)交通建设工程监督机构应当配备具有相应专业知识和业务能力的技术人员,具备开展质量和安全生产监督管理的工作条件,建立工程质量和安全生产监督管理责任制,根据职责依法对从业单位执行有关工程质量和安全生产法律、法规、规章、强制性标准和相关技术规范,以及交通建设工程质量行为、安全生产活动和工程实体质量进行监督检查。

交通建设工程监督机构具体承担下列职责:

1. 对从业单位质量责任制和全员安全生产责任制、质量保证体系、事故隐患排查治理以及重大危险源辨识、评估、监控等制度的建立落实情况等进行指导和监督检查,督促相关从业单位落实质量和安全生产主体责任;

2. 对从业单位安全生产管理机构或者专职安全生产管理人员的设置和履行职责情况,以及安全生产人员和特种作业人员依法应当具备的上岗资格情况等安全生产条件落实情况进行检查;

3. 对建设单位对其他从业单位进行质量和安全生产管理,以及对施工单位遵守承包分包规定等情况进行检查;

4. 对施工单位施工场地布置、现场安全防护、施工工艺操作、施工安全管理活动记录等方面的安全生产标准化建设推进情况进行检查;

5. 对主要工程材料、构配件以及主体结构工程实体质量等情况和自检记录、安全生产情况组织检查,并根据检查情况分析质量和安全生产状况,制定并落实有针对性的监督管理措施;

6. 建立健全重大事故隐患挂牌督办制度,督促从业单位及时消除重大事故隐患;

7. 按照国家和省有关规定报告事故情况,依法组织或者参与由本级人民政府负责的事故调查处理,指导、协调有关应急救援工作,协助做好事故善后工作,督促落实事故处理的有关决定;

8. 法律、法规规定的其他职责。

(五)同一公路、水运建设工程质量和安全生产监督管理工作,应当由同一交通建设工程监督机构实施。

交通建设工程监督机构应当依法受理质量监督申请,在十五个工作日内办结质量监督手续,出具工程质量监督通知书;承诺期限少于十五个工作日的,应当在承诺期限内办结。通知书应当明确质量监督人员、内容和方式等。交通建设工程监督机构应当同步明确安全生产监督人员、内容和方式等。

交通建设工程监督机构应当自建设单位取得公路工程施工许可或者办理水运工程质量监督手续之日起,至工程交工验收完成之日止,依法对工程质量和安全生产实施监督;自工程交工验收完成之日起,至工程竣工验收完成之日止,依法对工程质量实施监督。

(六)交通建设工程监督机构应当根据职责制定年度监督检查计划,确定检查内容、方式、频次以及有关要求。监督检查可以采取随机抽查、备案核查、专项检查、综合督查等方式。

（七）交通运输主管部门及其交通建设工程监督机构根据职责开展监督检查时，有权采取下列措施：

1. 进入施工现场进行检查；

2. 询问被检查单位工作人员，要求其说明有关情况；

3. 要求被检查单位提供有关工程质量和安全生产的资料；

4. 对工程材料、构配件、工程实体质量等进行抽样检测；

5. 对发现的工程质量和安全生产问题或者违法行为，依法责令改正、立即排除事故隐患，依法采取强制措施等；

6. 约谈被检查单位相关负责人；

7. 法律、法规规定的其他措施。

四、法律责任

（一）对违反本条例规定的行为，法律、行政法规已有处罚规定的，从其规定。

（二）违反本条例规定，建设单位未按照国家和省有关规定对设计单位出具的安全风险评估报告进行评审或者未对施工单位的安全生产条件进行审查的，由交通运输主管部门责令限期改正，可以给予警告；逾期不改正的，处五万元以上二十万元以下的罚款。

（三）违反本条例规定，针对不良地质、特殊性岩土、有毒有害物质等不良环境或者其他可能引发工程质量和生产安全事故的情形，勘察单位未在勘察文件中加以说明并提出防治建议的，由交通运输主管部门责令限期改正，可以给予警告；逾期不改正的，处十万元以上三十万元以下的罚款。

（四）违反本条例规定，施工单位未实行项目负责人带班生产制度的，由交通运输主管部门责令限期改正，可以给予警告；逾期不改正的，处二万元以上十万元以下的罚款。

（五）违反本条例规定，监理单位有下列情形之一的，由交通运输主管部门责令限期改正，可以给予警告；逾期不改正的，处二万元以上十万元以下的罚款：

1. 未对专项施工方案执行情况进行检查；

2. 未对质量和安全生产保障措施落实情况进行检查；

3. 未对危险性较大的分部分项工程编制专项监理细则并组织实施；

4. 未按照监理规范实施旁站监理。

（六）违反本条例规定，试验检测机构在项目的同一合同标段中同时接受建设和施工或者施工和监理单位的试验检测委托的，由交通运输主管部门责令限期改正，可以给予警告；逾期不改正的，处二万元以上十万元以下的罚款。

（七）违反本条例规定，从业单位篡改、伪造工程资料的，由交通运输主管部门责令限期改正，给予警告；逾期不改正的，处五万元以上二十万元以下的罚款，并由原发证机关降低其资质等级或者吊销其资质证书；构成犯罪的，依法追究刑事责任。

第五节 《江苏省铁路安全管理条例》

一、总则

（一）本省行政区域内的铁路建设、线路、运营等有关安全管理活动,适用本条例。

（二）铁路安全管理坚持安全第一、预防为主、综合治理的方针,实行行业监管与属地管理相结合,建立健全政府统筹、路地协作、区域协同、社会共治的工作机制。

（三）从事铁路建设、运输、设备制造维修等活动的单位应当依法加强安全管理,履行安全生产主体责任,建立健全安全生产管理制度,设置安全管理机构或者配备安全管理人员,加强对从业人员的标准化作业和安全教育培训,落实全员安全生产责任制,保证安全生产所必需的资金投入。

（四）任何单位和个人有权向铁路运输企业报告,或者向铁路监管部门、地方铁路管理部门、公安机关或者其他有关部门举报影响铁路安全的行为。接到报告的铁路运输企业、接到举报的部门应当根据各自职责及时处理。

二、建设安全

（一）铁路建设应当符合铁路发展规划,执行铁路基本建设程序。

铁路建设单位和勘察、设计、施工、监理单位以及其他有关单位,应当遵守建设工程质量管理和安全生产管理法律、法规等规定,执行国家标准、行业标准和技术规范。

铁路建设单位委托代建铁路建设项目的,代建方应当依法承担与代建项目相应的安全生产责任,并配合铁路建设单位履行安全生产管理职责。

（二）从事铁路建设工程勘察、设计、施工、监理活动的单位应当依法取得相应资质,在其资质等级许可的范围内从事铁路工程建设活动,并加强对从业人员的资格管理。

铁路建设单位应当选择具备相应资质等级的勘察、设计、施工、监理单位进行工程建设,督促勘察、设计、施工、监理单位以及其他与铁路建设工程安全生产有关的单位实施安全风险管控和安全隐患排查治理,并对建设工程的质量安全进行监督检查,制作检查记录留存备查。

（三）铁路建设单位应当对项目建设过程中的建设工程本体的风险以及毗邻建筑物、构筑物和其他管线、设施的安全影响等进行评估,并根据评估结果采取措施,防止、减少对建设工程本体以及毗邻建筑物、构筑物和其他管线、设施的影响。

（四）铁路施工单位应当按照国家有关规定对危险性较大的分部分项工程编制安全专项施工方案,依法实施施工现场安全管理。

（五）新建、改建铁路与道路、轨道交通、河（航）道、渡槽、综合管廊、管线等设施交叉，或者新建、改建道路、轨道交通、河（航）道、渡槽、综合管廊、管线等设施与铁路交叉的，应当按照技术规范设置立体交叉设施及其附属安全设施。建设单位应当与有关管理单位综合考虑规划等级、时间先后等因素，就安全防护措施等进行协商，相互提供必要的便利。

（六）道路与铁路并行路段，应当按照国家有关规定和标准、规范，在靠近铁路的道路路侧设置安全防撞等设施和警示标志；与高速铁路并行的，应当提高防护设施安全防撞等级。

道路与铁路同步建设的，安全防撞等设施和警示标志的设置、管理和维护，由道路管理部门或者道路经营单位与铁路建设单位或者铁路运输企业按照公平合理的原则协商确定；道路建设在后的，安全防撞等设施和警示标志由道路管理部门或者道路经营单位负责设置、管理和维护；铁路建设在后的，安全防撞等设施和警示标志由铁路建设单位或者铁路运输企业负责设置，并按照规定移交道路管理部门或者道路经营单位管理和维护。

（七）规划建设铁路客运车站，应当适应地方经济社会发展需要，符合相关安全技术规范要求，保障旅客出行安全、便利，与城市公共交通、道路客运等交通方式相衔接。

（八）铁路建设工程竣工，应当按照有关规定组织验收，由铁路运输企业依法进行运营安全评估。

铁路建设工程经验收、评估合格，符合运营安全要求的，方可投入运营。

三、线路安全

（一）铁路线路两侧依法设立铁路线路安全保护区。铁路线路安全保护区范围，从铁路线路路堤坡脚、路堑坡顶或者铁路桥梁（含铁路、道路两用桥，下同）外侧起向外的距离分别为：

1. 城市市区高速铁路为十米，其他铁路为八米；
2. 城市郊区居民居住区高速铁路为十二米，其他铁路为十米；
3. 村镇居民居住区高速铁路为十五米，其他铁路为十二米；
4. 其他地区高速铁路为二十米，其他铁路为十五米。

铁路线路位于地下的，从地下车站、隧道外边线外侧起向外的五十米区域，纳入铁路线路安全保护区范围。

本条第一款、第二款规定距离不能满足铁路安全保护需要的，铁路线路安全保护区范围由铁路建设单位或者铁路运输企业提出具体划定方案。

前三款规定的铁路线路安全保护区范围的划定权限和程序，依照国务院《铁路安全管理条例》规定执行。

（二）任何单位和个人不得违反铁路安全管理法律、法规规定,在铁路线路安全保护区实施危害铁路安全的行为。

（三）在铁路电力线路导线两侧各五百米范围内,禁止升放风筝、气球、孔明灯等低空飘浮物体,不得使用弓箭、弹弓、投掷装置等实施危害铁路安全的行为。

在铁路电力线路导线两侧各一百米范围内,禁止升放无人机等低空、慢速、小型航空器;因安全保卫、应急救援、现场勘察、农业作业、施工作业、气象探测等确需开展上述飞行活动的,应当提前通知铁路运输企业,并按照规定采取必要的安全防护措施。

（四）在铁路线路安全保护区内建造建筑物、构筑物等设施,从事取土、挖砂、挖沟、采空作业或者堆放、悬挂物品,应当依法征得铁路运输企业同意并签订安全协议,遵守保证铁路安全的国家标准、行业标准和施工安全规范,采取措施防止影响铁路安全。铁路运输企业依法派员对施工现场实行安全监督。

在铁路线路两侧使用彩钢瓦、铁皮、塑料薄膜、防尘网等轻质材料建造建筑物、构筑物的,产权人或者管理人应当采取加固等安全防护措施,及时清理散落的材料,防止其在大风等恶劣天气条件下危及铁路安全。

（五）铁路线路安全保护区内既有建筑物、构筑物和供水、油气输送、光（电）缆等管线设施的产权人或者管理人,应当加强日常巡查维护,及时排除安全隐患,防止影响铁路安全。

（六）在铁路线路两侧建造、设立生产、加工、储存或者销售易燃、易爆或者放射性物品等危险物品的场所、仓库的,应当符合国家标准、行业标准规定的安全防护距离。已建场所、仓库不符合规定的安全防护距离的,应当依法予以整改。

（七）铁路桥梁下的铁路用地根据周边生产、生活环境,按照确保铁路设施设备安全的要求,依法实施封闭管理或者保护性利用管理。

任何单位和个人不得在铁路桥梁下搭建影响铁路安全的建筑物、构筑物。在铁路桥梁下的铁路用地内,从事设置停车场、公园等保护性利用活动,应当征得铁路运输企业同意并签订安全协议,采取相应的安全防护措施,不得影响铁路安全。

（八）在电气化铁路接触网及其支柱附挂通信、有线电视电缆等设施设备的,应当符合铁路安全相关技术规范要求,并按照有关规定报经批准。

（九）设置或者拓宽铁路道口、铁路人行过道,应当依法征得铁路运输企业同意。禁止擅自在铁路线路上铺设平交道口和人行过道。发现擅自在铁路线路上铺设平交道口或者人行过道的,应当及时报告公安等有关部门依法予以处置。

（十）铁路运输企业应当依法加强铁路道口安全管理,按照有关规定配备必要的看守人员,加强交通疏导,防止铁路道口发生交通事故。

铁路与道路交叉的无人看守道口应当按照国家标准设置警示标志;有人看守道口应当设置道口移动栏杆、列车接近报警装置、警示灯、警示标志、铁路道口路段标线等安全防护设施。

道口移动栏杆、列车接近报警装置、警示灯等安全防护设施依法由铁路运输企业设置、维护;警示标志、铁路道口路段标线由铁路道口所在道路的道路管理部门设置、维护。

对既有的铁路、道路平交道口,县级以上地方人民政府应当协调铁路运输企业与道路管理部门或者道路经营单位协商,按照法律、法规和国家、省有关规定以及实际需要,采取封闭或者立交改造等措施处理。

(十一)铁路运输企业应当依法对铁路线路、铁路防护设施和警示标志进行经常性巡查和维护,及时处理巡查中发现的安全问题。巡查和处理情况应当记录留存。

铁路沿线县级以上地方人民政府应当协助铁路监管部门依法处置铁路运输企业难以自行排除的铁路线路安全保护区内重大安全隐患。

四、运营安全

(一)铁路运输企业应当按照国家有关规定落实铁路运营安全管理职责,保障铁路旅客和货物运输安全。

铁路实行委托运营的,受托方应当依法承担与委托运营业务相应的安全生产责任。

(二)发生突发公共卫生事件时,铁路运输企业应当根据防控要求,做好列车、车站等场所的通风、清洁和消毒工作,加强公共场所卫生防护宣传,配合有关部门制定防控方案和处置预案。

在列车和车站内发生依法需要检疫的传染病时,由铁路疾病预防控制机构进行检疫,铁路沿线地方疾病预防控制机构应当给予协助与配合。铁路运输企业应当根据疫情防控需要,在重点场所或者区域设置检测点和隔离区。

(三)禁止使用无线电台(站)以及其他仪器、装置干扰铁路运营指挥调度无线电频率的正常使用。

铁路运营指挥调度无线电频率受到干扰的,无线电管理部门接到铁路运输企业报告后,应当依法排除干扰。

无线电管理部门应当加强铁路沿线无线电电磁环境和无线电台(站)信号监测,加强对铁路机车专用无线电导航、遇险救助和安全通信等涉及人身安全的无线电频率的特别保护,保障铁路运营指挥调度系统的正常使用。

(四)铁路运输企业应当在列车、车站等场所公告旅客、列车工作人员以及其他进站人员遵守的安全管理规定,维护铁路运营秩序,对违反铁路安全管理的行为及时劝阻并依法处理。

铁路运输企业应当采取措施做好旅客运输服务工作,依法落实公共交通工具及其相关公共场所控制吸烟、母婴保健、无障碍环境建设等规定,为旅客提供必要的便利和帮助。

（五）旅客应当遵守铁路安全管理规定，规范自身言行，文明乘车，安全出行，自觉维护铁路运营秩序。

铁路车站周边地区有关单位和个人应当遵守道路交通法律、法规和铁路车站周边地区管理规定，自觉维护治安、交通、市容环境卫生等管理秩序。

（六）除法律、行政法规禁止实施的危害铁路安全行为外，还禁止实施下列行为：

1. 擅自进入铁路线路封闭区域外的其他禁止、限制进入的区域；
2. 攀爬或者翻越围墙、栅栏、站台、闸机等；
3. 在铁路列车禁烟区域使用诱发列车烟雾报警的物品；
4. 采取阻碍列车车门关闭等方式影响列车运行。

五、法律责任

（一）违反本条例规定，法律、行政法规已有处罚规定的，从其规定；涉及地方铁路建设安全的违法行为，可以按照国家有关规定由地方铁路管理部门依法实施处罚。

（二）违反本条例有关规定，实施危害铁路安全行为的，由公安机关责令改正，对单位处以一万元以上五万元以下罚款，对个人处以五百元以上二千元以下罚款。

（三）违反本条例规定，在电气化铁路接触网及其支柱附挂通信、有线电视电缆等设施设备，不符合铁路安全相关技术规范要求或者未按规定报经批准的，由公安机关责令改正，对单位处以一万元以上五万元以下罚款，对个人处以五百元以上二千元以下罚款。

（四）违反本条例规定，擅自在铁路线路上铺设平交道口或者人行过道的，由公安机关责令限期拆除，对单位处以二万元以上十万元以下罚款，对个人处以五百元以上二千元以下罚款。

（五）违反本条例规定，干扰铁路运营指挥调度无线电频率正常使用的，由无线电管理部门责令改正，拒不改正的，没收产生有害干扰的设备，并处以二十万元以上五十万元以下罚款，吊销无线电台执照。

第六节　《江苏省特种设备安全条例》

一、总则

（一）适用范围

本省行政区域内特种设备的生产（包括设计、制造、安装、改造、修理）、经营、使用、检验、检测和特种设备安全的监督管理，适用本条例。

(二) 特种设备定义

特种设备是指国务院批准的特种设备目录确定的对人身和财产安全有较大危险的设备、设施,包括锅炉、压力容器(含气瓶)、压力管道、电梯、起重机械、客运索道、大型游乐设施、场(厂)内专用机动车辆等。

(三) 特种设备安全工作应当坚持安全第一、预防为主、节能环保、综合治理的原则。

(四) 特种设备生产、经营、使用单位是特种设备的安全责任主体,对其生产、经营、使用的特种设备安全负责。

二、一般安全规定

(一) 特种设备生产单位和特种设备检验、检测机构应当依法经许可、核准后,方可从事相关活动。

(二) 特种设备生产单位应当具备与生产相适应的专业技术人员、设备、设施、场所和检验手段,建立健全质量保证体系和各项规章制度,按照安全技术规范和相关标准组织生产,并接受国家规定的监督检验。

(三) 特种设备销售单位应当建立并执行特种设备进货检查验收和销售台账制度,验明特种设备制造许可证、设计文件、产品质量合格证明、安装及使用维护保养说明、监督检验证明等相关技术资料和文件,对其所销售产品的合法性负责,不得销售相关技术资料和文件不齐全的特种设备以及国家明令淘汰、已经报废的特种设备。

(四) 销售、转让使用过的特种设备的,应当向购买者或者受让者提供原使用单位的特种设备使用登记注销证明、安全技术档案和监督检验或者定期检验合格证明。

(五) 特种设备出租单位应当向特种设备承租单位提供出租的特种设备的使用登记证明、定期检验合格证明;配备特种设备作业人员的,还应当提供作业人员资格证明。特种设备承租单位应当查验。

物流园、批发市场、游乐场等场地的经营管理单位对进场使用的特种设备应当查验特种设备的使用登记证明、定期检验合格证明以及作业人员资格证明。

证明文件不齐全的,特种设备承租单位不得投入使用,场地经营管理单位不得允许进场使用。

(六) 进口特种设备的采购者应当在签订采购合同前,告知进口地设区的市特种设备安全监督管理部门。特种设备安全监督管理部门应当提供政策咨询和风险警示。

(七) 特种设备使用单位应当遵守下列要求:

1. 使用取得许可生产并经检验合格的特种设备;

2. 按照国家和省有关规定设置特种设备安全管理机构或者配备专职、兼职安全管理人员;

3. 使用取得相应资格的人员从事特种设备安全管理和作业;

4. 建立特种设备事故隐患排查治理制度,及时消除使用过程中或者检查、检验中发现的异常情况和事故隐患,保证特种设备安全运行。

(八)特种设备拟暂停使用一年以上的,特种设备使用单位应当书面告知使用登记的特种设备安全监督管理部门。重新启用的,特种设备使用单位应当按照国家和省有关规定进行检验,检验合格后方可启用,并书面告知使用登记的特种设备安全监督管理部门。

(九)特种设备过户使用的,新使用单位应当持原使用单位的特种设备使用登记注销证明等证明文件,到当地特种设备安全监督管理部门办理使用登记。

(十)特种设备检验、检测机构应当在核准的范围、项目内,按照安全技术规范开展检验、检测工作。

(十一)特种设备检验机构应当在收到特种设备使用单位检验申请后五个工作日内,与申请人约定现场检验时间,按期实施检验,并在安全技术规范规定的时间内出具检验报告。

(十二)对国家没有统一制定安全技术规范的特种设备法定检验、检测项目,省特种设备安全监督管理部门可以制定专项检验、检测规则。特种设备检验、检测机构应当根据专项检验、检测规则制定作业指导书。

特种设备生产单位和特种设备检验、检测机构可以向省特种设备安全监督管理部门提出制定专项检验、检测规则的建议。

(十三)特种设备生产、使用单位对检验结果或者鉴定结论有异议的,可以在收到检验报告或者鉴定结论后十五个工作日内,以书面形式向特种设备检验机构提出。特种设备检验机构应当在收到书面异议之日起十五个工作日内予以书面答复。

特种设备生产、使用单位对特种设备检验机构的答复仍有异议的,可以在收到答复之日起十五个工作日内向所在地设区的市特种设备安全监督管理部门提出。接到异议的特种设备安全监督管理部门应当在十五个工作日内组织鉴定、确认。

鉴定、确认过程中需要复检的,所需费用由提出异议的单位先行支付。原检验数据或者结论错误的,该费用由原检验机构承担。

三、特别安全规定

(一)特种设备安装、改造、修理施工过程中,施工单位应当遵守施工现场的安全生产要求,采取现场安全防护措施。

施工现场的安全生产监督,由有关部门依照有关法律、法规的规定执行。

(二)起重机械、大型游乐设施、客运索道使用单位应当对主要受力结构件、安全附件、安全保护装置、运行机构、控制系统等进行日常维护保养,保证安全使用,并进行记录。

(三)从事移动式压力容器、气瓶充装的单位,应当取得特种设备安全监督管理部门颁发的充装许可证。

充装单位应当按照国家规定和安全技术规范的要求对移动式压力容器、气瓶进行充装，不得充装未经检验或者经检验不合格的移动式压力容器、气瓶。

（四）气瓶充装单位应当按照安全技术规范的要求，向所在地特种设备安全监督管理部门办理自有和托管气瓶的使用登记。

气瓶充装单位应当按照省有关规定在气瓶上设置条码、二维码等信息标识，并使用气瓶信息化管理系统，不得充装没有设置信息标识的气瓶。

气瓶检验机构应当将气瓶检验信息及时录入气瓶信息化管理系统。

（五）县级以上地方人民政府应当推动建立电梯安全应急救援网络平台，安排电梯安全应急救援专项资金，用于电梯安全应急救援等工作。

鼓励投保电梯安全责任保险，提高电梯事故赔付能力。

（六）在本省销售境外制造的电梯，制造单位没有在境内设立直销机构的，应当明确在境内注册的代理商，由代理商承担法律、法规规定的制造单位的安全责任。

（七）电梯制造单位应当向电梯使用单位提供电梯备品备件，明示备品备件、维修价格和质保期，提供必要的电梯安全运行、修理、维护保养的技术帮助，不得设置技术障碍影响电梯正常运行。

（八）完成在用电梯现场检验工作，在上次检验合格有效期届满前不能出具检验报告的，负责检验的特种设备检验机构应当对检验报告发出之前该电梯能否继续使用提出书面意见。

（九）电梯使用单位按照下列规定确定：

1. 新安装电梯未移交业主的，项目建设单位为使用单位；

2. 电梯属于一个所有权人所有的，所有权人为使用单位；

3. 电梯属于多个所有权人共有，共有人自行管理的，所有权人应当通过书面协议确定使用单位；

4. 出租、出借或者以其他方式转移含有电梯的场所使用权的，可以约定使用人为使用单位；没有约定的，电梯所有权人为使用单位；

5. 委托物业服务企业或者其他管理人管理的，受托人为使用单位。

电梯使用单位无法确定的，电梯所在地的乡镇人民政府、街道办事处、园区管委会应当督促所有权人确定使用单位，或者指定使用单位。

（十）电梯层门钥匙、电梯轿厢内操纵箱钥匙和电梯启动钥匙应当由电梯使用单位统一管理。钥匙使用人员应当具备电梯作业资格。

（十一）住宅建设单位应当保证住宅电梯的配置数量和参数性能与建筑结构、使用需求相适应，符合国家和省有关标准。

住宅设计时应当充分考虑住宅电梯保障安全、急救、消防、无障碍通行的需要。

（十二）大型游乐设施的运营使用单位租借场地经营的，应当与场地经营管理单位签订安全保障协议，明确安全管理责任，落实安全管理制度。

（十三）特种设备生产、使用单位在机场、车站、码头、商场、学校、幼儿园、体育场馆、娱乐场所、旅游景区等人员密集场所进行作业，可能危及公共安全的，应当配备专职人员进行现场安全管理，设置安全隔离区和明显的安全警示标志，采取必要的防范措施，防止事故发生。

（十四）流动作业的特种设备的使用单位应当到单位所在地特种设备安全监督管理部门办理特种设备使用登记。

异地使用流动作业的特种设备的，使用单位可以向作业地检验机构申请定期检验，但应当将检验结果报该特种设备的使用登记部门。

流动作业的特种设备需要在异地重新安装的，施工单位应当按照规定向作业地特种设备安全监督管理部门或者有关部门办理安装告知。

四、监督管理

（一）特种设备安全监督管理部门在依法履行监督检查职责时，可以进入现场进行检查。有下列情形之一的，特种设备安全监督管理部门应当进行现场检查：

1. 接到举报或者取得涉嫌违法证据的；
2. 特种设备发生严重事故或者事故频发的；
3. 在举办重大活动的场所使用特种设备的；
4. 已经取得特种设备生产许可，需要进行跟踪检查的；
5. 按照上级特种设备安全监督管理部门或者当地人民政府的要求开展安全检查活动的。

（二）有下列情形之一的，特种设备安全监督管理部门可以决定对有关特种设备予以查封、扣押：

1. 有证据表明特种设备不符合安全技术规范的；
2. 特种设备存在严重事故隐患的；
3. 达到报废条件或者已经报废的特种设备流入市场的。

（三）特种设备安全监督管理部门接到特种设备事故报告，应当按照事故应急救援规定，在当地人民政府领导下参与事故应急救援，并提供专业技术和相关信息支持。

（四）特种设备安全监督管理部门应当组织第三方对电梯维护保养单位工作质量进行评价，并向社会公布评价结果，接受社会监督。

（五）设区的市、县级人民政府应当组织有关部门加强对叉车安全的监督管理，依法明确市场监督管理、公安、城市管理等部门的安全监督管理职责，建立职责清晰、规范有序的叉车安全监督管理工作机制。

五、法律责任

（一）违反本条例规定的行为，法律、行政法规已有处罚规定的，从其规定。

（二）违反本条例规定，特种设备销售单位销售相关技术资料和文件不齐全的特种设备的，由特种设备安全监督管理部门责令停止销售，限期改正；逾期未改正的，处二万元以上二十万元以下罚款；有违法所得的，没收违法所得。

（三）违反本条例规定，销售、转让使用过的特种设备，未向购买者或者受让者提供原使用单位的特种设备使用登记注销证明、安全技术档案和监督检验或者定期检验合格证明的，由特种设备安全监督管理部门责令停止销售、转让，限期改正；逾期未改正的，处二万元以上二十万元以下罚款。

（四）违反本条例规定，有下列行为之一的，由特种设备安全监督管理部门责令改正，可以处二千元以上一万元以下罚款：

1. 特种设备出租单位未向特种设备承租单位提供相关证明的；
2. 证明文件不齐全，特种设备承租单位将特种设备投入使用的；
3. 证明文件不齐全，场地经营管理单位允许特种设备进场使用的。

（五）违反本条例规定，特种设备使用单位重新启用暂停使用的特种设备未按照规定进行检验的，由特种设备安全监督管理部门责令停止使用并限期改正；逾期未改正的，处二万元以上十万元以下罚款。

（六）违反本条例规定，气瓶充装单位充装没有设置信息标识的气瓶，或者不使用气瓶信息化管理系统的，由特种设备安全监督管理部门责令限期改正，可以处一万元以上五万元以下罚款。

违反本条例规定，气瓶检验机构未将气瓶检验信息录入气瓶信息化管理系统的，由特种设备安全监督管理部门责令限期改正；逾期未改正的，处一万元以上五万元以下罚款。

（七）违反本条例规定，电梯制造单位未向电梯使用单位提供电梯备品备件，未明示备品备件、维修价格和质保期，未提供必要的电梯安全运行、修理、维护保养的技术帮助，或者设置技术障碍影响电梯正常运行的，由特种设备安全监督管理部门责令限期改正；逾期未改正的，处一万元以上五万元以下罚款。

（八）违反本条例规定，电梯使用单位未对电梯层门钥匙、电梯轿厢内操纵箱钥匙和电梯启动钥匙实施统一管理的，由特种设备安全监督管理部门责令限期改正，对电梯使用单位处二千元以上二万元以下罚款，并可以对主要负责人处一千元以上五千元以下罚款。

第七节 《江苏省燃气管理条例》

一、总则

（一）本省行政区域内燃气的规划、建设、设施保护，管道燃气、瓶装燃气、车用燃气的经营服务，燃气使用以及相关的监督管理活动，适用本条例。

天然气、液化石油气生产和进口，城市门站以外的天然气管道输送，燃气作为工业生产原料的使用，燃气的槽车（船舶）运输和港口装卸，沼气、秸秆气的生产和使用，不适用本条例。

（二）燃气工作应当遵循统筹规划、保障安全、确保供应、规范服务、节能环保的原则。

（三）燃气经营企业和用气单位主要负责人对本单位燃气安全工作全面负责。

二、规划与建设

（一）管道燃气经营企业承担其供气范围内住宅建筑区划内业主专有部分以外燃气设施的运行、维护、抢修和更新改造的责任。

新建住宅建筑区划内业主专有部分以外燃气设施的建设，建设单位与管道燃气经营企业就组织燃气设施建设签订合同的，相关费用按照价格主管部门核定的标准执行。

（二）燃气工程的勘察、设计、施工、监理和设备、材料的选用，应当执行国家和省有关标准和规范。

（三）燃气场站工程、市政中高压燃气管道工程的初步设计文件应当按照省政府确定的项目管理权限报燃气主管部门审查批准。

（四）燃气场站、市政中高压燃气管道、成片开发建设住宅小区内的燃气管道和根据国家规定要求实行监理的其他燃气设施建设工程，应当实行监理。

（五）燃气设施建设工程竣工后，建设单位应当依法组织竣工验收，并自竣工验收合格之日起十五日内，将竣工验收情况按照国家有关规定报燃气主管部门备案。

三、经营服务

（一）燃气经营包括管道燃气经营、瓶装燃气经营和车用燃气经营。

管道燃气实行特许经营制度；瓶装燃气和车用燃气实行经营许可证制度。

（二）燃气经营许可证由燃气设施所在地设区的市、县（市、区）燃气主管部门核发。

（三）获得特许经营权的企业开展燃气经营活动，应当符合国家规定的条件。

（四）管道燃气特许经营协议应当包括以下内容：

1. 特许经营的内容、区域、范围以及期限；

2. 所提供产品或者服务的数量、质量和标准；

3. 价格和收费标准的确定方法以及调整程序；

4. 燃气设施权属，以及相应的维护和更新改造；

5. 燃气设施的建设计划；

6. 安全管理；

7. 履约担保；

8. 特许经营权的终止和变更；

9. 应急保供预案和临时接管方案；

10. 违约责任以及争议解决方式；

11. 法律、法规规定以及双方认为应当约定的其他事项。

（五）管道燃气经营者应当遵守下列规定：

1. 按照城镇燃气发展规划投资、建设燃气设施；

2. 在特许经营协议规定的范围内经营；

3. 按照安全生产法律、法规和国家安全生产标准、规范，组织企业安全生产；

4. 履行特许经营协议，为具备安全用气条件的用户提供符合标准的产品和服务；

5. 承担公共燃气设施、设备的运行维护和更新改造责任，保障燃气设施、设备完好，保障用于计量收费的仪器仪表经法定检定合格并处于有效期内；

6. 接受相关部门对经营成本、产品和服务质量的监督检查；

7. 将中长期发展规划、年度经营计划以及相关的年度报告、董事会决议等报燃气主管部门备案；

8. 法律、法规的其他规定。

（六）管道燃气经营者有下列行为之一的，设区的市、县（市）燃气主管部门报经本级人民政府批准，可以终止特许经营协议：

1. 转让、出租、质押特许经营权的；

2. 存在重大事故隐患且拒不整改的；

3. 对发生重大、特别重大生产安全事故负有责任的；

4. 擅自停业、歇业，严重影响社会公共利益和公共安全的；

5. 法律、法规规定和特许经营协议规定可以终止的其他情形。

设区的市、县（市）人民政府应当及时启动应急保供预案和临时接管方案，保障特许经营协议终止后的燃气供应。

（七）瓶装燃气经营者应当遵守下列规定：

1. 建立健全用户服务信息系统，实行用户档案管理，推行实名制销售，并向用户发放

供气使用凭证,定期向燃气主管部门报送用户管理等信息;

2. 不得用非法制造、非法改装以及报废的气瓶和超期限未检验或者检验不合格、不符合安全技术规范、无气瓶信息标志或者信息标志模糊不清的气瓶充装燃气,不得擅自为非自有气瓶充装燃气;

3. 不得用贮罐、槽车直接向气瓶充装燃气或者用气瓶相互倒灌燃气;

4. 不得向未签订供用气合同的用户提供瓶装燃气,不得向餐饮用户提供气液两相瓶装燃气;

5. 存放气瓶的场所与公共建筑和居民住宅建筑的距离必须符合国家和省规定的安全要求;

6. 在充装后的燃气气瓶上标明充装单位和服务电话;

7. 公示服务标准和收费标准;

8. 法律、法规的其他规定。

(八)瓶装燃气经营者应当使用符合危险货物安全运输要求的车辆运输燃气气瓶,不得使用厢体封闭等不符合安全要求的车辆运输。

(九)县级以上地方人民政府应当组织燃气主管部门、交通运输部门、公安部门等共同制定瓶装燃气配送服务管理办法,逐步实现燃气经营者对瓶装燃气的统一配送。

燃气经营者应当按照前款瓶装燃气配送服务管理办法确定的规范和要求,加强瓶装燃气送气服务人员、车辆的管理,送气车辆应当设有明显标识。

(十)车用燃气经营企业应当遵守下列规定:

1. 在加气场所的明显位置张贴安全须知;

2. 不得充装无气瓶使用登记证或者与使用登记信息不一致的车用气瓶;

3. 未经许可不得充装车用气瓶以外的其他装置;

4. 不得在有燃气泄漏、燃气压力异常、附近发生火灾、雷击天气等危险情况下加气或者卸气。

(十一)瓶装燃气供应站、车用燃气加气站应当由取得燃气经营许可证的企业设立,并符合燃气发展规划,其经营场所和燃气设施应当符合国家标准。

自本条例施行之日起,不再发放燃气供应许可证。已经取得燃气供应许可证的,在有效期内可以继续经营。有效期自本条例施行之日起不足一年的,自动延续至2021年5月1日。

燃气供应许可证有效期届满,需要继续从事燃气经营的,应当依法申请燃气经营许可证。

禁止向未取得燃气经营许可证或者供应许可证的单位或者个人供应用于经营的燃气。

(十二)燃气经营者应当建立健全燃气质量检测制度,确保燃气热值、组分、压力等安全、技术、质量指标符合国家规定标准。禁止掺杂掺假、以次充好。

（十三）燃气经营者应当增强储气能力，保障燃气正常供应，不得擅自降压、停止供气、更换气种或者迁移燃气供应站点；确需降压、停止供气、更换气种或者迁移燃气供应站点的，应当向燃气主管部门报告，并对用户的燃气供应事宜作出妥善安排。

管道燃气经营者因燃气工程施工、设施检修等情况，确需降压或者暂停供气的，应当将作业时间和影响区域提前四十八小时予以公告或者书面通知。因突发事件或者燃气设施抢修等紧急情况，确需降压或者停气的，应当及时告知用户；恢复供气应当事先通知用户。

四、燃气使用

（一）燃气经营者应当制定用户安全用气规则，通过向用户发放安全用气手册等方式，对用户进行燃气安全使用宣传教育，提高用户安全意识。

（二）用户应当遵守安全用气规则，履行安全用气义务。

鼓励用户安装使用燃气泄漏安全保护装置，防范燃气安全事故发生。

下列用户应当安装使用燃气泄漏安全保护装置：

1. 餐饮用户；
2. 在室内公共场所使用燃气的；
3. 在符合用气条件的地下或者半地下建筑物内使用管道燃气的。

前款所称燃气泄漏安全保护装置，指具有燃气泄漏报警和自动切断功能装置的总称，包括燃气泄漏报警器与紧急切断阀联动装置、燃气泄漏报警装置、熄火保护装置、过流和泄漏切断装置等。

（三）禁止在地下或者半地下建筑物内、高层建筑内使用瓶装燃气。

（四）非居民用户应当建立健全燃气安全管理制度，对燃气操作维护人员进行安全教育和培训，使其掌握本岗位的安全操作技能和燃气安全使用知识。

（五）餐饮用户不得使用气液两相瓶装燃气，不得违规使用瓶组供气。

餐饮用户应当加强对本单位人员燃气安全使用知识、技能的培训，提高燃气安全意识，定期进行安全自查，配合燃气经营者的安全检查。

鼓励餐饮场所使用管道燃气。

（六）用户及相关单位和个人不得有下列行为：

1. 擅自操作公用燃气阀门；
2. 将燃气管道作为负重支架或者接地引线；
3. 安装、使用不符合气源要求的燃气燃烧器具；
4. 擅自安装、改装、拆除户内燃气设施和燃气计量装置；
5. 在不具备安全条件的场所使用、储存燃气；

6. 改变燃气用途或者转供燃气;

7. 加热、摔砸、倒卧、曝晒燃气气瓶或者改换气瓶检验标志、漆色;

8. 倾倒燃气残液或者用气瓶相互倒灌;

9. 使用国家明令淘汰的直排式燃气热水器,燃气热水器未安装烟道或者烟道未出户的;

10. 盗用燃气。

(七)发生燃气泄漏等威胁公共安全情形的,管道燃气经营者应当立即停止供应燃气,并报告燃气主管部门。燃气主管部门以及其他有关部门和单位应当依法采取措施,及时组织消除隐患,有关单位和个人应当予以配合。

(八)管道燃气用户安装、改装、拆除固定的燃气设施的,应当提前告知管道燃气经营者,由燃气经营者组织实施或者按照双方约定执行。

(九)燃气计量表设置在住宅内的居民用户,其燃气计量表和表前燃气设施由燃气经营者负责维护、更新;燃气计量表后的燃气设施和燃气燃烧器具,由用户负责维护、更新。燃气计量表设置在居民住宅公共部位的,燃气管道进户墙内侧以外的燃气设施由燃气经营者负责维护、更新;燃气管道进户墙内侧的燃气设施和燃气燃烧器具由用户负责维护、更新。

瓶装燃气用户所使用的气瓶由产权人负责维护、更新,减压阀、连接管、燃烧器具等由用户负责维护、更新。

(十)推广使用安全节能型燃气燃烧器具和安全可靠的燃气连接管。禁止销售不具有安全保护装置的燃气燃烧器具。

燃气经营者不得向用户强制销售其指定的燃气燃烧器具和相关产品。

五、设施保护与事故处置

(一)燃气经营者应当按照安全生产等法律、法规和标准规范的规定,建立健全安全生产的规章制度,推行安全生产责任保险,健全安全生产管理网络,对燃气设施进行定期巡查、检修和更新;发现事故隐患的,应当及时整改和消除。

(二)燃气经营者应当定期对用户的燃气设施进行入户免费安全检查,做好安全检查记录,提供燃气安全使用指导,发现用户违反安全用气规定的,应当书面告知用户。

管道燃气经营者应当对居民用户每两年至少进行一次安全检查,对非居民用户每年至少进行一次安全检查,及时更换达到国家规定使用期限的燃气计量仪表。对用户存放和使用燃气场所的安全条件、用户设施以及燃气器具的安装使用情况,瓶装燃气经营者应当每年至少进行一次安全检查。

安全检查人员进行检查时,应当主动出示有效证件。用户应当配合安全检查,任何单位和个人不得妨碍、阻止对燃气设施的巡查、检测、维修和维护。

（三）燃气经营者应当按照国家标准和规范，设置燃气设施防腐、绝缘、防雷、降压、隔离等保护装置和安全警示标志，定期进行巡查、检测、维修和维护，确保燃气设施的安全运行。

任何单位和个人不得毁损、覆盖、移动、涂改和擅自拆除保护装置和安全警示标志。

（四）在燃气设施的安全保护范围内，禁止从事下列危及燃气安全的活动：

1. 建设占压地下管线的建筑物、构筑物或者其他设施；
2. 堆放易燃易爆物品或者倾倒、排放腐蚀性物质；
3. 种植深根植物；
4. 爆破、使用明火等作业以及擅自钻探、开挖、取土；
5. 在穿越河流的管道上方或者下方进行抛锚、拖锚、挖泥、采沙等作业；
6. 其他可能危及燃气设施安全的行为。

在燃气设施的安全保护范围内，确需实施敷设管道、打桩、顶进、挖掘、钻探等可能影响燃气设施安全行为的，建设单位、施工单位应当与燃气经营者共同制定燃气设施保护方案，采取相应的安全保护措施。

（五）建设工程开工前，建设单位应当向燃气经营者或者城建档案管理机构查明地下燃气设施的相关情况，燃气经营者或者城建档案管理机构应当在接到查询要求之日起三个工作日内给予书面答复。

（六）建设工程施工可能影响燃气设施安全的，建设单位、施工单位应当与燃气经营者协商采取相应的安全保护措施。施工过程中，燃气经营者应当派专业人员进行现场指导。

因施工不当造成燃气设施损坏的，施工单位应当立即协助燃气经营者进行抢修；造成损失的，应当依法进行赔偿；造成事故的，承担相应的责任。

（七）因工程施工确需改装、迁移或者拆除燃气设施的，建设单位和施工单位应当会同燃气经营者制定相应的安全措施方案，并报经当地燃气主管部门批准后实施。

改装、迁移或者拆除燃气设施以及采取安全措施的费用，由建设单位承担。

（八）燃气经营者应当制定本单位燃气生产安全事故应急预案；预案的制定、管理和演练，应当符合国家有关规定。

（九）燃气经营者应当成立事故抢险抢修队伍，配备专业防护用品、消防器材、车辆、通讯设备等抢修设备和器材。

燃气经营者应当设置并公布抢险抢修电话，设立专门岗位每天二十四小时值班。

（十）任何单位和个人发现燃气事故隐患时，可以拨打燃气经营者的抢险抢修电话或者政府统一设立的服务热线，燃气经营者、相关部门应当及时处理。

（十一）燃气事故发生后，燃气经营者应当立即启动本单位燃气安全事故应急预案，组织抢险抢修，并按照国家有关规定报告当地燃气、公安、应急管理、消防救援等有关部门和单位。

在处理情况紧急的燃气事故时,对影响抢险抢修的其他设施,燃气经营者可以采取必要的应急措施,并妥善处理善后事宜。

发生生产安全事故的,按照国家和省有关事故调查处理的规定执行。

六、法律责任

有下列情形之一,构成违反治安管理行为的,由公安机关依法处罚;构成犯罪的,依法追究刑事责任:

1. 阻碍燃气设施建设或者燃气设施抢修,致使燃气设施建设或者燃气设施抢修不能正常进行的;
2. 扰乱燃气生产、经营秩序,致使生产经营不能正常进行的;
3. 公然侮辱、殴打履行职务的燃气经营工作人员的;
4. 阻碍燃气监督检查人员依法执行职务的。

第八节 《江苏省农业机械安全监督管理条例》

一、总则

（一）适用范围

在本省行政区域内从事农业机械的生产、销售、使用、维修以及安全监督管理等活动,应当遵守本条例。

（二）农业机械定义

农业机械是指用于农业生产及其产品初加工等相关农事活动的机械、设备。

（三）农业机械安全监督管理应当遵循以人为本、预防为主、综合治理、保障安全、促进发展的原则。

二、生产、销售和维修

（一）农业机械生产者应当建立健全质量保障控制体系,按照农业机械安全技术标准组织生产,在农业机械危险部位设置安全防护装置。

农业机械生产者应当对产品进行检验。经检验合格的,应当附产品合格证、使用说明书和标注安全警示标志。产品经检验合格方可出厂销售。

农业机械生产者应当建立产品出厂记录制度,出厂记录保存期限不得少于三年。

(二)农业机械销售者应当查验产品合格证等证明文件或者认证标志。

农业机械销售者应当向购买者当面交验、试机,介绍产品使用方法和维护保养知识,说明安全注意事项,开具销售发票,提供产品合格证和使用说明书。

农业机械销售者应当建立销售记录制度,销售记录保存期限不得少于三年。

(三)农业机械生产者、销售者应当建立健全农业机械销售服务体系,保证零配件供应,依法履行修理、更换、退货义务。

农业机械生产者、销售者因农业机械或者零配件质量问题给使用者、他人人身财产造成损害的,应当依法赔偿。

(四)农业机械生产者、销售者发现其生产、销售的农业机械存在设计、制造等缺陷,可能对人身财产安全造成损害的,生产者应当及时召回,销售者应当立即停止销售并协助生产者召回。

对实施召回的缺陷农业机械,农业机械生产者应当及时采取修正或者补充标识、修理、更换、退货等措施消除缺陷。农业机械生产者应当承担消除缺陷的费用和必要的运送缺陷农业机械的费用。

(五)从事农业机械维修经营应当符合国家规定的条件,取得相应的农业机械维修技术合格证书,并依法办理工商登记手续。

农业机械维修经营者应当遵守相关的安全技术标准和维修质量保证期的规定,在核准的维修等级范围内开展业务,保证维修质量;发现维修的农业机械存在其他安全隐患的,应当告知送修人。

农业机械维修经营者应当填写维修记录,维修记录保存期限不得少于三年。

三、使用

(一)拖拉机、联合收割机投入使用前,其所有人应当按照国家有关规定向所在地县(市、区)、设区的市农业机械化主管部门申请登记。对无挂车手扶式拖拉机,农业机械化主管部门可以主动进行实地登记,乡镇人民政府(街道办事处)予以配合。

教练、考试用的拖拉机、联合收割机的登记、安全技术检验由设区的市农业机械化主管部门负责。

(二)联合收割机、上道路行驶的拖拉机应当在指定位置悬挂牌照,保持清晰、完整,不得故意遮挡、污损。

上道路行驶的拖拉机应当依法办理拖拉机交通事故责任强制保险,安装反光标识,其挂车车厢后部应当喷涂放大的牌号。

联合收割机、上道路行驶的拖拉机的证书、牌照不得转借、涂改、伪造和变造。

(三)农业机械化主管部门应当对危及人身财产安全的农业机械实行免费实地安全检验,对农业机械加强安全检查,对操作人员进行安全教育,落实安全生产责任。免费实地安全检验办法由省农业机械化主管部门会同省财政部门制定。上道路行驶的拖拉机的安全检验按照国家有关规定执行。

拖拉机、联合收割机的安全检验为每年一次,逾期未参加安全检验的,由登记地农业机械化主管部门通知其所有人参加安全检验。连续三年未参加安全检验的,由登记地农业机械化主管部门公告注销其证书、牌照。

(四)禁止改装、拆卸农业机械安全防护装置,禁止使用失效的农业机械安全防护装置。

(五)危及人身财产安全的农业机械达到国家规定的报废条件的,应当停止使用,予以报废。

四、操作人员

(一)申请操作拖拉机、联合收割机的人员,经过培训后,应当经住所地县(市、区)、设区的市农业机械化主管部门考试合格,领取操作证件。

拖拉机、联合收割机教练员、考试员的农业机械操作证件核发,由设区的市农业机械化主管部门负责。

(二)拖拉机、联合收割机操作证件有效期为六年;有效期满,操作人员可以向原发证机关申请续展。未满十八周岁的,不得操作拖拉机、联合收割机。操作人员年满七十周岁的,原发证机关应当注销其操作证件。

(三)农业机械操作人员作业前,应当对农业机械进行安全查验;作业时,应当遵守农业机械安全操作规程。

(四)农业机械操作、维修人员和其他农业机械技术人员,可以参加农业机械化技术培训机构专业岗位培训,申请职业技能鉴定,获取相应等级的国家职业资格证书。省农业机械化主管部门应当按照国家规定公布专业岗位的具体范围。

(五)拖拉机驾驶培训实行社会化。拖拉机驾驶培训机构应当具备国家规定的与其培训活动相适应的场地、设备、人员、规章制度等条件,取得省农业机械化主管部门颁发的驾驶培训资格证书,方可从事相关培训活动。

五、事故处理

(一)农业机械化主管部门负责本辖区农业机械事故责任的认定和调解处理。但是,农业机械在道路上发生的交通事故,由公安机关交通管理部门依照道路交通安全法律、法规处理;拖拉机在道路以外通行时发生的事故,公安机关交通管理部门接到报案的,参照道路交通安全法律、法规处理。

(二)农业机械事故应当由两名以上农业机械事故处理人员处理;无人员伤亡或者直接经济损失一千元以下的农业机械事故,可以由一名农业机械事故处理人员处理。

(三)发生农业机械事故后企图逃逸、对存在重大事故隐患的农业机械拒不停止作业或者转移的,农业机械化主管部门可以扣押有关农业机械以及证书、牌照、操作证件,并当场出具凭证,告知当事人在规定期限内到农业机械化主管部门接受处理。

农业机械事故处理完毕或者农业机械事故肇事方提供担保的,农业机械化主管部门应当及时退还扣押的农业机械以及证书、牌照、操作证件。

当事人逾期不接受处理的,农业机械化主管部门应当对扣押的农业机械依法处理。

(四)发生农业机械事故,造成人员伤亡的,应当及时组织救治。

农业机械在道路上发生交通事故造成人员伤亡,符合道路交通事故社会救助基金使用规定的,公安机关交通管理部门负责通知省道路交通事故社会救助基金管理人垫付所受理的事故受害人的抢救费用,协助救助基金管理人向事故责任人追偿。

农业机械在道路以外通行时发生事故造成人员伤亡,符合道路交通事故社会救助基金使用规定的,农业机械化主管部门负责通知省道路交通事故社会救助基金管理人垫付所受理的事故受害人的抢救费用,协助救助基金管理人向事故责任人追偿。

六、法律责任

(一)违反本条例规定,未按照规定保存维修记录的,由县级以上农业机械化主管部门责令改正,给予警告;拒不改正的,处五百元以上二千元以下罚款。

(二)违反本条例规定,转借、涂改、伪造、变造联合收割机、上道路行驶的拖拉机的证书、牌照的,由县级以上农业机械化主管部门收缴转借、涂改、伪造、变造的证书、牌照,对违法行为人予以批评教育,并处二百元以上二千元以下罚款。

(三)违反本条例规定,改装、拆卸农业机械安全防护装置,或者使用失效的农业机械安全防护装置的,由县级以上农业机械化主管部门责令改正,并处二百元以上二千元以下罚款。

(四)农业机械化主管部门、其他有关部门及其工作人员玩忽职守、滥用职权、徇私舞弊的,对直接负责的主管人员和其他直接责任人员依法给予行政处分;构成犯罪的,依法追究刑事责任。

七、附则

危及人身财产安全的农业机械,是指对人身财产安全可能造成损害的农业机械,包括拖拉机、联合收割机、机动植保机械、机动脱粒机、饲料粉碎机、插秧机、铡草机、微耕机等。

第九节 《江苏省工业企业安全生产风险报告规定》

一、总则

(一) 适用范围

本省行政区域内工业企业安全生产风险(以下简称安全风险)的辨识管控和报告以及相关监督管理适用本规定。

(二) 工业企业(以下简称企业)的具体行业目录由省应急管理部门会同省有关部门制定,报省人民政府批准后公布。

(三) 企业是安全风险辨识管控的责任主体,应当将安全风险辨识管控纳入企业主要负责人(含法定代表人、实际控制人,下同)安全生产职责和全员安全生产责任制内容,建立健全安全风险管理制度,加强安全风险辨识管控。

企业主要负责人对本单位安全风险辨识管控全面负责,组织落实安全风险辨识管控和报告工作。

二、安全风险辨识管控

(一) 按照企业在生产经营过程中发生生产安全事故的可能性及其后果的严重程度,安全风险从高到低划分为重大安全风险、较大安全风险、一般安全风险和低安全风险四个级别。较大安全风险和重大安全风险统称为较大以上安全风险。

(二) 企业应当制定安全风险辨识管控制度,确定符合本单位安全生产实际的辨识方法和程序,明确分级管控职责分工及其责任制考核奖惩办法。

企业开展安全风险辨识,每年不少于一次。

(三) 企业应当组织管理、技术、岗位操作等相关人员,对生产工艺、设备设施、作业环境、人员行为和管理体系等方面存在的安全风险进行全面、系统辨识。

企业应当对以下方面重点进行风险辨识:

1. 生产工艺流程;
2. 主要设备设施及其安全防护;
3. 涉及易燃易爆、有毒有害危险因素的作业场所;
4. 有限(受限)空间以及有限(受限)空间作业;
5. 爆破、吊装、危险场所动火作业、大型检维修等危险作业;
6. 其他容易发生生产安全事故的风险点。

符合安全风险目录所列情形的,企业应当将其确定为较大以上安全风险。

企业应当将一、二级重大危险源或者发生火灾、爆炸等事故可能造成十人以上人员死亡的较大以上安全风险,确定为重大安全风险。

(四)企业对未列入安全风险目录的其他安全风险,经评估确定为较大以上安全风险的,可以一并纳入较大以上安全风险进行管理。

(五)有下列情形之一的,企业应当及时组织开展针对性的安全风险辨识,确定或者调整安全风险等级,更新安全风险管控清单:

1. 生产工艺流程、主要设备设施、主要生产物料发生改变的;
2. 有新建、改建、扩建项目的;
3. 行业领域内发生较大以上生产安全事故或者典型生产安全事故,对安全风险有新认知的;
4. 本企业发生生产安全事故的;
5. 安全风险目录修订调整涉及本企业的;
6. 法律、法规、规章和国家标准、行业标准、地方标准对安全风险辨识管控有新要求的。

(六)企业对辨识出的安全风险,应当根据安全风险特点,从组织、技术、管理、应急等方面逐项制定管控措施,按照不同安全风险等级实施分级管控,将安全风险管控责任逐一落实到企业、车间、班组和岗位。

(七)企业应当建立安全风险管控清单并持续更新。安全风险管控清单应当列明安全风险名称、所处位置(场所、部位、环节)、可能导致的事故类型及其后果、主要管控措施、管控责任部门和责任人。

(八)企业应当对存在较大以上安全风险的生产系统、作业场所、设备设施、危险岗位,通过隔离安全风险源、采取技术手段、实施个体防护、设置监控预警设备等针对性措施加强管控,回避、降低和监测安全风险。

鼓励企业利用科技和信息化手段,对较大以上安全风险实施动态监控,提高安全风险管控水平。

(九)企业应当对安全风险管控措施落实情况进行经常性检查,防止安全风险管控措施失效、弱化。

企业主要负责人按规定组织开展的安全生产全面检查,应当包括对安全风险管控措施落实情况的检查。

(十)企业将生产经营项目、场所、设备发包或者出租的,依法签订的安全生产管理协议中应当明确双方安全风险辨识管控职责。

两个以上企业在同一作业区域内进行生产经营活动,可能危及对方生产安全的,依法签订的安全生产管理协议中应当明确各自的安全风险辨识管控职责和管控措施。

(十一)企业应当通过公示栏公示较大以上安全风险的名称、所处位置、可能导致的事故类型及其后果、管控责任部门和监督举报电话等基本情况。

企业应当在重大安全风险区域醒目位置设置安全风险警示牌,标明重大安全风险名称、可能导致的事故类型及其后果、主要管控措施、应急措施、报告方式、管控责任部门和责任人等内容。

(十二)企业应当将安全风险辨识管控纳入年度安全生产教育培训计划并组织实施,定期开展安全风险辨识管控知识教育和技能培训,提高全员安全风险辨识管控意识和管控能力,保证从业人员了解本岗位安全风险基本情况,熟悉安全风险管控措施,掌握事故应急处置要点。

(十三)企业应当建立安全风险档案。安全风险档案包括安全风险管理制度、管控清单、分布图、变更情况、报告确认材料等内容。其中,较大以上安全风险资料应当单独立卷,内容包括安全风险名称、等级、所处位置、管控措施和变更情况等。

三、安全风险报告

(一)企业应当落实安全风险报告责任,通过全省统一的安全风险网上报告系统定期报告较大以上安全风险,接受负有安全生产监督管理职责的部门的管理。

负有安全生产监督管理职责的部门应当督促企业按期、如实报告较大以上安全风险。

(二)建设安全风险网上报告系统时,应当编制安全风险网上填报指南,为企业报告安全风险提供指导和服务。

企业应当登录安全风险网上报告系统,按照要求填报安全生产基本信息、较大以上安全风险信息等内容。没有较大以上安全风险的,也应当登录安全风险网上报告系统进行确认。

企业有分布在不同地址的多个生产经营场所的,统一登录后分别填报每个生产经营场所的安全风险信息;同一生产经营场所使用多个企业名称的,以其中一个企业名称的统一社会信用代码填报,并按照要求备注其他名称。

(三)企业应当于每年第一季度完成安全风险定期报告。新建企业应当在建设项目竣工验收合格后三十日内完成首次安全风险报告,涉及危险化学品建设项目的,在试生产前完成报告。

(四)企业按照本规定第十条开展安全风险辨识,有下列情形之一的,应当在确定或者调整安全风险等级后十五日内进行变更报告:

1. 有新的较大以上安全风险的;
2. 原报告的较大以上安全风险等级发生变化的。

企业名称、主要负责人等基本信息发生变化的,应当在发生变化后十五日内进行变更报告。

（五）企业对安全风险报告的真实性、准确性负责。报告的较大以上安全风险信息和变更内容，应当由主要负责人审核、确认，审核、确认情况存入档案。

（六）企业应当自主实施安全风险辨识管控和报告，能力不足的，可以委托安全生产技术服务机构提供咨询、培训等技术服务，但不得由安全生产技术服务机构代替实施安全风险辨识管控和报告。企业委托安全生产技术服务机构为其提供技术服务的，保证安全生产的责任仍由企业负责。

（七）安全生产技术服务机构应当依法从事技术服务活动，不得弄虚作假。发现企业在安全风险辨识管控和报告中存在疏漏的，应当及时告知企业。因履行合同义务或者法定义务不当，造成损害的，依法承担相应责任。

第十节 《江苏省生产经营单位安全风险管理条例》

（一）本省行政区域内生产经营单位安全风险的辨识、评估、管控、报告等工作及其相关监督管理，适用本条例。国家对电力、铁路、民用航空等行业领域的安全风险管理另有规定的，从其规定。

本条例所称安全风险，是指生产经营活动中固有的危险源或者危险有害因素导致发生生产安全事故的可能性及其后果的组合。

（二）安全风险管理应当坚持安全第一、预防为主、综合治理，实行全面辨识、科学评估、分级管控。

（三）县级以上地方人民政府应当加强对安全风险管理工作的领导，建立健全安全风险防控机制，鼓励支持安全风险管控技术的研究与推广。

乡镇人民政府、街道办事处和开发区、工业园区、港区、风景区等，按照职责对本区域内生产经营单位的安全风险管理工作进行监督检查，协助上级人民政府有关部门或者依照授权依法履行监督管理职责。

（四）应急管理部门对安全风险管理工作实施综合监督管理。

应急管理部门和其他负有安全生产监督管理职责的部门按照职责分工，对有关行业领域生产经营单位安全风险管理工作实施监督管理。

其他有关行业领域的主管部门在各自职责范围内，对本行业领域生经营单位安全风险管理工作实施管理。

（五）安全风险按照发生生产安全事故的可能性及其后果的严重程度，分为重大安全风险、较大安全风险、一般安全风险和低安全风险四个等级，分别使用红、橙、黄、蓝四种颜色标示。较大安全风险和重大安全风险统称为较大以上安全风险。

本省对较大以上安全风险实行目录化管理。生产经营单位应当根据较大以上安全风险目录(以下简称目录),对较大以上安全风险进行辨识、评估、分级。

省负有安全生产监督管理职责的部门和其他有关行业领域的主管部门,按照职责分工组织制定本行业领域的目录,并向社会公布。目录应当列明本行业领域较大以上安全风险的名称、风险点、可能导致的事故类型等。目录实行动态调整,每三年至少更新一次。

制定或者调整目录应当进行评估论证,并充分听取生产经营单位的意见、建议。

(六)生产经营单位是安全风险管理的责任主体,应当将安全风险辨识、评估和管控作为安全生产管理的重要内容,并将其纳入本单位全员安全生产责任制,加强监督考核。

生产经营单位主要负责人对本单位安全风险管理全面负责。其他负责人对职责范围内的安全风险管理工作负责。

生产经营单位向职工大会或者职工代表大会报告安全生产工作,应当包括安全风险辨识、评估和管控情况。

(七)生产经营单位应当制定安全风险分级管控制度,明确安全风险辨识、评估的程序、方法以及分级管控职责分工等内容。

(八)生产经营单位应当组织本单位安全生产管理、工程技术、岗位操作等相关人员,开展全面、系统的安全风险辨识、评估,确定或者调整安全风险等级,每年不少于一次。

生产经营单位应当将存在安全风险的生产经营系统、工作场所、作业区域、疏散通道、设施设备、物料,以及涉及爆破、吊装、危险场所动火、有限(受限)空间作业、燃气使用、大型检修等作业活动,确定为风险点。

(九)生产经营单位在辨识安全风险过程中,应当对照目录排查、确定较大以上安全风险,不得遗漏。对辨识出的较大以上安全风险,即使采取管控措施降低风险的,仍然应当按照目录确定安全风险等级。辨识出的安全风险不在目录范围内,但通过评估确定为较大以上安全风险的,应当按照较大以上安全风险进行管理。

(十)生产经营单位对辨识出的安全风险,应当按照安全风险等级实施分级管控,根据其特点从组织、技术、管理、应急等方面制定并落实管控措施,编制安全风险管控清单。管控措施应当符合相关法律、法规和标准规范要求。

安全风险管控清单应当载明安全风险的名称、风险点、所处位置(场所、部位、环节)、等级、可能导致的事故类型、管控措施以及责任部门、责任人等信息。

(十一)有下列情形之一的,生产经营单位应当及时组织开展针对性的安全风险辨识、评估,确定或者调整安全风险等级,完善管控措施:

1. 目录调整的;
2. 国家和省对安全风险辨识、管控有新要求的;

3. 生产工艺流程、主要设备设施、主要生产物料发生改变的;

4. 需要开展安全风险辨识、评估的其他情形。

生产经营单位发生死亡一人以上或者重伤三人以上的生产安全事故的,应当及时组织开展全面、系统的安全风险辨识、评估,完善管控措施。

(十二)本省对较大以上安全风险实行报告制度。生产经营单位应当通过安全风险网上报告信息平台,报告较大以上安全风险信息。

(十三)生产经营单位应当于每年第一季度完成较大以上安全风险报告;新设立的生产经营单位应当在投入生产经营前完成首次较大以上安全风险报告。报告内容应当包括较大以上安全风险的名称、风险点、所处位置(场所、部位、环节)、等级、可能导致的事故类型、管控措施等信息。

(十四)生产经营单位应当按照要求填报较大以上安全风险信息;没有较大以上安全风险的,也应当按照要求进行确认。

生产经营单位主要负责人对本单位填报的安全风险信息的真实性、准确性负责,并签署安全风险报告承诺书,在填报安全风险信息时一并提交。

(十五)生产经营单位应当在本单位醒目位置公示较大以上安全风险的名称、风险点、所处位置(场所、部位、环节)、等级、可能导致的事故类型以及责任部门、责任人和监督电话等信息。

生产经营单位可以绘制"红橙黄蓝"四色安全风险空间分布图,公示全部安全风险。

(十六)生产经营单位应当在较大以上安全风险所处区域的醒目位置设置安全风险警示牌,载明安全风险的名称、风险点、所处位置(场所、部位、环节)、等级、可能导致的事故类型、管控和应急处置措施以及责任部门、责任人、联系电话等信息。

(十七)生产经营单位将其生产经营场所分割出租给其他生产经营单位从事生产、储存活动的,出租方应当按照规定进行统一协调、管理,在公共区域醒目位置公示生产经营场所内较大以上安全风险信息;承租方应当负责其承租部分的安全风险辨识、评估、管控和报告等工作,并将较大以上安全风险有关信息向出租单位书面通报。

生产经营单位将其生产经营场所整体出租给一个生产经营单位从事生产、储存活动的,承租方应当负责生产经营场所安全风险的辨识、评估、管控和报告等工作。

(十八)商业综合体、商品交易市场等场所的经营管理单位负责组织实施生产经营场所内的安全风险辨识、评估、管控等相关工作,统一报告较大以上安全风险,并在公共区域的醒目位置公示较大以上安全风险信息,组织开展安全风险管理教育和培训,对安全风险管控措施落实情况进行检查。

商业综合体、商品交易市场等场所内的生产经营单位应当对其承租部分的安全风险辨识、评估、管控负责,向经营管理单位书面报告较大以上安全风险有关信息,并配合做好公共区域、共用部分安全风险管控工作。

（十九）生产经营单位应当在全员安全生产责任制中明确主要负责人、其他负责人、职能部门负责人、生产车间（区队）负责人、生产班组负责人、岗位从业人员等全体从业人员的安全风险管理责任。

生产经营单位的安全生产管理机构以及安全生产管理人员应当督促各部门、各岗位落实分级管控措施。

（二十）生产经营单位应当将安全风险管控措施落实情况作为安全生产检查的重要内容，加强对安全风险管控措施落实情况的监督检查，及时处理监督检查中发现的问题。

（二十一）生产经营单位应当将安全风险辨识、管控的相关知识和技能纳入年度安全生产教育培训计划并组织实施，提高全员安全风险辨识、管控的意识和能力，保证从业人员了解本岗位安全风险基本情况，熟悉安全风险管控措施，掌握事故应急处置要点。

（二十二）生产经营单位违反本条例规定，有下列情形之一的，由负有安全生产监督管理职责的部门责令限期改正，处十万元以下的罚款；逾期未改正的，责令停产停业整顿，并处十万元以上二十万元以下的罚款，对直接负责的主管人员和其他直接责任人员处二万元以上五万元以下的罚款：

1. 未制定安全风险分级管控制度的；
2. 未组织对安全风险进行辨识评估，确定或者调整安全风险等级的；
3. 未对安全风险制定管控措施的；
4. 未落实安全风险管控措施的。

生产经营单位违反本条例规定，对较大以上安全风险排查有遗漏的，由负有安全生产监督管理职责的部门责令限期改正；逾期未改正的，处五千元以上二万元以下的罚款，对直接负责的主管人员和其他直接责任人员处一千元以上五千元以下的罚款。

（二十三）生产经营单位违反本条例规定，未定期报告较大以上安全风险的，由负有安全生产监督管理职责的部门责令限期改正；逾期未改正的，处五千元以上二万元以下的罚款，对主要负责人、直接责任人员处一千元以上五千元以下的罚款。

（二十四）生产经营单位违反本条例规定，未将安全风险管控措施落实情况纳入安全生产检查内容的，由负有安全生产监督管理职责的部门责令限期改正；逾期未改正的，处一千元以上五千元以下的罚款。

（二十五）本条例所称风险点，是指安全风险伴随的设施、设备、部位、场所、区域和系统，以及在设施、设备、部位、场所、区域的伴随安全风险的作业活动，或者以上两者的组合。

（二十六）不属于生产经营单位的学校（含幼儿园）、科研院所、医疗卫生机构、民政福利救助机构、宗教活动场所，以及公共图书馆、博物馆、文化馆、文物保护单位等文化单位的安全风险管理，参照适用本条例。

社会面小场所安全风险管理的具体办法由省人民政府制定。

（二十七）本条例自 2024 年 11 月 1 日起施行。

第十一节 《江苏省治理公路超限超载运输办法》

一、总则

（一）适用范围

本省行政区域内公路货物超限超载运输（以下称公路超限超载运输）源头管理、通行管理以及相关监督管理等活动，适用本办法。

（二）公路超限超载运输定义

公路超限超载运输包括在公路上行驶的载货汽车、汽车列车、挂车、拖拉机等车辆的车货外廓尺寸、轴荷、总质量超过国家规定的标准或者公路交通标志标明的限载、限高、限宽、限长标准从事货物运输的活动。

（三）治理公路超限超载运输实行政府主导、部门联动、属地管理、社会参与，遵循安全第一、预防为主、源头管理、通行管理、综合治理的原则。

（四）公路超限超载运输治理工作应当依照安全生产、道路交通安全、公路安全保护、道路运输管理等法律、法规的规定，强化和落实生产经营单位主体责任与政府监管责任。

（五）生产经营单位应当加强从业人员安全生产教育和培训，提高全员安全意识，增强事故预防和应急处理能力。

（六）任何单位或者个人均有权举报公路超限超载运输违法行为。

二、源头管理

（一）道路机动车辆生产企业应当按照道路机动车辆生产企业及产品准入的内容组织生产，承担道路机动车辆产品质量和生产一致性责任。

任何单位或者个人不得生产、销售不符合机动车国家安全技术标准的车辆，不得拼装车辆或者擅自改变车辆已登记的结构、构造或者特征。

（二）从事车辆安全技术检验的机构应当按照机动车国家安全技术标准对车辆进行检验，不得出具虚假检验结果。

（三）设区的市、县（市、区）人民政府应当组织有关部门依法确定、公布本行政区域货物装载源头单位（含重点货物装载源头单位，下同）名录，并实行动态调整。

设区的市、县（市、区）人民政府可以根据本行政区域公路超限超载运输治理实际需要，将下列货物装载源头单位明确为重点货物装载源头单位：

1. 达到国家工业统计制度规定的规模以上标准的矿山开采、钢铁、水泥及水泥制品等生产企业；

2. 商品混凝土生产企业；

3. 重量超过 80 吨不可解体物品生产企业；

4. 运输量较大的港口（码头）、铁路货运站场、道路货运站场、物流园区，以及重型货物贸易市场；

5. 容易发生超限超载运输的其他货物装载源头单位。

（四）货物装载源头单位应当依法遵守下列规定：

1. 建立健全车辆装载配载安全管理制度，组织开展车辆装载配载、运输安全生产教育和培训，明确有关人员安全管理职责；

2. 按照国家有关车辆装载的标准等规定装载配载货物；

3. 如实登记车辆行驶证、车辆营运证等车辆证件信息，不得为无号牌或者无车辆行驶证、车辆营运证（依法不需要办理车辆营运证的除外）的出厂（场）车辆装载配载货物；

4. 如实计重、开票，签发货运运单；

5. 接受监督检查，如实提供相关资料。

重点货物装载源头单位应当依法安装符合国家和省有关标准规范的称重监控设施，通过定期计量检定确保正常使用，并向相关监管部门实时传输称重监控记录；相应制定称重监控、出厂（场）管理等制度和操作规程，并根据称重监控记录和管理制度要求依法采取监测分析等技术、管理措施，及时发现并消除事故隐患。

货运运单应当包括货物装载源头单位和道路运输经营者名称、车辆号牌、车货总重、出厂（场）时间以及驾驶人员姓名、从业资格证号等内容并加盖货物装载源头单位印章。省交通运输主管部门应当制定货运运单统一格式，并为线上开具运单、查询信息等提供便利。

（五）县级以上地方人民政府及其有关部门在重型装备等大型不可解体物品生产企业选址时，应当统筹考虑本行政区域内公路网的承载能力，优先在水路、铁路沿线选址。

鼓励大型不可解体物品生产企业通过优化产品设计、应用新技术新工艺等手段生产可拆解的替代产品，并优先选择水路、铁路等运输方式。

三、通行管理

（一）道路运输经营者应当依法取得相应的货物运输经营资质（依法不需要取得资质的除外），依法设置安全生产管理机构或者配备安全生产管理人员，加强车辆驾驶人员等从业人员安全生产教育和培训，落实货物运输安全管理责任。

道路运输经营者按照国家和省有关规定在危险货物运输车辆、营运重型载货车辆、半挂牵引车辆上安装使用智能视频监控报警装置、卫星定位行车安全信息设备的，应当加强车辆和驾驶人员的动态监控管理。

车辆应当按照相关操作规程均衡装载,防止超限超载运输。车辆装载物品易掉落、遗洒或者飘散的,应当采取厢式密闭等有效防护措施。

驾驶人员应当严格按照规定驾驶车辆,行经固定超限检测站点、动态检测监控区域时,应当服从现场指挥,按照交通标志、标线行驶,主动接受检查、检测。驾驶人员不得驾驶超载车辆、违法超限运输车辆上路行驶。

(二)道路运输经营者运载超限的不可解体物品(以下称大件运输)的,应当按照《中华人民共和国公路法》和《公路安全保护条例》的有关规定办理公路超限运输许可,未经批准的,不得在公路上行驶。

鼓励道路运输经营者按照《道路大型物件运输企业等级》等标准规范,配备相应规模、技术等级的车辆、装备以及相应的专业技术人员,加强安全管理和科技应用,提高大件运输能力。

(三)道路运输经营者从事大件运输,应当按照国家有关规定和规范开展道路勘察,了解沿途道路线形和桥涵通过能力。大件运输影响交通安全的,应当按照公安机关交通管理部门指定的时间、路线、速度行驶,悬挂明显标志。

大件运输车辆通过公路收费站、固定超限检测站时,应当配合查验。

(四)依法需要护送的大件运输车辆,道路运输经营者应当按照有关规定和规范以及护送方案的要求,选择符合技术条件要求的护送车辆,配备具有大件运输护送经验和专业技能的人员进行护送。

护送车辆应当与大件运输车辆形成整体车队,实施全程护送,保持实时、畅通的通信联系;遇到道路施工时,应当根据现场情况进行评估,在采取相应措施确保安全的前提下方可组织通过。

四、附则

(一)本办法所称货物装载源头单位,是指有重型货物装载配载作业的生产企业、运输企业、贸易市场,以及港口、货运站场等货物集散地和建筑工地的经营人、管理人。

(二)重型货物,包括煤炭、矿(砂)石、钢铁、水泥及水泥制品、有色重金属、商品混凝土等货物。

第十二节 《江苏省实施〈工伤保险条例〉办法》

(一)为了保障因工作遭受事故伤害或者患职业病的职工获得医疗救治和经济补偿,促进工伤预防和工伤康复,分散用人单位的工伤风险,根据《中华人民共和国社会保险法》、国务院《工伤保险条例》(以下称《条例》),结合本省实际,制定本办法。

(二)本省行政区域内的国家机关、企业、事业单位、社会团体、民办非企业单位、基金会、律师事务所、会计师事务所等组织和有雇工的个体工商户(以下称用人单位)及其职工或者雇工(以下称职工),适用本办法。

(三)县级以上地方人民政府社会保险行政部门负责本行政区域内的工伤保险工作。

社会保险经办机构(以下称经办机构)具体承办工伤保险事务。

(四)用人单位应当为本单位全部职工缴纳工伤保险费。用人单位缴纳工伤保险费的基数,按照本单位缴纳基本医疗保险费的基数确定。

(五)工伤保险费根据以支定收、收支平衡的原则,确定费率。统筹地区社会保险行政部门根据国家工伤保险费率管理有关规定制定费率浮动办法。统筹地区经办机构根据用人单位工伤保险费使用、工伤发生率等情况,适用所属行业内相应的费率档次确定单位缴费费率。

(六)工伤保险费的征缴,按照《中华人民共和国社会保险法》《社会保险费征缴暂行条例》和《江苏省社会保险费征缴条例》有关规定执行。

用人单位办理缴纳工伤保险费申报手续时,应当提交参保职工名单,由经办机构核实后留存。

(七)社会保险行政部门、经办机构、劳动能力鉴定委员会以及安全生产监督管理部门应当加强信息网络建设,实现资源共享、信息互通,建立全省统一规范的工伤保险信息管理系统。

(八)工伤保险经办经费和工伤认定所需的业务经费列入同级财政年度部门预算。

(九)工伤保险基金逐步实行省级统筹。

(十)工伤保险基金存入社会保障基金财政专户,实行收支两条线管理,用于《条例》及本办法规定的工伤保险待遇、劳动能力鉴定、工伤预防、工伤康复费用,以及法律、法规规定的用于工伤保险的其他费用的支付。

工伤预防费用的提取比例、使用和管理,按照国家有关规定执行。

(十一)工伤保险基金实行储备金制度。统筹地区应当按月将已征收的工伤保险费总额的20%转为储备金。储备金达到上一年度各项工伤保险费用的支付总额时不再提取。工伤保险基金有结余的,储备金先从结余中提取,不足部分按照规定从当年征收的工伤保险费中转入。

储备金用于支付重大伤亡事故的工伤保险待遇,以及工伤保险基金当年收不抵支的部分。储备金不足支付的,由统筹地区人民政府垫付。动用储备金应当经统筹地区人民政府同意,报上一级社会保险行政部门备案。

(十二)用人单位应当在法律、法规规定的时限内向所在地设区的市人民政府确定的社会保险行政部门提出工伤认定申请。用人单位未按照规定提出工伤认定申请的,受伤害或者患职业病的职工或者其近亲属、工会组织可以自事故伤害发生之日或者被诊断、鉴定为职业病之日起1年内,直接向用人单位所在地设区的市人民政府确定的社会保险行政部门提出工伤认定申请。

(十三)有下列情形之一的,社会保险行政部门应当不予受理工伤认定申请:

1. 申请人不具备申请资格的;
2. 工伤认定申请超过规定时限且无法定理由的;
3. 没有工伤认定管辖权的;
4. 法律、法规、规章规定的不予受理的其他情形。

(十四)社会保险行政部门收到工伤认定申请后,应当在15日内对申请人提交的材料进行审核,材料完整的,作出受理或者不予受理的决定;材料不完整的,应当以书面形式一次性告知申请人需要补正的全部材料。

社会保险行政部门决定受理的,应当出具《工伤认定申请受理决定书》;决定不予受理的,应当出具《工伤认定申请不予受理决定书》。

(十五)社会保险行政部门受理工伤认定申请后,可以要求用人单位、职工或者其近亲属提交有关证据材料。用人单位、职工或者其近亲属应当配合社会保险行政部门调查核实取证,并提供有关证据材料。

职工或者其近亲属、工会组织认为是工伤,用人单位不认为是工伤的,社会保险行政部门应当书面通知用人单位举证。用人单位无正当理由在规定时限内不提供证据的,社会保险行政部门可以根据职工或者其近亲属、工会组织以及相关部门提供的证据,或者调查核实取得的证据,依法作出工伤认定决定。

(十六)社会保险行政部门受理工伤认定申请后,有下列情形之一的,可以中止工伤认定:

1. 需要以司法机关、劳动人事争议仲裁委员会、有关行政主管部门或者相关机构的结论为依据,而司法机关、劳动人事争议仲裁委员会、有关行政主管部门或者相关机构尚未作出结论的;
2. 由于不可抗力导致工伤认定难以进行的;
3. 法律、法规、规章规定需要中止的其他情形。

中止工伤认定,应当向申请工伤认定的职工或者其近亲属、工会组织和该职工所在单位送达《工伤认定中止通知书》。中止情形消失的,应当恢复工伤认定程序。中止工伤认定的时间不计入工伤认定期限。

(十七)社会保险行政部门受理工伤认定申请后,有下列情形之一的,应当终止工伤认定:

1. 不符合受理条件的;

2. 申请人撤回工伤认定申请的;

3. 法律、法规、规章规定的可以终止的其他情形。

终止工伤认定,应当向申请工伤认定的职工或者其近亲属、工会组织和该职工所在单位送达《工伤认定终止通知书》。

因申请人撤回工伤认定申请终止工伤认定的,在法定时限内,申请人可以再次申请工伤认定。

(十八)社会保险行政部门作出工伤认定申请不予受理决定、终止工伤认定决定的,应当书面告知申请人享有依法申请行政复议或者提起行政诉讼的权利。

(十九)省劳动能力鉴定委员会和设区的市劳动能力鉴定委员会分别由省和设区的市社会保险行政部门、卫生计生行政部门、工会组织、经办机构代表以及用人单位代表组成。

劳动能力鉴定委员会应当建立医疗卫生专家库,专家选任办法由省劳动能力鉴定委员会制定。

(二十)工伤职工经治疗或者康复,伤情相对稳定后存在残疾、影响劳动能力,或者停工留薪期满的,用人单位、工伤职工或者其近亲属应当及时向设区的市劳动能力鉴定委员会提出劳动能力鉴定申请,并按照规定提交有关资料。

(二十一)劳动能力鉴定费以及鉴定过程中符合工伤保险有关规定的医疗检查费,工伤职工参加工伤保险的,由工伤保险基金支付;工伤职工未参加工伤保险的,由用人单位支付。

(二十二)职工因工作遭受事故伤害或者患职业病时,用人单位应当采取措施使受伤害或者患职业病的职工得到及时救治。

(二十三)达到国家工伤康复定点机构标准的医疗或者康复机构,可以与统筹地区经办机构签订工伤康复服务协议,提供工伤康复服务。

(二十四)工伤职工经社会保险行政部门组织劳动能力鉴定专家或者工伤康复专家确认具有康复价值的,应当由签订服务协议的工伤康复机构提出康复治疗方案,报经办机构批准后到签订服务协议的工伤康复机构进行工伤康复。

(二十五)工伤职工的停工留薪期应当凭职工就诊的签订服务协议的医疗机构,或者签订服务协议的工伤康复机构出具的休假证明确定。停工留薪期超过12个月的,需经设区的市劳动能力鉴定委员会确认。设区的市劳动能力鉴定委员会确认的停工留薪期结论为最终结论。

在停工留薪期间,用人单位不得与工伤职工解除或者终止劳动关系。法律、法规另有规定的除外。

(二十六)因工致残被鉴定为五级、六级伤残的工伤职工恢复工作后,又发生难以安排工作的情形的,以难以安排工作时本人工资为基数由用人单位计发伤残津贴;难以安排工作时本人工资低于发生工伤时本人工资的,以发生工伤时本人工资为基数计发。

(二十七)职工因工致残被鉴定为五至十级伤残,按照《条例》规定与用人单位解除或者终止劳动关系时,由工伤保险基金支付一次性工伤医疗补助金,由用人单位支付一次性伤残就业补助金。一次性工伤医疗补助金的基准标准为:五级20万元,六级16万元,七级12万元,八级8万元,九级5万元,十级3万元。一次性伤残就业补助金的基准标准为:五级9.5万元,六级8.5万元,七级4.5万元,八级3.5万元,九级2.5万元,十级1.5万元。

设区的市人民政府可以根据当地经济发展水平、居民生活水平等情况,在基准标准基础上上下浮动不超过20%确定一次性工伤医疗补助金和一次性伤残就业补助金标准,并报省社会保险行政部门备案。

患职业病的工伤职工,一次性工伤医疗补助金在上述标准的基础上增发40%。

一次性工伤医疗补助金和一次性伤残就业补助金基准标准的调整,由省社会保险行政部门会同省财政部门报省人民政府批准确定。

(二十八)工伤职工本人提出与用人单位解除劳动关系,且解除劳动关系时距法定退休年龄不足5年的,一次性工伤医疗补助金和一次性伤残就业补助金按照下列标准执行:不足5年的,按照全额的80%支付;不足4年的,按照全额的60%支付;不足3年的,按照全额的40%支付;不足2年的,按照全额的20%支付;不足1年的,按照全额的10%支付,但属于《中华人民共和国劳动合同法》第三十八条规定的情形除外。达到法定退休年龄或者按照规定办理退休手续的,不支付一次性工伤医疗补助金和一次性伤残就业补助金。

五至十级工伤职工领取一次性工伤医疗补助金的具体办法由统筹地区经办机构制定。

(二十九)工伤职工领取一次性工伤医疗补助金和一次性伤残就业补助金后,工伤保险关系终止,劳动能力鉴定委员会不再受理其本次伤残的劳动能力复查鉴定申请。

(三十)因工致残一次性伤残补助金、工伤职工的伤残津贴、生活护理费自作出劳动能力鉴定结论的次月起计发。

因工死亡丧葬补助金、一次性工亡补助金自职工死亡当月起计发,其供养亲属抚恤金自职工死亡的次月起计发。

(三十一)伤残津贴、供养亲属抚恤金、生活护理费由设区的市社会保险行政部门会同财政部门根据职工平均工资和生活费用变化等情况适时调整。

伤残津贴、供养亲属抚恤金以及生活护理费调整方案,经设区的市人民政府同意报省社会保险行政部门和省财政部门批准后执行。

(三十二)职工在同一用人单位连续工作期间多次发生工伤,符合《条例》第三十六条、第三十七条规定享受相关待遇的,按照其在同一用人单位发生工伤的最高伤残级别,计发一次性伤残就业补助金和一次性工伤医疗补助金。

（三十三）工伤复发因伤情变化复查鉴定伤残等级改变的，不再重新计发一次性伤残补助金，其他工伤保险待遇按照新的伤残等级享受。达到领取伤残津贴条件的，以旧伤复发时本人工资为基数计发伤残津贴；旧伤复发时本人工资低于发生工伤时本人工资的，以发生工伤时本人工资为基数计发。

（三十四）用人单位破产、撤销、解散、关闭进行资产变现、土地处置和净资产分配时，应当优先安排解决工伤职工的有关费用。有关工伤保险费用以及工伤待遇支付按照下列规定处理：

1. 一至四级工伤职工至法定退休年龄前，以伤残津贴为基数缴费参加基本医疗保险，由本人缴纳个人缴费部分，由用人单位将应当由单位缴纳的基本医疗保险费一次性划拨给医疗保险经办机构并入医疗保险基金财政专户；

2. 五至十级工伤职工，分别由工伤保险基金和用人单位按照本办法第二十七条规定发给其一次性工伤医疗补助金和一次性伤残就业补助金，工伤保险关系终止。

（三十五）用人单位分立、合并、转让，工伤职工转入承继单位的，承继单位应当承担原用人单位的工伤保险责任，并到当地经办机构办理参加工伤保险或者变更工伤保险关系的手续。

用人单位分立、合并、转让，工伤职工不转入承继单位的，按照工伤职工与用人单位解除或者终止劳动关系时享受的有关待遇执行。

（三十六）具备用工主体资格的用人单位将工程或者经营权发包给不具备用工主体资格的组织或者自然人，该组织或者自然人招用的劳动者发生事故伤害，劳动者提出工伤认定申请的，由具备用工主体资格的发包方承担用人单位依法应当承担的工伤保险责任，社会保险行政部门可以将具备用工主体资格的发包方作为用人单位按照规定作出工伤认定决定。

（三十七）用人单位按照劳动合同约定或者经与职工协商一致指派职工到其他单位工作，职工发生工伤的，由用人单位承担工伤保险责任。

用人单位职工非由单位指派到其他用人单位工作发生工伤的，由实际用人单位按照《条例》和本办法规定的项目和标准支付工伤保险待遇。

职工在两个或者两个以上用人单位同时就业的，其就业的每一个用人单位都应当为其缴纳工伤保险费。职工发生工伤的，应当由其受伤时为之工作的用人单位承担工伤保险责任。

（三十八）用人单位依照《条例》和本办法规定应当参加工伤保险而未参加或者参加工伤保险后中断缴费期间，职工发生工伤的，该工伤职工的各项工伤保险待遇，均由用人单位按照《条例》和本办法规定的项目和标准支付。用人单位按照规定足额补缴工伤保险费、滞纳金后，职工新发生的工伤保险待遇由工伤保险基金和用人单位按照《条例》和本办法规定的项目和标准支付。

(三十九)社会保险行政部门重新作出不认定为工伤或者不视同工伤决定,工伤保险基金和用人单位已经支付工伤待遇的,职工应当向工伤保险基金和用人单位退回已经领取的工伤保险待遇。职工不退回已经领取的工伤保险待遇的,经办机构和用人单位应当依法追偿。

(四十)专业用语的含义

1. 发生工伤时本人工资,是指工伤职工因工作遭受事故伤害或者被诊断、鉴定为职业病前 12 个月平均月缴费工资。

2. 难以安排工作时本人工资,是指工伤职工难以安排工作前 12 个月平均月缴费工资。

3. 工伤复发时本人工资,是指工伤职工工伤复发前 12 个月平均月缴费工资。

不足 12 个月的,按照实际发生的月平均缴费工资计算;不足 1 个月的以用人单位职工平均月缴费工资计算。本人工资高于统筹地区职工平均工资 300%的,按照统筹地区职工平均工资的 300%计算;本人工资低于统筹地区职工平均工资 60%的,按照统筹地区职工平均工资的 60%计算。

(四十一)本办法自 2015 年 6 月 1 日起施行。

第十三节 《江苏省渔业安全生产管理办法》

一、总则

(一)为了加强渔业安全生产管理,防止和减少渔业生产安全事故,保障渔业生产者人身和财产安全,促进渔业经济健康发展,根据《中华人民共和国渔业法》《中华人民共和国安全生产法》等法律、法规,结合本省实际,制定本办法。

(二)在本省行政区域和管辖海域内从事渔业生产以及相关活动的单位和个人,应当遵守本办法。

(三)渔业安全生产管理,坚持安全第一、预防为主、综合治理的原则。

从事渔业生产以及相关活动的单位,应当加强安全生产管理,建立、健全安全生产责任制度,完善安全生产条件,确保安全生产。

从事渔业生产以及相关活动的单位主要负责人对本单位的安全生产工作全面负责;其从业人员依法享有获得安全生产保障的权利,履行安全生产的义务。

(四)县级以上地方人民政府安全生产监督管理部门依法对本行政区域和管辖海域内的渔业安全生产工作实施综合监督管理,监督、指导、协调渔业安全生产管理工作。

县级以上地方人民政府渔业行政主管部门负责本行政区域和管辖海域内的渔业安全生产监督管理工作,其所属的渔政渔港监督管理机构具体实施渔业安全生产监督管理。

县级以上地方人民政府其他相关部门,按照各自职责,做好渔业安全生产管理相关工作。

乡(镇)人民政府对其行政区域内渔业生产实施安全生产监督管理。

(五)县级以上地方人民政府应当加强对渔业安全生产工作的领导,实行渔业安全生产目标管理,支持、督促有关部门依法履行安全生产监督管理职责。

(六)县级以上地方人民政府及其渔业行政主管部门应当采取多种形式,加强对渔业安全生产的宣传,提高渔业生产者的安全生产意识和防范事故的能力。

广播、电视、报刊等媒体单位应当开展渔业安全生产公益性宣传教育,播报海区、渔区海浪以及气象预警预报。

二、渔业安全生产

(一)县级以上地方人民政府应当逐级签订渔业安全生产责任状。乡(镇)人民政府应当按照规定,与其所辖的海洋渔业生产单位签订渔业安全生产责任状,全面落实渔业安全生产责任制。

(二)村民委员会、渔业专业合作经济组织应当经常组织渔业安全生产自查活动,建立所属渔业船舶的安全管理档案。发现重大安全事故隐患的,应当及时上报当地政府和渔业行政主管部门。

(三)从事渔业生产的单位应当具备法律、法规和本办法规定的安全生产条件,并符合国家标准或者行业标准、地方标准;不具备安全生产条件的,不得从事渔业生产活动。

(四)渔业生产单位的主要负责人对本单位渔业安全生产工作履行下列职责:

1. 建立、健全本单位安全生产责任制;
2. 组织制定本单位安全生产规章制度和操作规程;
3. 保证本单位安全生产投入和有效实施;
4. 督促、检查本单位的安全生产工作,及时消除生产安全事故隐患;
5. 组织制定并实施本单位的生产安全事故应急预案;
6. 及时、如实报告生产安全事故。

渔业船舶所有人应当为渔业船舶配备符合渔业安全生产要求的设备和设施,保障渔业安全生产。

渔业船舶船长对渔业船舶的安全生产承担直接责任,组织实施航行、生产各项安全作业制度和规程。

(五)渔业生产从业人员依法享有获得安全生产保障的权利,履行安全生产方面的义务:

1. 要求生产经营单位依法办理工伤保险;
2. 参加安全生产教育和培训;
3. 了解渔船和作业岗位存在的危险因素以及防范应急措施;
4. 对渔业船舶存在的安全隐患提出改正意见,在安全隐患未排除前,有权拒绝上船作业;
5. 拒绝违章指挥和强令冒险作业,发现直接危及人身安全紧急情况时,可以停止作业;
6. 因生产安全事故受到损害后依法要求赔偿;
7. 遵守有关交通、生产安全作业制度和规程,服从管理;
8. 接受安全生产教育和培训;
9. 及时报告事故隐患和不安全因素;
10. 参加事故抢救和救援;
11. 法律、法规、规章规定的其他权利义务。

(六)渔业船舶应当办理检验、登记手续,并依法取得相关证书后,方可从事渔业生产。

(七)渔业船舶应当按照规定配备合格船员。职务船员应当持有有效的适任证书。其他船员应当经过相应的专业培训,并取得合格证书。证书的取得和颁发按照相关规定实施。

从事海上养殖的人员经安全技能培训合格后,方可从事海上养殖生产。

(八)渔业船舶应当按照规定配备、设置和存放安全生产设备。

海洋渔业船舶应当按照省海洋与渔业行政主管部门规定的标准配备安全生产信息系统通讯终端设备。

(九)渔业船舶应当按照规定刷写和固定船名、船号、船籍港等渔船标识。

(十)从事海上作业的渔业船舶应当编队(组)作业,并保持相互通信畅通。

设区的市、县(市、区)渔业行政主管部门应当督促有关生产单位根据渔业船舶生产海域,组织渔业船舶编队(组)生产。

(十一)渔业船舶航行、作业和锚泊应当遵守《国际海上避碰规则》、国家有关海上交通安全和渔业作业避让的规定;从事外海生产作业的渔业船舶还应当遵守有关国际公约和我国与邻国(地区)签订的渔业协定。

(十二)禁止酒后驾驶渔业船舶。渔业船舶航行、系岸或者锚泊时,应当留足值班人员,保证安全和随时操纵。

禁止渔业船舶超越核定航区、超抗风等级航行或者进行海上作业。

禁止渔业船舶非法载客和从事载货运输。

渔业船舶应当安装、开启安全生产信息系统通讯终端设备,禁止自行变更安全生产信息系统终端设备内置身份标识,禁止虚假报警等违法使用安全生产信息系统通讯终端设备的行为。

渔业船舶在收到热带气旋、强风等异常天气信息时,应当根据实际情况或者有关行政主管部门的要求,采取应对措施,驶离受影响区域或者就近返港避风。

(十三)渔业船舶、设施有下列情形之一的,渔政渔港监督管理机构有权禁止其离港,或者责令其停航、改航、停止作业:

1. 有违反国家有关法律、法规和规章行为的;

2. 处于不适航或者不适拖状态的;

3. 发生交通事故或者渔业纠纷未处理完毕或者未提供担保的;

4. 未按照规定配备职务船员和航行、安全设备的;

5. 未向主管机关缴纳相应费用,也未提供担保的;

6. 收到异常天气信息,应当回港避风而拒不回港,抗风作业的;

7. 有其他妨害或者可能妨害水上交通安全情况的。

(十四)渔业船舶有下列情形之一的,不得从事渔业生产:

1. 达到使用年限的;

2. 经修理仍不符合渔业船舶国家、行业和地方相关标准的;

3. 在渔业船舶安全技术检验周期内检验不合格的;

4. 在检验合格有效期届满后未参加检验的。

(十五)各类渔业船舶使用年限规定如下:

1. 海洋钢质捕捞船舶

(1)长度24米以下的,为16年;

(2)长度24米以上45米以下的,为20年;

(3)长度45米以上60米以下的,为26年;

(4)长度60米以上的,为30年。

2. 海洋木质捕捞船舶

(1)长度12米以下的,为13年;

(2)长度12米以上24米以下的,为18年;

(3)长度24米以上的,为20年。

3. 海洋玻璃钢捕捞船舶为30年。

4. 除捕捞船舶以外,其他海洋渔业船舶的使用年限如下:海洋渔业养殖船舶为15年;海洋渔业油船为26年;海洋渔业冷藏运输、工程和拖驳船舶为29年;海洋渔业科研、科学和执法船舶为30年。

5. 内陆水域渔业船舶在上述同材质海洋渔业船舶使用年限的基础上延长5年。

(十六)从事海洋渔业生产的单位或者船舶所有人,应当办理渔业船舶保险,并为其雇佣的海上从业人员办理不低于60万元的人身保险。

（十七）从事海上渔业养殖生产的非船舶交通设施经相关部门检测合格，配备相应的救生设施、通讯设备后，方可从事渔业养殖生产。

从事海洋渔业养殖生产的渔业船舶应当在养殖证载明的范围内从事辅助性生产作业。

三、应急救援与调查处理

（一）水上搜救中心负责组织、协调、指挥水上搜寻救助工作。

海洋与渔业行政主管部门负责协调渔业船舶水上搜寻救助行动，并对渔业船舶遇险应急提供必要的技术支持。

（二）渔业船舶发生突发事件时，应当立即发出呼救信号，将时间、地点、受损情况、救助要求以及遇险原因等报告水上搜救中心。

遇险船舶的所有人、经营人应当采取措施组织自救。接到报告的水上搜救中心，应当及时组织、协调、指挥救助行动，渔业行政主管部门和相关部门应当积极配合救助行动，接到指令的单位以及船舶应当服从指挥，参与救助。

遇险现场附近的船舶收到呼救信号后，应当在不危及自身安全的情况下，迅速赶赴现场，尽力救助遇险人员和船舶，并将现场情况和本船船名、位置报告有关部门。

（三）县级以上地方人民政府以及乡（镇）人民政府应当保证渔业救助资金的投入，不断提高救助装备水平和救助能力。船籍港所在地的县级人民政府，应当对参与救助的单位和个人给予适当补偿。

县级以上地方人民政府对积极救助遇险船舶、人员的单位和个人，应当给予表彰和奖励。

（四）县级以上地方人民政府渔业行政主管部门应当制定和完善渔业生产安全事故应急预案。乡（镇）人民政府根据本地区渔业生产情况，制定和完善渔业生产安全事故应急预案。

（五）发生渔业生产安全事故的，应当按照下列规定组成事故调查组进行调查处理：

1. 轻伤或者重伤3人以下的事故，由生产作业单位和船舶所有人进行调查，调查处理情况自事故发生之日起60日内报县级安全生产监督管理部门和渔业行政主管部门备案；

2. 一次死亡3人以下或者一次重伤3人以上10人以下的事故，由县级人民政府或者授权同级安全生产监督管理部门负责组织事故调查组进行调查，由县级人民政府批复；

3. 一次死亡3人以上10人以下或者一次重伤10人以上50人以下的事故，由设区的市人民政府或者授权同级安全生产监督管理部门负责组织事故调查组进行调查，由设

区的市人民政府批复;

4. 一次死亡10人以上30人以下或者一次重伤50人以上100人以下的事故,由省人民政府或者授权同级安全生产监督管理部门组织事故调查组进行调查,由省人民政府批复;

5. 一次死亡30人以上或者一次重伤100人以上的事故,及时上报国务院调查处理。

(六)渔业生产安全事故调查组应当自事故发生之日起60日内提交事故调查报告;特殊情况下,经负责事故调查的人民政府批准,提交事故调查报告的期限可以适当延长,但延长的期限不超过60日。

(七)渔业生产安全事故调查组应当按照国家的有关规定,履行事故调查职责,形成事故调查报告。

事故调查报告应当附具有关证据材料,事故调查组成员应当在事故调查报告上签名。

(八)渔业生产安全事故调查组在事故调查中有权向发生事故的渔业生产单位、个人和相关部门了解情况,调取相关资料。任何单位和个人不得阻挠、干涉事故调查组依法进行的事故调查工作。

(九)渔业行政主管部门应当定期统计分析所属渔业船舶、本行政区域内和管辖海域内发生的渔业生产安全事故情况,及时向本级人民政府和上一级渔业行政主管部门报告。

四、法律责任

(一)违反本办法规定的违法行为,其他法律、法规、规章已有处罚规定的,按照其规定进行处罚。

(二)船舶所有人未为渔业船舶配备使用符合渔业安全生产要求的设备和设施的,由渔政渔港监督管理机构责令改正,并处以5千元以上1万元以下罚款。

(三)渔业船舶违反第十九条规定情形,继续从事渔业生产的,由船舶所有人和船长承担直接安全生产责任。

(四)违反本办法,有下列行为之一的,由渔政渔港监督管理机构责令改正,并处1千元以上5千元以下罚款:

1. 渔业船舶船长未组织实施航行、生产各项安全作业制度和规程的;
2. 渔业船舶未按照规定配备和使用安全生产信息系统通讯终端设备的;
3. 渔业船舶自行变更安全生产信息系统终端设备内置身份标识的;
4. 渔业船舶未按照规定刷写和固定船名、船号、船籍港等渔船标识的;
5. 渔业船舶系岸或者锚泊时,未留足值班人员,不能保证随时操纵的;
6. 从事海上渔业养殖生产的非船舶交通设施未配备和使用相应的救生设施、通讯设备的。

（五）拒绝、阻碍渔业行政主管部门工作人员依法执行公务，应当给予治安管理处罚的，由公安机关依照《中华人民共和国治安管理处罚法》有关规定处罚；构成犯罪的，依法追究刑事责任。

（六）渔业行政主管部门工作人员，在安全监督管理工作中滥用职权、徇私舞弊、玩忽职守的，由其所在单位或者上级主管机关给予行政处分；构成犯罪的，依法追究刑事责任。

五、附则

（一）相关证书，包括船舶技术证书、航行签证簿、船舶国籍证书、船舶登记证书、船舶电台执照、养殖许可证、捕捞许可证、船舶户口簿和船民证等证书。

（二）职务船员，包括船长、轮机长、驾驶员、轮机员、电机员、无线电报务员、话务员等。

（三）安全生产设备，包括消防、救生、通信、助航、号灯、号型、声号、旗号等设备。

（四）本办法自 2012 年 7 月 1 日起施行。

第十四节 《江苏省实施〈中华人民共和国突发事件应对法〉办法》

一、总则

（一）为了预防和减少突发事件的发生，规范突发事件应对活动，提高处置突发事件的能力，有效应对各类突发事件，根据《中华人民共和国突发事件应对法》等法律、法规的规定，结合本省实际，制定本办法。

（二）本办法适用于本省行政区域内突发事件的预防与应急准备、监测与预警、应急处置与救援、事后恢复与重建等活动。

本办法所称突发事件，是指突然发生，造成或者可能造成严重社会危害，需要采取应急处置措施予以应对的自然灾害、事故灾难、公共卫生事件和社会安全事件。

按照社会危害程度、影响范围等因素，自然灾害、事故灾难、公共卫生事件分为特别重大、重大、较大和一般四级。法律、行政法规或者国务院另有规定的，从其规定。

（三）突发事件应对工作坚持以人为本、预防为主、科学应对的原则，最大限度地减少突发事件危害，最大程度地保护人民生命财产安全。

（四）县级以上地方人民政府应当组织编制突发事件应急体系建设规划，并将其纳入国民经济和社会发展规划。

（五）突发事件应对工作实行统一领导、综合协调、分类管理、分级负责、属地管理为主的应急管理体制。

法律、行政法规规定由国务院有关部门对突发事件应对工作负责的，从其规定；有关地方人民政府应当积极配合并提供必要的支持。

（六）县级以上地方人民政府是所辖行政区域内突发事件应对工作的行政领导机关，实行行政领导负责制。

县级以上地方人民政府有关部门应当按照职责分工，各负其责，密切配合，共同做好本行政区域内的突发事件应对工作。

（七）县级以上地方人民政府设立应急管理委员会，统一领导、综合协调本级人民政府有关部门和下级人民政府开展突发事件应对工作。应急管理委员会主任由本级人民政府主要负责人担任，相关政府部门、当地同级军事机关、驻地中国人民解放军、中国人民武装警察部队、中（省）直驻当地有关单位等为成员单位。各级应急管理委员会根据工作需要，设立突发事件专项应急指挥机构。

各级应急管理委员会和突发事件专项应急指挥机构可以成立应急管理专家组，为突发事件应对工作提供分析评估、决策咨询和处置建议。

（八）县级以上地方人民政府应急管理办事机构负责本级人民政府应急管理委员会日常工作。

各级应急管理委员会成员单位应当设立或者明确应急管理办事机构，配备应急管理工作人员。乡（镇）人民政府、街道办事处，以及直接涉及公共安全的企业事业单位，应当设立或者明确承担应急管理职责的机构，配备专职或者兼职应急管理工作人员。

（九）县级以上地方人民政府应当将应急预案编制、应急平台建设、应急物资储备、应急培训和宣传教育、应急救援队伍装备配置和应急演练，以及监测与预警等工作所需经费纳入本级财政预算，并与当地经济社会发展水平相适应。

突发事件应对工作经费应当专款专用，财政部门、审计机关和监察机关应当加强对突发事件应对工作经费管理、使用的监督。

（十）县级以上地方人民政府应当建立健全突发事件应急联动机制，加强应急管理委员会成员单位之间的合作，并与相邻地区开展区域合作，实现信息、资源、力量共享，提高突发事件应对能力。

（十一）县级以上地方人民政府应当建立健全突发事件应急社会动员机制，发挥公民、法人或者其他组织在突发事件应对中的作用，增强全民的公共安全和社会责任意识，提高全社会避险、自救、互救等能力。

公民、法人和其他组织有义务参与突发事件应对工作。

（十二）县级以上地方人民政府应当建立健全突发事件信息公开制度，完善舆情收集分析和信息发布机制,客观公开事件进展情况,正确引导社会舆论。

报纸、广播、电视等新闻媒体和互联网新闻信息服务单位应当及时、准确、客观、全面地报道和传播有关突发事件的信息。

(十三)上级人民政府应当对下级人民政府突发事件应对工作进行指导、监督和考核。

县级以上地方人民政府应当建立健全突发事件应对工作考核体系,将突发事件应对工作纳入政府绩效考核范围。

二、预防与应急准备

(一)县级以上地方人民政府根据国家规定建立健全突发事件应急预案体系和应急预案管理制度。

(二)县级以上地方人民政府制定突发事件总体应急预案,组织制定专项应急预案。县级以上地方人民政府有关部门制定突发事件部门应急预案或者专业应急技术指南。

乡(镇)人民政府、街道办事处结合本行政区域实际,制定突发事件应急预案。村(居)民委员会在所在地人民政府的指导下,制定相关应急预案。企业事业单位等组织根据有关法律、法规、规章规定和本省要求,制定本单位应急预案。

重大活动主办单位和公共场所经营或者管理单位,根据有关规定,制定相应的应急预案。

(三)县级以上地方人民政府制定的总体应急预案、乡(镇)人民政府制定的应急预案,应当报上一级人民政府备案;县级以上地方人民政府组织制定的专项应急预案,应当报上一级人民政府主管部门备案;县级以上地方人民政府有关部门制定的部门应急预案,应当报本级人民政府和上一级人民政府主管部门备案。

街道办事处和村(居)民委员会制定的应急预案,应当报所在地人民政府或者相关行政机关备案;重大活动主办单位和公共场所经营或者管理单位以及其他企业事业单位等组织制定的应急预案,应当根据有关规定报相关行政机关备案。

(四)县级以上地方人民政府应急管理办事机构应当根据职责权限,对报送备案的总体应急预案、专项应急预案、部门应急预案和其他重大、涉及面广的应急预案组织评估,提出完善建议。

煤矿、非煤矿山、交通运输、建筑施工、危险化学品、烟花爆竹、民用爆破、冶金、放射性物品和病源微生物等高危行业的生产、经营、储运、使用单位制定的应急预案,应当报相关主管部门审核。

(五)总体应急预案、专项应急预案和重大、涉及面广的应急预案,应当向社会公布;其他应急预案应当按照有关规定予以公布。根据法律、法规或者其他有关规定不予公布的除外。

（六）制定应急预案的单位应当根据实际需要，结合情势变化，适时修订、完善应急预案。各类应急预案应当每3年至少修订一次。

（七）县级以上地方人民政府制定城乡规划，应当根据突发事件的种类和特点，结合城乡规模、人口状况、自然环境等因素，科学规划、合理确定应急疏散通道和应急避难场所，统筹安排必需的交通、供水、供电、排污等基础设施。

县级以上地方人民政府应当根据处置突发公共卫生事件的需要，建立或者确定隔离治疗和观察场所，储备必要的物资，提供必要的医疗卫生条件。

（八）应急疏散通道、应急避难场所、隔离治疗和观察场所应当向社会公布，并设置统一、规范的明显标志。

应急疏散通道、应急避难场所、隔离治疗和观察场所的管理或者使用单位应当加强维护和管理，保证其正常使用。

（九）县级以上地方人民政府应当建立健全突发事件分析研判制度，对本地区可能发生的突发事件进行全面的信息收集、风险识别、应急能力评估，并根据突发事件发生的特点和规律以及情势变化，提出应对措施，作出相应部署。

（十）县级以上地方人民政府应当建立健全本行政区域内容易引发自然灾害、事故灾难和公共卫生事件的危险源、危险区域的管理制度，实行分级分类管理。

县级以上地方人民政府应当建立统一的危险源、危险区域信息库，督促相关单位及时采取安全防范措施，消除安全隐患。

县级以上地方人民政府有关部门应当根据职责，对本行政区域内危险源、危险区域进行调查、登记、风险评估，建立数据库，实行动态管理，定期将危险源、危险区域的安全隐患排查情况及防范措施报本级人民政府和上一级人民政府主管部门备案，并按照有关规定及时向社会公布。

（十一）县级以上地方人民政府应当建立健全政府统一领导、部门联动、各方参与的社会矛盾纠纷调处机制，有效化解各类社会矛盾纠纷。

县级人民政府及其有关部门、乡（镇）人民政府、街道办事处和村（居）民委员会，应当对本辖区或者本单位可能引发社会安全事件的隐患进行排查，并及时进行调解处理。

（十二）地方各级人民政府应当建立健全维护社会稳定风险评估机制，将社会风险评估作为实施重大决策、重大项目的必经程序，全面评估社会效益和稳定风险。

（十三）企业事业单位应当建立健全风险评估制度，定期开展风险评估，排查安全隐患，并根据评估结果，及时采取整改措施，优化业务流程，完善安全管理制度，最大限度地消除安全隐患；掌握并及时处理本单位存在的可能引发社会安全事件的问题，防止矛盾激化和事态扩大；对本单位可能发生的突发事件和采取安全防范措施的情况，应当按照规定及时向所在地人民政府或者有关部门报告。

（十四）县级以上地方人民政府应当以公安消防队伍及其他专业应急救援队伍为依

托,建立或者确定综合性应急救援队伍。

县级以上地方人民政府有关部门和企业事业单位可以根据实际情况建立相应的专职或者兼职专业应急队伍,主要包括医疗卫生、食品药品安全、动物疫情、地震救援、气象灾害、地质灾害、水上搜寻与救助、矿山救护、森林消防、防洪抗旱、核与辐射、环境应急、危险化学品事故,以及水、电、油、气、通信等应急救援队伍。

鼓励县级以上地方人民政府有关部门、乡(镇)人民政府、街道办事处,工会、共青团、妇联、红十字会等组织,建立各类志愿者应急救援队伍。

(十五)各级综合性应急救援队伍在当地人民政府或者应急现场指挥部的领导下,做好突发事件应急救援工作;各类专业应急队伍和志愿者应急救援队伍,由组建单位领导、管理和使用,同时接受本级人民政府的指挥调度。

(十六)县级以上地方人民政府及其有关部门应当按照相关标准,为综合性应急救援队伍和专业应急队伍配备专业器械、设备和安全防护装备;有条件的地区和部门可以为志愿者应急救援队伍提供必要的装备。

建立应急救援队伍的单位,应当加强对应急救援队伍专业技能的培训和演练,提高救援人员的抢险救援和安全防护能力。

(十七)各级综合性应急救援队伍、各类专业应急队伍和志愿者应急救援队伍的管理单位应当为其队员购买人身意外伤害保险。国家另有规定的除外。

(十八)县级以上地方人民政府及其有关部门应当建立健全应急管理培训制度,增强应急管理、专业技术等人员应对突发事件的处置能力。

企业事业单位应当定期开展应急管理法律法规、安全管理制度、安全操作规程以及应急知识等方面的教育和培训,提高职工的全员安全防范意识和能力,提高本单位主要负责人、安全生产管理人员和应急管理人员应对突发事件的能力。

(十九)县级以上地方人民政府及其有关部门、乡(镇)人民政府、街道办事处、村(居)民委员会、企业事业单位等组织应当结合各自实际,通过多种形式广泛开展突发事件应对工作的法律、法规和自救互救等应急知识的宣传普及活动。

学校、幼儿园应当在教育主管部门指导下,将应急知识教育纳入教学内容,根据学生的年龄和认知能力,采取多种形式开展应急知识教育,培养学生的安全意识和自救与互救能力。

新闻媒体应当无偿开展突发事件预防与应急、自救与互救知识的公益宣传。

(二十)县级以上地方人民政府及其有关部门应当根据应急预案组织综合应急演练和专项应急演练,必要时可以组织跨地区、跨行业的应急演练,提高快速反应和整体协同处置能力。

其他制定应急预案的单位,应当结合各自实际,组织开展应急演练。

煤矿、非煤矿山、交通运输、建筑施工、危险化学品、烟花爆竹、民用爆破、冶金、放射性物品和病原微生物等高危行业的生产、经营、储运、使用单位，每年至少组织开展一次应急演练；学校、幼儿园每学期至少组织开展一次应急演练。

（二十一）本省按照统筹规划、分级负责、统一调配、资源共享的原则，建立省、市、县三级应急物资储备保障系统，结合区域、部门特点，合理确定应急物资储备的种类、数量和更新周期等方面的标准，完善重要应急物资的监管、生产、储备、调拨和紧急配送体系。

县级以上地方人民政府有关部门应当将物资储备情况报同级人民政府应急管理办事机构和上一级人民政府主管部门备案。

（二十二）县级以上地方人民政府及其有关部门应当加强公用通信应急保障能力建设，完善各部门专用应急通信系统，建立技术先进、手段多样、公用与专用相结合的应急通信保障网络。

电信运营企业应当做好各项应急处置的通信保障工作，确保应急处置通信系统畅通，优先保障突发事件现场与应急指挥机构、应急处置工作人员的通信。

（二十三）各级各类应急管理办事机构、综合性应急救援队伍和专业应急救援队伍，应当注重引进和应用新技术、新方法，提高应急管理水平和应急救援能力。

鼓励和支持高等院校、科研院所和相关机构培养应急管理专业人才，开展应急管理科学研究和技术开发，为突发事件应对工作提供理论和技术支撑。

鼓励企业事业单位、志愿者为突发事件应对工作提供技术支持。

（二十四）有条件的县级以上地方人民政府及其有关部门可以根据实际需要，建立专业应急救援（培训）基地，提高综合应急救援能力。

（二十五）鼓励保险公司为突发事件应对工作提供保险服务，鼓励社会公众参与商业保险、参加互助保险，提高抗御风险能力。

高危行业生产经营单位应当按照国家有关规定，为危险岗位从业人员购买意外伤害保险。

三、监测与预警

（一）县级以上地方人民政府应当根据国家应急平台体系技术要求建立或者确定本行政区域综合应急平台，各类专业应急指挥机构应当建立专业应急平台。

综合应急平台和专业应急平台应当实现互联互通、资源共享，共同承担突发事件的监测监控、预测预警、信息报告、综合研判、辅助决策、指挥调度、异地会商和事后评估等工作。

（二）县级以上地方人民政府应当依托应急平台体系建立统一的突发事件信息报送系统，形成突发事件信息汇集、报送和分析研判快速反应机制。

（三）县级以上地方人民政府及其有关部门、专业机构，应当根据突发事件的特点，建立健全突发事件监测体系,通过互联网、监测网点、信息报告员等多种手段和渠道,掌握、收集突发事件信息,对可能发生的突发事件进行监测。

县级以上地方人民政府及其有关部门应当加强水文、气象、环境、地震、地质灾害、卫生等监测装备和设施建设,完善监测技术和手段,提高监测水平。

（四）地方各级人民政府、有关主管部门或者指定的专业机构应当向社会公布突发事件信息报送联系方式。

获悉发生或者可能发生突发事件信息的公民、法人或者其他组织,应当立即向当地人民政府、有关主管部门或者指定的专业机构报告。当地人民政府、有关主管部门或者指定的专业机构接到报告后,应当立即对所接报信息进行调查核实,同时采取必要的处置措施。

（五）较大以上突发事件发生后,设区的市人民政府、省人民政府有关部门和省有关单位应当在规定时间内将突发事件信息上报省人民政府,并及时续报应急处置进展情况。突发事件涉及或者可能涉及其他地区的,发生地人民政府还应当向相关地区人民政府通报。

敏感性突发事件或者可能演化为较大以上突发事件的信息,不受突发事件分级标准限制,发生地人民政府应当立即向省人民政府报告。

（六）可以预警的自然灾害、事故灾难和公共卫生事件的预警级别,按照突发事件发生的紧急程度、发展势态和可能造成的危害程度分为一级、二级、三级和四级,分别用红色、橙色、黄色和蓝色标示,一级为最高级别。

（七）可以预警的突发事件即将发生或者发生的可能性增大时,县级以上地方人民政府应当向社会公开发布相应级别的警报,决定并宣布进入预警期,同时向上一级人民政府及相关部门报告,必要时可以越级上报,并向驻地中国人民解放军、中国人民武装警察部队和可能受到危害的毗邻地区或者相关地区人民政府通报。

（八）除法律、行政法规和国务院另有规定外,二级以上预警信息由省人民政府或者省人民政府委托的部门发布；三级预警信息由设区的市人民政府或者设区的市人民政府委托的部门发布；四级预警信息由县级人民政府或者县级人民政府委托的部门发布。

发布预警信息的人民政府应当根据事态发展,按照有关规定适时调整预警级别、更新预警信息或者宣布解除警报、终止预警期,并解除采取的有关措施。

（九）县级以上地方人民政府应当建立突发事件预警信息发布平台,形成规范统一的预警信息发布体系。

县级以上地方人民政府应当利用广播、电视、报刊、互联网、手机短信、电子显示屏等方式公开播发预警信息,对老、幼、病、残等特殊人群以及学校、医院等特殊场所和通信、广播、电视盲区、偏远地区的人群,应当采取有针对性的公告方式播发预警信息。

街道办事处、村(居)民委员会、企业事业单位等组织应当通过逐户通知、派发传单、张贴公告等方式,将预警信息告知本辖区内人员、本单位员工。

报纸、广播、电视等新闻媒体、互联网新闻信息服务单位、电信运营企业应当采取措施,确保突发事件预警信息的适时、权威发布。

(十)进入预警期后,地方各级人民政府及相关部门应当根据预警级别,按照《中华人民共和国突发事件应对法》的规定,采取有效措施,做好突发事件防范和应对工作。

村(居)民委员会、企业事业单位等组织、公民接到预警信息后,应当配合人民政府及相关部门做好突发事件防范和应对工作。

(十一)县级以上地方人民政府及其有关部门,乡(镇)人民政府、街道办事处,专业监测机构以及与生产生活密切相关的其他单位,应当实行24小时值班制度。

四、应急处置与救援

(一)突发事件发生后,发生地县级人民政府应当依法组织先期处置,采取措施控制事态发展或者灾情蔓延。

一般突发事件由县级人民政府负责处置;较大突发事件由设区的市人民政府负责处置;重大突发事件由省人民政府负责处置;跨行政区域的突发事件由有关行政区域共同的上一级人民政府负责处置。特别重大突发事件由省人民政府根据国务院部署予以处置。

(二)省、设区的市人民政府可以根据事态发展情况,适时提升处置级别。如有事实表明一般、较大的突发事件可能演化为重大以上突发事件,或者下级人民政府认为本级难以控制和应对的,应当及时报告上级人民政府,由上级人民政府负责统一指挥处置。

(三)负责组织处置突发事件的人民政府应当根据应急预案启动应急响应,并根据处置突发事件的需要,设立应急现场指挥部,必要时可以指定现场指挥长,负责统一组织、指挥应急处置和救援工作,决定采取控制、平息事态的应急处置措施。

(四)履行统一领导职责或者组织处置突发事件的人民政府,应当根据突发事件的性质和类别,按照《中华人民共和国突发事件应对法》的规定,采取相应的应急处置措施,并根据事态的性质、发展和危害程度进行调整。

履行统一领导职责或者组织处置突发事件的人民政府,应当为突发事件的处置提供必要的资金保障。

(五)县级以上地方人民政府应当建立健全应急处置保障协调机制。

铁路、公路、水运、航空等经营单位以及公安、交通运输、海事等管理部门应当保证运输线路通畅,救援人员和受到突发事件危害的人员、救援物资、救援设备应当优先运输和通行,必要时开辟专用通道。处置突发事件期间,经省人民政府批准,参与应急处置与救援的车辆免缴车辆通行费、船舶免缴船舶过闸费和船舶港务费等费用。

通信、供水、供电、供气等部门应当建立和完善应急保障制度,确保相关公共设施的安全正常运行。

(六)县级以上地方人民政府为应对突发事件,必要时可以依法实施应急征用。

被征用的财产使用后,实施征用的人民政府应当返还被征用人。单位、个人的财产被征用或者征用后毁损、灭失的,实施征用的人民政府应当按照国家和省有关规定给予补偿。

(七)突发事件发生后,发生地乡(镇)人民政府、街道办事处应当组织进行人员疏散、引导救援等工作,并维护社会秩序。

村(居)民委员会、企业事业单位等组织,应当在第一时间组织公民开展自救互救,并服从人民政府的决定,配合人民政府做好应急处置工作,协助维护社会秩序。

(八)受到自然灾害危害或者发生事故灾难、公共卫生事件的单位,应当采取必要措施防止危害扩大,同时向当地人民政府和有关部门报告;对因本单位的问题引发的或者主体是本单位人员的社会安全事件,有关单位应当按照规定上报情况,并及时开展劝解、疏导工作。

(九)履行统一领导职责或者组织处置突发事件的人民政府,应当按照有关规定及时、准确、客观公布事件进展、政府措施、公众防范措施和调查处理结果,及时回应社会关注热点,对谣言和不实传言应当迅速予以澄清。

任何单位和个人不得编造、传播有关突发事件发生、事态发展或者应急处置工作的虚假信息。

五、事后恢复与重建

(一)突发事件的威胁和危害得到控制或者消除后,履行统一领导职责或者组织处置突发事件的人民政府应当停止执行应急处置措施,同时采取或者继续实施必要措施,防止发生自然灾害、事故灾难、公共卫生事件的次生、衍生事件或者重新引发社会安全事件。

(二)受突发事件影响地区的人民政府及其有关部门应当尽快组织修复被损坏的交通、水利、通信、供水、排水、供电、供气、广播电视等公共设施,恢复受影响地区的生产、生活和社会秩序。

(三)突发事件发生地受灾人员需要过渡性安置的,履行统一领导职责或者组织处置突发事件的人民政府应当根据实际情况,做好安置工作。过渡性安置点的规模应当适度,并建设配备必要的配套基础设施和公共服务设施,保障受灾人员的安全和基本生活需要。

(四)受突发事件影响地区的人民政府应当立即组织对突发事件造成的损失进行统

计、评估,并根据本地区遭受损失的情况,组织制定救助、救治、康复、补偿、抚慰、抚恤、安置和心理干预等善后工作计划并组织实施。

(五)受突发事件影响地区的人民政府应当加强恢复与重建工作的统一领导和部署,按照短期恢复与长远发展并重的原则,因地制宜、科学制定恢复重建和发展规划,有序开展恢复重建工作。

(六)受突发事件影响地区的人民政府开展恢复重建工作需要上一级人民政府支持的,可以向上一级人民政府提出请求。上一级人民政府应当根据受影响地区遭受的损失和实际情况,提供资金、物资支持和技术指导,组织其他地区提供资金、物资和人力支援。

(七)县级以上地方人民政府应当根据国家有关规定,对受突发事件影响较大的地区和行业给予费用减免、贷款贴息、财政资助等政策扶持,提供物资和人力等支持。对恢复重建中需要办理行政审批手续的事项,应当简化手续,依法及时办理。

(八)县级以上地方人民政府及其有关部门应当对在突发事件应对工作中作出突出贡献的单位和个人给予表彰,对在突发事件应对工作中伤亡的人员依法给予抚恤。

(九)突发事件应急处置工作结束后,履行统一领导职责或者组织处置突发事件的人民政府应当及时查明突发事件发生的经过和原因,对突发事件应急处置工作进行总结评估,制定改进措施,向上一级人民政府作出报告,并做好有关资料的归档工作。

六、法律责任

(一)对违反本办法的行为,《中华人民共和国突发事件应对法》等有关法律、法规已有法律责任规定的,从其规定。

(二)地方各级人民政府和县级以上地方人民政府所属部门违反本办法规定,有下列情形之一的,由上级行政机关或者监察机关对其直接负责的主管人员和其他直接责任人员依法给予处分:

1. 未按照规定制定应急预案的;

2. 未按照规定向社会公布应急疏散通道、应急避难场所、隔离治疗和观察场所,或者未按照规定设置应急疏散通道、应急避难场所、隔离治疗和观察场所标志的;

3. 未按照规定对本行政区域内危险源、危险区域进行排查,并采取防范措施的;

4. 未按照规定对公民、法人或者其他组织报告的突发事件信息调查核实,或者未采取必要处置措施的;

5. 迟报、谎报、瞒报、漏报突发事件信息的;

6. 不服从上级人民政府对突发事件应急处置工作的统一领导、指挥和协调,或者拖延执行上级人民政府有关应对突发事件的决定、命令的;

7. 截留、挪用、私分或者变相私分应急工作经费、物资的;

8. 突发事件发生后歪曲、掩盖事实逃避法律追究,或者包庇对突发事件负有责任的单位或者个人的;

9. 其他违反本办法应当给予处分的行为。

(三)单位或者个人违反本办法规定,不服从所在地人民政府及其有关部门发布的决定、命令或者不配合其依法采取的措施,构成违反治安管理行为的,由公安机关依法给予处罚。